# PfundsKur

## Lust auf Leben 2000

**Ewald Braden**

## Neue PfundsKur-Rezepte

### Snacks, Spezialitäten, Kuchen und mehr

W0014712

Fink-Kümmerly+Frey

# Liebe Leserin, lieber Leser,

Kochen ist wunderbar. Kochen ist individuell und kreativ. Sie allein entscheiden, was Sie kochen und wie Sie kochen. Auch bei der PfundsKur 2000 sollen und können Sie selbst bestimmen, was Sie kochen und wieviel Fett Sie weglassen. Sie allein entscheiden. Es gibt keine Regelverletzung, keiner schreibt Ihnen vor, wo und wie Sie Fette einsparen. So will es die PfundsKur 2000.

Und doch gibt es zur PfundsKur 2000 zwei Kochbücher. Das hat einen sehr einfachen Grund. Unsere PfundsKur-Teilnehmer forderten ein Kochbuch zur PfundsKur. Es ist leichter, die PfundsKur mit einem Kochbuch zu riechen, zu schmecken und zu erleben als ohne. Also haben wir ein PfundsKur-Kochbuch herausgegeben. Konzipiert als Grundkochbuch zum Fettsparen, ist es ein Bestseller geworden. Dieses Buch gibt es auch wieder zur PfundsKur 2000. Es ist unser PfundsKur-Grundkochbuch für alle, die noch nie ein PfundsKur-Rezept gekocht haben, neu mit der PfundsKur beginnen und das mit Trainingsbuch und Kochbuch tun wollen.

Weil der Ruf nach neuen PfundsKur-Gerichten unüberhörbar war, erhält unser Küchen-Bestseller Zuwachs. Das Kochbuch Neue PfundsKur-Rezepte ist die Fortsetzung des Küchen-Klassikers mit neuen PfundsKur-Rezepten. Es wird auch die Freunde der schnellen Küche  mit Snacks und Spezialitäten ansprechen. Neu sind in diesem Buch auch Rezepte für süße und salzige Kuchen, die mit weniger Fett auskommen.

Unser PfundsKur-Koch Ewald Braden hat in seiner Versuchsküche wieder getüftelt, gerührt, abgeschmeckt, gebrutzelt und gebacken. Wieder mit weniger Fett als üblich. Seine Rezepturen werden Ihnen schmecken. Guten Appetit !

Hans-Peter Archner
Programm-Chef
SWR 1 Baden Württemberg

Heinz Waldmüller
Projektleiter
PfundsKur

# Die PfundsKur 2000

Eine Idee setzt sich durch: die PfundsKur-Idee. Zum vierten Mal begeistert diese große Gesundheitsaktion die Menschen. Besser essen, aktiv bewegen, mehr Lust auf Leben. Das ist der moderne Lebensstil – der Einstieg in das neue Jahrtausend. Die PfundsKur 2000 ist ein Trainingsprogramm*, das ich nach aktuellen wissenschaftlichen Erkenntnissen aufgebaut habe. Keine Diät, kein Kalorienzählen, kein Hunger, kein Verzicht. Das alles sind alte Hüte, die den Menschen nicht einmal geholfen haben. Im Gegenteil. Deutschland nimmt immer noch an Gewicht zu – im wahrsten Sinne des Wortes. Kurz vor der Jahrtausendwende belasten acht Millionen Tonnen Mensch die Erde zwischen Flensburg und Garmisch-Partenkirchen.

## Eine kleine Revolution für die Küche

Die PfundsKur 2000 setzt ganzheitlich an. Schließlich lebt der Mensch, um zu essen. Und er möchte modern essen, um möglichst lange gut zu leben. Mehr Lust auf Leben beginnt in der Küche. Ewald Braden hat mit den PfundsKur-Kochbüchern eine kleine Revolution ausgelöst. Er hat bewiesen, daß modernes Essen hervorragend schmecken kann.
Die „ewige Wahrheit", an die (fast) jeder glaubt, sagt: „Fett schmeckt einfach" – und darum sind Hausfrauen und Hausmänner, aber auch Köchinnen und Köche in der Gastronomie und Gemeinschaftsverpflegung ständig in der Versuchung, den „guten Geschmack" mit noch mehr Fett herbeizuzwingen.
Ergebnis: Mehr als 40% aller deutschen Kalorien sind inzwischen Fettkalorien! Gewichtsprobleme belasten die Bevölkerung! Folglich: oft Frust beim Essen, Kalorien bedrohen die Lust am Leben.

## Die wahren Leckerbissen zur PfundsKur

Hier setzt die PfundsKur an. Mit ihrem Slogan „Mehr Lust auf Leben" geht sie an die Ursachen. Und die findet man oft bereits in der Küche. Die „Wahrheit" nämlich, daß Fett den Geschmack verzaubert, ist nur eine Halbwahrheit. Natürlich stimmt es, daß der „Stich Butter im Gemüse" dem Geschmack die Krone aufsetzt. Aber – wie gesagt – der Stich Butter ist es, der unsere Zunge verwöhnt. Wer annimmt, daß zehn Stich Butter zehnmal besser schmecken der irrt gewaltig und legt mit diesem Irr-Glauben den Grundstein für den späteren Kummer auf der Waage.
Sie halten ein Kochbuch zur PfundsKur in Ihren Händen. Sie finden altbekannte, aber auch neue Gerichte in diesem Buch. Mahl-

zeiten, die täglich zubereitet und gegessen werden. Aber: Ihre Geschmacksqualität ist durch den richtigen Zusatz von Fett entscheidend verbessert. Sie sollten es selbst ausprobieren. Die PfundsKur 2000 plädiert in keinem Fall für eine „fettfreie Küche", im Gegenteil. Es gibt lebenswichtige Fettsäuren, die Menschen essen müssen, um gesund zu bleiben. Es geht allein darum, von den statistischen 120 Gramm Fett, die jeder Deutsche täglich verspeist, etwas herunterzukommen.

Die PfundsKur 2000 ist ein menschen- und genußfreundliches Trainingsprogramm – also keine einseitige, rigide Diät. Sie gibt Verhaltenstips, um im Schlaraffenland schmackhaft, aber auch ausgewogen essen zu können. Das Kochbuch ist der ideale Leitfaden zur PfundsKur, um ganz praxisnah in der Küche zu erleben, wie an vielen Stellen auf einfache Art und Weise Fett eingespart werden kann, ohne daß das Eßvergnügen leidet.

**Das Fettaugen-Prinzip**

Die neue PfundsKur arbeitet nach dem Prinzip der „Fettaugen". Das ist haargenau auf die modernen Erkenntnisse der Ernährungswissenschaft zugeschnitten. Wir wissen heute, daß der menschliche Körper nicht alle Kalorien in gleicher Weise verarbeitet und auch nicht verarbeiten kann! Mit Fettkalorien ist der Stoffwechsel überfordert, während er Kohlenhydratkalorien gerne mag, weil er mit ihnen gut „umgehen" kann – aus Erfahrung. Und dann gibt es noch „blaue Fettaugen", denn heute wissen wir, daß der Alkohol dem Fett die Schleuse in die Fettpolster öffnet.

**Ein Blick in die Vergangenheit**

Wie ernährten sich unsere Vorfahren? Die Menschen vergangener Jahrhunderte waren ständig auf Nahrungssuche. Was auf den Tisch kam, bestand zumeist aus pflanzlichen Produkten: Kohl, Getreide, Rüben, Wurzeln, Obst – alles Kohlenhydrate.

Noch in diesem Jahrhundert gab es in vielen deutschen Familien nur sonntags Fleisch. Auf diese überwiegend kohlenhydrathaltige Nahrung hat sich der menschliche Organismus über die Jahrtausende eingestellt. Magengröße, Darmlänge, aber auch Hunger – und Sättigungsregulation sind an diese kohlenhydratreiche Ernährung angepaßt.

## Die fetten Jahre

In den 50er Jahren änderte sich schlagartig das Lebensmittelangebot. Plötzlich gab es Fleisch, Wurst, Käse, Butter und Eier „satt", in jeder Menge zu erschwinglichen Preisen. Die Menschen bevorzugten genau diese Lebensmittel, die zuvor knapp und selten waren. Mit dieser Änderung des Ernährungsverhaltens schraubte sich der Fettkonsum in bislang nie dagewesene Höhe. Mehr und mehr Deutsche wurden übergewichtig. Fettstoffwechselstörungen, Herzinfarkt und Schlaganfall nahmen zu.

## Quintessenz

Wer abnehmen oder seine Figur im Griff halten will, der muß in unserem fettreichen Schlaraffenland seinen Blick für Fettkalorien schärfen. Fett ist aber zumeist unsichtbar in Lebensmitteln und Speisen verborgen. Das ist das Problem! Darum wurden die „Fettaugen" erfunden. Sie informieren Sie ganz klar, wieviel Fett im Essen steckt. Daher wurde bei jedem Rezept angegeben, wieviel „Fettaugen" in den Gerichten schlummern. Damit Sie endlich zählen können, wieviel Fett Sie essen. Zum Vergleich ist ebenfalls angegeben, wieviel Fettaugen in den Rezepten versteckt sind, wenn sie nach althergebrachter Weise zubereitet würden.
Machen Sie mit bei der PfundsKur 2000. Das Zehn-Wochen-Programm finden Sie in dem Trainingsbuch. Nutzen Sie die einmaligen PfundsKur-Kochbücher, um die moderne Zubereitung kennen und schmecken zu lernen, damit Sie statt Frust nur Lust bei Tisch erleben dürfen.

Viel Spaß am Herd und guten Appetit bei Tisch!

Prof. Dr. Volker Pudel
Ernährungspsychologe,
wissenschaftlicher Leiter
der PfundsKur 2000

## Über dieses Buch

Mit dem Entstehen des PfundsKur-Kochbuchs 1996 lernte ich die Vorzüge des fettarmen Kochens schätzen, und der Bestseller-Erfolg dieses Buchs bestätigte mir, daß Schlemmen ohne Reue eindeutig im Trend liegt und gefragt ist. Fettarm genießen ist ein köstlicher Alltagsgenuß!

Zahlreiche begeisterte Leserbriefe und persönliche Gespräche mit Lesern haben mich ermuntert, weitere PfundsKur-Rezepte zu entwickeln. In diesem PfundsKur-Kochbuch finden Sie deshalb neue, ungewöhnlichere Rezepte als im ersten, dem Grundkochbuch.

Ich habe bewußt wieder darauf geachtet, daß die Rezepte für unerfahrene Hobbyköche leicht nachzukochen und die Zutaten überall problemlos erhältlich sind. Genau wie beim ersten Pfunds-Kur-Kochbuch finden Sie bei jedem Rezept eine exakte Einkaufs- bzw. Zutatenliste, die Rezepte werden Schritt für Schritt erklärt und die Zeitangaben geben einen Überblick über den Aufwand des Rezepts. Bei vielen Rezepten habe ich bewährte, praktische Tips hinzugefügt, die sich auf die Art der Zubereitung oder eine Variante beziehen.

Natürlich war es oberstes Gebot für mich, die Anzahl an Fettaugen des PfundsKur-Rezepts gegenüber dem klassischen Rezept deutlich zu senken und gleichzeitig einen wunderbaren Geschmack zu erzielen. Alle Rezepte wurden von mir und einigen anderen Köchen mehrfach ausprobiert, und die Gerichte haben wir im Anschluß in fröhlicher Runde auf ihren guten Geschmack getestet.

Auf besonderen Wunsch vieler Leser, habe ich für dieses Kochbuch speziell Rezepte für herzhafte Snacks und für Kuchen entwickelt. Und sogar dabei ist es mir gelungen, den Fettanteil der Rezepte spürbar zu reduzieren. Dank PfundsKur-Kuchen brauchen Sie also nicht mehr auf das Kaffeekränzchen mit lieben Freunden zu verzichten. In den folgenden zehn Kapiteln finden Sie verlockende Rezepte mit erstaunlich geringen Fettmengen, die Ihnen teilweise ganz neu, aber zum Teil auch altbekannt sein werden.

Lassen Sie sich nun Seite für Seite zu einem gut bekömmlichen Rezeptbummel verführen und lassen Sie es sich einfach gut schmecken!

Ewald Braden

# Tips für Singles und Kleinhaushalte

Auch dieses PfundsKur-Kochbuch enthält Rezepte, die überwiegend auf vier Portionen ausgerichtet sind. Doch für viele Singles und Kleinhaushalte ist diese Portionsgröße ungünstig, weshalb sie zu Recht immer wieder um Rezepte bitten, die auch für Einzelportionen geeignet sind.

Ich habe mir darüber viele Gedanken gemacht, auch vielfach Rezepte getestet und bin zu dem Schluß gekommen, daß es ist nicht möglich ist, einfach die angegebenen Zutatenmengen durch vier zu teilen, um eine Portionsgröße zu erhalten.

Darüber hinaus ist es häufig auch gar nicht gut und sinnvoll, kleine Mengen zu kochen, denn daraus ergeben sich meist wieder neue Probleme: Wenn beispielsweise in der Zutatenliste des Rezepts für vier Portionen eine kleine Zwiebel angegeben ist, ergibt sich für eine Portion nur eine Viertel Zwiebel. Übrig bleibt also ein Zwiebelrest, der austrocknen oder verschimmeln kann. Ebenfalls schwierig ist es, Kleinstmengen abzuwiegen oder abzumessen. Auch ist die Zubereitung kleiner Mengen vom Volumen her einfach zu gering. Deshalb sollten Sie die in den Rezepten angegebenen Zutatenmengen höchstens durch zwei teilen oder aber gleich für vier Portionen kochen und den Rest für eine weitere Verwendung im Kühlschrank oder Tiefkühlgerät aufbewahren.

## Vorschläge für sinnvolle Kleinportionen

● **Geschmortes Fleisch** (z. B. Sauerbraten, Fränkisches Möhrenfleisch, Rindsrouladen, Schweinegulasch, Fleischbällchen, Tafelspitz, Wildhasenragout, Chili con Carne).
Diese Art der Zubereitung läßt sich problemlos mit der Soße im Kühlschrank bis zu sieben Tagen aufbewahren oder portionsweise einfrieren.

● **Kurzgebratenes Fleisch und Fisch** (z. B. Kalbsleber, Lammrückenfilet, Schnitzel, Geschnetzeltes, alle Fischfiletsorten).
Hier sollten Sie immer die Soßen oder Zutaten in der angegebenen Menge zubereiten und portionsweise einfrieren. Den Fisch oder das zarte Fleisch dann immer nur zum gegebenen Zeitpunkt für eine Portion frisch garen.

● **Gemüsegerichte**
Sie lassen sich vom Volumen her meist sehr einfach in den Mengen halbieren oder sogar vierteln, so daß hier die Zubereitung einer einzelnen Portion leicht möglich ist.

**9**

### Suppen und Eintöpfe

Diese sollten Sie in der angegebenen Menge kochen. Manchmal ist die Zubereitung für zwei Portionen möglich. Reste können Sie einfrieren oder bis zu fünf Tagen im Kühlschrank aufbewahren. Allerdings sollten Sie feine Einlagen, wie Kräuter, Shrimps oder zartes Fleisch erst beim Erwärmen frisch zugeben.

### Salate

Ob als Beilage oder Hauptgericht, sie werden bis auf wenige Ausnahmen immer frisch zubereitet. Hier ist die Halbierung der Zutatenmengen leicht möglich. Zwei bis drei Tage aufbewahren lassen sich beispielsweise Gemüsesalat, Sauerkrautsalat, Walddorfsalat, Kohlrabisalat, Weißer Bohnensalat.

### Pizza und salzige Kuchen

Sie sind ideal zum Einfrieren. Frisch gebacken, kurz abgekühlt und dann sofort portionsweise eingefroren, können diese Spezialitäten problemlos wieder aufgebacken werden und schmecken auch dann einfach köstlich.

### Kuchen

Für alle Hefe- und Biskuitkuchen gilt, daß sie problemlos stückweise eingefroren werden können. So haben Sie immer etwas zum Nachmittagskaffee bereit. Quark- und Joghurtmassen für den Belag können in kleineren Mengen zubereitet werden und sollten immer frisch sein.

### Desserts

Sie lassen sich meist sehr gut in Einzelportionen zubereiten.

## Halbfertigprodukte (Convenienceprodukte) richtig verwenden

Im Handel werden eine Vielzahl an Halbfertigprodukten in unterschiedlichen Fertigungstiefen angeboten. Sie sind ideal für Singles und Kleinhaushalte, wenn es darum geht, ohne großen Aufwand eine warme Mahlzeit zuzubereiten. Wenn Sie Halbfertigprodukte verwenden, sollten Sie diese niemals ausschließlich nehmen. Besser ist es, vorgefertigte Gerichte mit frischen Produkten zu kombinieren. Hier sind einge Beispiele:

**Suppen:** frisches Gemüse mitkochen und die Suppe mit Kräutern bestreuen; Beilagenbrot mit Salatblatt belegen

**Nudelgerichte:** frisches Gemüse mitkochen und das Gericht mit Kräutern bestreuen; Salatbeilage

**Pizza:** zusätzlich mit Paprika, Tomaten, Basilikum belegen und mit Kräutern bestreuen; Salatbeilage

**Kartoffelgratin:** frisches Gemüse mitkochen und das Gratin mit Kräutern bestreuen; Salatbeilage

**Lasagne:** Salat- oder Gemüsebeilage dazu reichen

Achten Sie beim Kauf von Halbfertigprodukten auf die Zutatenliste, denn dort ist der genaue Fettgehalt des jeweiligen Produkts aufgeführt – eine wichtige Information für alle Anhänger der PfundsKur. Bedenken Sie, daß die Angaben oft in unterschiedlichen Größenordnungen erfolgen. Manchmal bezieht sich die Fettangabe auf eine Portion, manchmal auf 100 g des jeweiligen Produkts. Ebenso unterscheiden sich oft die Fettmengen und somit die Fettaugen für ein bestimmtes Produkt von Hersteller zu Hersteller. Hier ein paar Beispiele:

| Fettgehalt von Halbfertigprodukten | | |
|---|---|---|
| Champignoncremesuppe | Hersteller A | 2 Fettaugen pro Portion |
| | Hersteller B | 3 Fettaugen pro Portion |
| Hühnersuppe mit Nudeln | Hersteller A | 0 Fettaugen pro Portion |
| | Hersteller B | 1 Fettauge  pro Portion |
| Pasta mit Sahnesoße | Hersteller A | 4 Fettaugen pro Portion |
| | Hersteller B | 3 Fettaugen pro Portion |
| Pasta mit Pilzen | Hersteller A | 1 Fettauge  pro Portion |
| | Hersteller B | 2 Fettaugen pro Portion |
| Pizza Salami | Hersteller A | 8 Fettaugen pro Portion |
| | Hersteller B | 13 Fettaugen pro Portion |
| Kartoffelgratin | Hersteller A | 1 Fettauge  pro Portion |
| | Hersteller B | 4 Fettaugen pro Portion |
| Lasagne | Hersteller A | 12 Fettaugen pro Portion |
| | Hersteller B | 18 Fettaugen pro Portion |

## 90 Gemüse

**116 Fleisch**

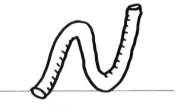

**230 Desserts**

# PfundsKur-Ideen für Frühstück und Zwischenmahlzeit

Kalorienreiche Lebensmittel enthalten nicht zwingend viel Fett, doch nur das Fett in der Nahrung macht dick! So liefert beispielsweise eine Portion Spaghetti mit Tomatensoße zwar etwa 600 Kalorien, aber nur 12 Gramm Fett. Im Vergleich dazu enthält ein Hamburger 534 Kalorien, aber ungefähr 34 Gramm Fett, ist also gegenüber der Spaghetti-Portion eindeutig der Dickmacher. In der PfundsKur wird aus gutem Grund die Fettmenge und werden nicht die Kalorien gezählt. Um ein durchschnittliches Normalgewicht zu halten, werden pro Tag für Erwachsene etwa 60 Gramm Fett, das entspricht 20 Fettaugen, empfohlen. Zierliche Personen sollten weniger Fett essen. Wer sein Gewicht deutlich reduzieren will, darf nicht mehr als 30 Gramm Fett, also 10 Fettaugen, zu sich nehmen.

Ein idealer Tagesplan sieht fünf kleine Mahlzeiten vor: Frühstück, zwei Zwischenmahlzeiten, je eine vormittags und nachmittags, sowie Mittag- und Abendessen.

Ergänzend zu den Rezepten in diesem Buch finden Sie auf diesen beiden Seiten einige Vorschläge für Frühstück und Zwischenmahlzeiten.

Obst und Rohkost (allerdings ohne Dressing) können Sie ohne Probleme zu jeder Zeit essen. Denn darin ist kein oder nur sehr wenig Fett enthalten. Es müssen keine Fettaugen gezählt werden. Tee und Kaffee, in Maßen gesüßt, können Sie zum Frühstück und am Nachmittag nach Belieben trinken.

## Frühstücksvarianten

### Müsli I

| 2 EL | Haferflocken (20 g) |
|------|---------------------|
| $^1/_2$ | geriebener Apfel (70 g) |
| 1 Becher | Magerjoghurt (150 g) |
| 1 EL | Zitronensaft |
| | Süßen nach Geschmack |

→ 3 g Fett =

### Müsli II

| 2 EL | Magerquark (30 g) |
|------|-------------------|
| 1 TL | Crème fraîche (10 g) |
| 3 EL | Vierkornflocken |
| 1 TL | Sesamsamen |
| 50 g | Obst nach Wahl |

→ 6 g Fett =

### Müsli III

| 2 EL | Haferflocken (20 g) |
|------|---------------------|
| 1 | geriebener Apfel (150 g) |
| 1 Becher | fettarmer Joghurt (150 g) |
| 1 EL | Zitronensaft |
| 1 EL | geraspelte Haselnüsse (10 g) |

→ 9 g Fett =

## Brotvariationen

### Brot mit Schinken und Gurke

| | | |
|---|---|---|
| 1 | Scheibe | Weizenvollkornbrot (60 g) |
| 1 | Msp. | Schmand (5 g) |
| 3 | Scheiben | Lachsschinken (30 g) |
| 1 | | Essiggurke |

→ **3 g Fett =** 1

### Brot mit Ei, Tomate und Obst

| | | |
|---|---|---|
| 1 | Scheibe | Vollkornbrot (50 g) |
| 1 | | Tomate |
| 1 | Msp. | Schmand (5 g) |
| 1 | | Ei |
| 1 | | Apfel |

→ **9 g Fett =** 3

### Brötchen mit Belag, süß und herzhaft

| | | |
|---|---|---|
| 1 | | Brötchen |
| 10 g | | Butter oder Margarine |
| 2 | TL | Konfitüre (25 g) |
| 1/2 | Scheibe | gekochter Schinken (20 g) oder |
| 1 | Scheibe | Brie (45 % F.i.Tr.) (30 g) |

→ **15 g Fett =** 5

## Zwischenmahlzeiten

### Buttermilch oder Joghurt

| | | |
|---|---|---|
| 1/4 l | | Buttermilch oder |
| 150 g | | fettarmer Joghurt |

→ *ca.* **1 g Fett =** 0

### Milch oder Kefir

| | | |
|---|---|---|
| 1/4 l | | Milch oder Kefir |

→ **3 g Fett =** 1

### Milch und Brezel

| | | |
|---|---|---|
| 1/4 l | | fettarme Milch |
| 1 | | Brezel und |
| 10 g | | Butter |

→ **12 g Fett =** 4

### Kakao und Toast

| | | |
|---|---|---|
| 1/4 l | | Kakao aus fettarmer Milch |
| 2 | | Scheiben Vollkorntoast |
| 10 g | | Butter |
| 10 g | | Konfitüre |

→ **15 g Fett =** 5

### Knäckebrot und Konfitüre

| | | |
|---|---|---|
| 2 | | Scheiben Knäckebrot mit Ballaststoffen |
| 50 g | | Magerquark |
| 10 g | | kalorienreduzierte Konfitüre |

→ **2 g Fett =** 1

# Die PfundsKur-Woche

Um Ihnen den Einstieg in die PfundsKur zu erleichtern, habe ich einen Wochenplan mit PfundsKur-Rezepten aus diesem Buch zusammengestellt.
Sie werden feststellen, wie einfach und abwechslungsreich Sie täglich essen können, ohne dabei die Fettaugen aus dem Blick zu verlieren. Bei einigen Wochentagen liegt die Gesamtfettmenge sogar noch weit unter der durchschnittlich empfohlenen Tageszufuhr.

**MO**

| | |
|---|---|
| *Frühstück* | *Müsli II* |
| | *(2 FA)* |
| *Zwischenmahlzeit* | *¹/₄ l Buttermilch* |
| | *(0 FA)* |
| *Mittagessen* | *Currysuppe (3 FA)* |
| | *Gemüsegratin oder* |
| | *Apfelpfannkuchen* |
| | *(5 FA)* |
| *Zwischenmahlzeit* | *Obst oder Gemüse-* |
| | *rohkost (0 FA)* |
| *Abendessen* | *Schinkenbaguette* |
| | *(3 FA)* |

➜ *39 g Fett =* **13**

**DO**

| | |
|---|---|
| *Frühstück* | *Brot mit Ei, Tomate* |
| | *und Obst (3 FA)* |
| *Zwischenmahlzeit* | *Apfel-Bananen-* |
| | *Quark (2 FA)* |
| *Mittagessen* | *Hohenloher Möh-* |
| | *renfleisch (3 FA)* |
| | *Vanillecreme mit* |
| | *Orangensoße* |
| | *(4 FA)* |
| *Zwischenmahlzeit* | *Obst oder Rohkost* |
| | *(0 FA)* |
| *Abendessen* | *Lauchkuchen (3 FA)* |

➜ *45 g Fett =* **15**

**FR**

| | |
|---|---|
| *Frühstück* | *Müsli I* |
| | *(1 FA)* |
| *Zwischenmahlzeit* | *Obst oder Rohkost* |
| | *(0 FA)* |
| *Mittagessen* | *Lachs-Lasagne* |
| | *(12 FA)* |
| | *Obstsuppe mit* |
| | *Früchten (0 FA)* |
| *Zwischenmahlzeit* | *1 fettarmer Joghurt* |
| | *(0 FA)* |
| *Abendessen* | *Reissalat mit Paprika* |
| | *(3 FA)* |

➜ *48 g Fett =* **16**

| *Frühstück* | *Brot mit Schinken u.* | | *Frühstück* | *Müsli III* |
|---|---|---|---|---|
| | *Gurke (1 FA)* | | | *(1 FA)* |
| *Zwischenmahlzeit* | *Obst oder Gemüse-* | | *Zwischenmahlzeit* | *Obst oder Gemüse-* |
| | *rohkost (0 FA)* | | | *rohkost (0 FA)* |
| *Mittagessen* | *Schwarzwurzelsuppe* | | *Mittagessen* | *Paprika mit Spinat-* |
| | *(3 FA)* | | | *füllung (3 FA)* |
| | *Geschnetzeltes* | | | *Erdbeertraum* |
| | *in Apfelwein (3 FA)* | | | *(2 FA)* |
| | *und Reis* | | *Zwischenmahlzeit* | *1 Stück Brombeer-* |
| | *(1 FA)* | | | *quark-Torte (2 FA)* |
| *Zwischenmahlzeit* | *1/4 l fettarme Milch* | | *Abendessen* | *Käsetaschen mit* |
| | *(1 FA)* | | | *Basilikum* |
| *Abendessen* | *Gemüsesalat* | | | *(3 FA)* |
| | *(5 FA)* | | **→ 33 g Fett =** | **11** |
| | *mit Brot* | | | |

**→ 42 g Fett =** **14**

| *Frühstück* | *Knäcke salzig* | | *Frühstück* | *Brot mit Marmelade* |
|---|---|---|---|---|
| | *oder süß (3 FA)* | | | *u. Schinken oder Käse (5 FA)* |
| *Zwischenmahlzeit* | *1/4 l fettarme Milch* | | *Zwischenmahlzeit* | *Obst oder Rohkost* |
| | *(1 FA)* | | | *(0 FA)* |
| *Mittagessen* | *Bigosch* | | *Mittagessen* | *Pfälzer Weinsuppe (3 FA)* |
| | *(6 FA)* | | | *Rhein. Sauerbraten (5 FA)* |
| | *Cappuccino-Creme* | | | *Kartoffeln (0 FA)* |
| | *(2 FA)* | | | *Birnensorbet (0 FA)* |
| *Zwischenmahlzeit* | *Obst oder Rohkost* | | *Zwischenmahlzeit* | *1 Stück Aprikosenkuchen mit* |
| | *(0 FA)* | | | *Guß (3 FA)* |
| *Abendessen* | *Kräuternudeln* | | *Abendessen* | *Eissalat mit Hähnchenbrust* |
| | *(3 FA)* | | | *(3 FA)* |

**→ 45 g Fett =** **15**

**→ 57 g Fett =** **19**

*Bevor Sie die Rezepte dieses Buches Schritt für Schritt an ihrem eigenen Herd erproben, sollten Sie die folgenden Seiten erst einmal in Ruhe durchlesen. Hier finden Sie wichtige Informationen, die für das Verständnis und das Gelingen der PfundsKur-Rezepte wichtig sind. Sie können das Kapitel aber auch immer wieder als kleines Lexikon verwenden, denn alle Begriffe – bestimmte Produkte, Koch- und Gartechniken – sind von A–Z aufgeführt. Sie werden feststellen, daß es sich hierbei nicht nur um PfundsKur-spezifische Begriffe handelt, sondern auch um wertvolle praktische Informationen, die jeden Kochalltag bereichern und zudem erleichtern können.*

**Abwiegen:** Geht am allerbesten mit einer Digitalwaage. Andere Waagen wiegen weniger genau. Kleinere Mengen lassen sich auch mit Eß- und Teelöffeln abmessen.

1 kleiner Eßlöffel, gestrichen voll, faßt: Öl 10 g/Mehl 8 g/Zucker 15 g.

1 Teelöffel, gestrichen voll, faßt: Öl 4 g/Mehl 3 g/Zucker 5 g.

**Anbraten:** Auf die richtige Zubereitung kommt es an! Bratgut, das in heißes Fett gelegt wird, brät sofort. Es bilden sich Röst- und Aromastoffe und eine leckere Kruste. So verliert das Gargut kaum Flüssigkeit und die Nährstoffe bleiben weitgehend erhalten. Insbesondere paniertes Fleisch darf niemals in kaltes Fett gelegt werden. Die Panade saugt das Fett nämlich auf. Wird die Temperatur dann erhöht, fehlt zum Braten der notwendige Fettfilm und das Fleisch brennt an! Deshalb ist es so wichtig, die richtige Fett-Temperatur zu prüfen:

Tauchen Sie das angefeuchtete Ende eines Holzlöffels in das Fett. Wenn sich kleine Bläschen um den Stiel bilden, oder es zischt, hat das Fett die richtige Brattemperatur erreicht.

**Backofen:** Backöfen haben nicht immer exakt die gleichen Temperaturen und Backeigenschaften. Beachten Sie die Gebrauchsanweisung für Ihren Ofen, und verlassen Sie sich auf Ihre Erfahrung. Bei Umluftherden müssen Sie in der Regel die in den Rezepten angegebene Temperatur um 20–30 Grad verringern.

**Drahtlöffel:** In den Rezepten ist gelegentlich von einem „Drahtlöffel" die Rede. Das ist ein idealer Küchenhelfer, um Fritiertes aus dem Fett zu heben. Er eignet sich aber auch dafür, Tomaten oder Pfirsiche in kochendes Wasser zu halten, damit sie sich anschließend leichter häuten lassen. Anstelle eines Drahtlöffels können Sie auch einen Schaumlöffel verwenden.

**Ei:** 1 Eigelb enthält 6 g Fett, das entspricht 2 Fettaugen.

**Entfetten:** siehe „Fettaugen abschöpfen".

**Essig:** In den Rezepten wird auf keine bestimmte Sorte hingewiesen. Achten Sie auf die unterschiedliche Würzkraft! Viele Köche bevorzugen Wein- und Balsamicoessig. Balsamico ist allerdings für bestimmte Salate, wie zum Beispiel Kartoffel- oder Weißkrautsalat, zu dunkel.

**Fettaugen:** Wenn nicht anders angegeben, sind Fettaugen immer für 1 Portion berechnet.

**Fettaugen abschöpfen:** Bei vielen Rezepten in diesem Buch wird das überschüssige Fett abgeschöpft. Das gelingt am besten mit einem Schöpflöffel. Den dann noch vorhandenen Rest kann man mit Küchenkrepp entfernen. Dabei wird der Küchenkrepp auf die Flüssigkeit gelegt und saugt, ähnlich wie ein Löschpapier, das Fett auf. Bitte gießen Sie das abgeschöpfte Fett nicht in den Ausguß und damit ins Abwasser! Denn Speiseöle bilden Schwimmschlamm in den Becken und Behältern der Kläranlage und verursachen Verstopfungen und Verkrustungen der Kanäle sowie Geruchsbelästigungen. Geben Sie das Fett zum Erkalten in ein Gefäß, dann können Sie es (mit oder ohne Gefäß) in den normalen Restmüll geben, der verbrannt wird. Und noch ein Tip: Spülmittel einsparen (und damit ebenfalls die Umwelt schonen) können Sie, wenn Sie Fett vor dem Spülen mit Küchenkrepp aus Töpfen und Pfannen wischen.

**Fette und Öle:** Tauschen Sie das im Rezept vorgeschlagene Fett oder Öl ruhig gegen Ihr Lieblingsfett aus. Wenn Sie z.b. kein Olivenöl im Hause haben, nehmen Sie einfach Sonnenblumenöl. Hauptsache, Sie verändern die Menge nicht. Kleine Fettkunde: Fette und Öle können sich zersetzen und schädliche Substanzen bilden, wenn sie zu lange und/oder zu hoch erhitzt werden. Deshalb eignen sich nicht alle Fette gleich gut für Kurz- oder Langzeitbraten. Eine Orientierung gibt Ihnen die Packungsaufschrift „Zum Braten und Backen geeignet". Kaltgepreßte Öle und alle Öle mit einem hohen Anteil an mehrfach ungesättigten Fettsäuren, wie z.B. Sonnenblumenöl, Maiskeimöl, Distelöl, sollten nur kurz erhitzt werden. Sie sind ideal zum Dünsten oder zur Zubereitung von kalten Speisen. Bei starkem Erhitzen werden die wertvollen ungesättigten Fettsäuren zerstört und verlieren ihre gesundheitsfördernden Eigenschaften.

**Fisch:** Achten Sie beim Kauf von Fisch darauf, daß er wirklich frisch ist! Frischer Fisch hat leuchtende Farben, klare Augen, die Kiemen sind hellrot, und er ist mit einer wasserklaren Schleimschicht überzogen. Das Fleisch ist fest und elastisch. Der Fisch riecht frisch und nach Seetang. Bei älteren Fischen sind Haut und Augen trübe und blasser, die Schleimschicht matt und die Kiemen bräunlich dunkelrot. Das Fleisch ist weich und der Fisch entwickelt seinen typischen Geruch. Schwieriger ist es, den Frischegrad von Fischfilets zu beurteilen, denn alle genannten Kriterien können nicht mehr herangezogen werden. Verlassen Sie sich hier lieber auf Ihre Nase: Frische Ware riecht nicht unangenehm nach Fisch!

**Fleischbrühe:** Fleischbrühe und Gemüsebrühe benötigen Sie für die Zubereitung vieler Rezepte. Natürlich geht nichts über selbstgemachte Brühe! Die Rezepte finden Sie auf Seite 26 und 27. Dennoch leisten Brühwürfel gute Dienste, wenn es darum geht, Gerichten noch einen letzten geschmacklichen Schliff zu verleihen und zwar ohne viel Fett und ohne großen Zeitaufwand.

**Gemüse:** Nur, wenn die Gemüsemenge im Rezept in Gramm angegeben ist, sollten Sie diese genau einhalten. Es handelt sich dann um geputztes Gemüse. Die anderen Mengenangaben sind nicht so genau. Es handelt sich dabei immer um durchschnittliche Größen.

**Gemüsebrühe:**
siehe „Fleischbrühe".

**Gewürze:** Verwenden Sie möglichst frisch gemahlene Gewürze. Eine Pfeffermühle mit gut funktionierendem Mahlwerk sollte in Ihrer Küche immer griffbereit sein!

**Hackfleisch:** Kaufen Sie nie fertiges Hackfleisch, denn es enthält zu viel Fett. Bitten Sie statt dessen Ihren Metzger, Ihnen magere Rinder- und Schweineschulter durch den Fleischwolf zu drehen.

**Jodsalz:** In den Rezeptzutaten ist immer nur „Salz" angegeben. Verwenden Sie möglichst Jodsalz.

**Kartoffeln:** Die Sorten sind in den Rezepten nicht immer genau beschrieben. Nehmen Sie festkochende Kartoffeln für Salat, Rösti und Gratins und mehligkochende Sorten für Suppen, Pürees etc.

**Kräuter:** Verwenden Sie möglichst immer frische Kräuter. Getrocknet sind sie kein echter Ersatz. In Öl eingelegte Kräuter sind geschmacklich zwar sehr gut, erhöhen aber die Fettaugen eines Gerichts. Wählen Sie lieber tiefgefrorene Kräuter. Egal, ob frisch, getrocknet oder tiefgefroren, Kräuter in ihrer Vielfalt, helfen Ihnen Salz einzusparen. Kräuterstengel sind übrigens kein Abfall! Abgezupfte Kräuterstengel sollten nicht achtlos weggeworfen werden. Sie verleihen Fonds und Soßen ein würziges Aroma.

Die Herzblätter von Kohlrabi sowie Selleriegrün und Fenchelgrün können Sie ausgezeichnet zum Würzen und Verfeinern des entsprechenden Gemüses verwenden. Sie sind zum Würzen von Eintöpfen oder zum Garnieren vieler Gerichte geeignet.

**Mehl:** Probieren Sie einmal Weizenmehl Type 1050! Dieses Mehl mit einem hohen Anteil an Ballast- und Mineralstoffen sowie Vitaminen ist gesünder als Mehl Type 405. Es läßt sich darüber hinaus viel leichter, nämlich klümpchenfrei, mit kalter Flüssigkeit anrühren, um Soßen anzudicken. Weiße Soßen werden dadurch allerdings leicht gefärbt.

**Milch:** Bei der Berechnung der Fettaugen wird Vollmilch mit einem Fettgehalt von 3,5 % zugrunde gelegt. Sie können zusätzlich Fett einsparen, wenn Sie Milch mit einem Fettgehalt von 1,5 % verwenden.

**Mixstab:** In den Rezepten wird dieses Küchengerät häufig verwendet. Mit dem Mixstab (andere Bezeichnungen sind Pürierstab, Stabmixer oder Schneidestab) können Sie direkt im Kochtopf schaumige und cremige Suppen und Soßen herstellen, ohne daß Sie ein zusätzliches Gefäß benötigen. Ein unentbehrlicher Küchenhelfer!

**Muskatnuß:** Sollte immer frisch gerieben verwendet werden.

**Nüsse:** Eignen sich sehr gut zur Geschmacksverfeinerung verschiedenster Gerichte Allerdings: 100 g Nüsse enthalten im Durchschnitt 20 Fettaugen!

**Öl:** siehe Fette und Öle.

**Pfeffer:** Frisch gemahlen entfaltet sich die Würzkraft von Pfeffer am besten. Verwenden Sie Pfeffer, ob schwarz oder weiß, ganz nach Belieben, direkt aus der Pfeffermühle.

**Pizzatomaten:** Gibt es in vielen Supermärkten in Dosen zu kaufen. Es handelt sich um geschälte, gewürfelte Tomaten. Die Fruchteinwaage ist häufig höher als bei ganzen geschälten Tomaten. Diese können Sie natürlich auch verwenden, indem Sie die Früchte in ein Sieb geben und anschließend in Würfel schneiden.

**Sahne:** Sie werden feststellen, daß die PfundsKur-Rezepte trotz reduzierter Sahnemenge sehr gut schmecken. In den Rezepten ist immer Sahne mit 30 % Fett, also Schlagsahne, gemeint. Bei allen herzhaften Gerichten können Sie diese auch gegen Schmand (20 % Fett) oder Crème fraîche (34 % Fett) austauschen. Sahne läßt sich problemlos mit dem Mixstab unter Suppen und Soßen rühren. Aufgeschlagen gibt sie jeder Suppe und Soße einen lockeren, cremigen

Geschmack und ein besonders schaumiges Aussehen.

**Salz:** siehe Jodsalz.

**Sauerrahm:** Enthält nur 10 % Fett, flockt aber leider oft in Soßen oder Suppen aus. Sauerrahm aus kontrolliert biologischem Anbau ist dagegen cremig und läßt sich sehr gut verarbeiten. Sie sparen dabei eine Menge Fettaugen: 100 g Sauerrahm mit 10 % Fett enthalten etwa 3 Fettaugen, 100 g Crème fraîche mit 34 % Fett enthalten 10 Fettaugen mehr, nämlich 13.

**Schmand:** Eine empfehlenswerte Alternative zu Crème fraîche. Schmand hat einen Fettgehalt von nur 20 % (100 g = 7 Fettaugen) und schmeckt cremig und gut. Als Brotaufstrich ist Schmand ein gesunder Butterersatz.

**Teigwaren:** Die auf den Packungen angegebenen Garzeiten sind nur ein Anhaltspunkt. Wann Teigwaren wirklich „bißfest" gegart sind, können Sie am genauesten durch tatsächliches Durchbeißen feststellen. In der Mitte sollen die gekochten Nudeln noch einen festen Kern haben. Beachten Sie bei Eierteigwaren, daß Eier Fett enthalten! (Siehe Ei).

**Tomatenwürfel:** siehe „Pizzatomaten".

**Worcestersoße:** Ein beliebtes Gewürz, das häufig, vor allem zum Abschmecken von Suppen und Soßen, aber auch zum Marinieren von Seefisch, verwendet wird. Stellen Sie sich ein Fläschchen ins Gewürzregal, und vergessen Sie nicht, die Flasche vor jedem Gebrauch kräftig zu schütteln, damit sich die abgesetzte Würze mit der Flüssigkeit verbindet.

**Zitrone:** Kaufen Sie unbehandelte Zitronen, damit Sie die Schale mit verwenden können. Eine Alternative zu frisch gepreßtem Zitronensaft ist konservierter Saft von guter Qualität.

**Zubereitung:** In den Rezepten werden Sie ungewöhnliche Zubereitungsmethoden entdecken. Probieren Sie die neuen Ideen aus, denn Sie sind von Experten entwickelt worden und gelingen garantiert! Bei der Zubereitung steht die Erhaltung der Nährstoffe und des Eigengeschmacks immer an erster Stelle!

**Zwiebeln:** In den Rezepten wird immer von einer mittleren Größe ausgegangen. Häufig werden in Würfel geschnittene Zwiebeln verwendet. Hier ist eine Anleitung fürs richtige Zwiebelschneiden: Sie benötigen ein großes Holzbrett und ein langes, gerades, an der Spitze dünnes Messer. Beim Schälen der Zwiebel die Wurzeln nur knapp abschneiden, danach von der Wurzel zur Spitze halbieren. Die Zwiebelhälfte mit der Schnittfläche nach unten auf das Brett legen. Nun zuerst in die Richtung der Fasern mit der Messerspitze dünne Scheiben so einschneiden, daß die Zwiebelscheiben nur noch an dem Wurzelansatz zusamenhängen. Die Zwiebelhälfte drehen, je nach Größe 1 bis 2mal quer einschneiden, und dann wieder dünne Scheiben schneiden – so zerfällt die Zwiebel in feine Würfel. Es klingt mühevoll, wird aber durch Üben immer leichter. Schneiden ist besser als hacken, denn beim Rösten wird eine gehackte Zwiebel leicht bitter.

**Zu jedem Rezept finden Sie
Angaben über:**

**Fettaugenanzahl bei der klassischen Zubereitung:** Sie basiert auf der Basis des Fettgehalts von Gerichten, die nach bekannten Rezepten zubereitet werden.

**Fettaugenanzahl beim Pfunds-Kur-Rezept:** gibt die Menge an Fettaugen pro Portion bzw. pro Stück an, die mit einem Nährwertprogramm errechnet wurde. Übrigens: 1 Fettauge enthält 3 g Fett.

**Vorbereiten:** eine Zeitangabe, die sich aus den verschiedenen Vorbereitungsarbeiten (evtl. mit Vorkochen) zusammensetzt.

**Garen, Backen oder Kühlen:** eine Zeitangabe, die sich aus der Koch-, Brat-, bzw. Kühlzeit zusammensetzt.

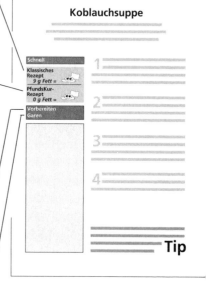

Koblauchsuppe

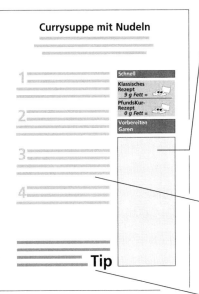

**Currysuppe mit Nudeln**

Schnell

Klassisches
Rezept
9 g Fett =

PfundsKur-
Rezept
0 g Fett =

Vorbereiten
Garen

**Tip**

**Zutaten:** Die Zutatenliste ist als Einkaufsliste gestaltet und in der Reihenfolge genau nach Gebrauch aufgelistet. Es werden folgende Abkürzungen verwendet:

g    - Gramm
kg   - Kilogramm
cl    - Zentiliter (ca. 10 g bzw. ml)
l     - Liter
TL   - Teelöffel
EL   - Eßlöffel
TK   - Tiefkühlprodukt
Msp - Messerspitze

**Zubereitung:** Die Zubereitung der Gerichte ist in einzelnen Schritten beschrieben, deren Reihenfolge Sie genau befolgen sollten, damit das Rezept auch garantiert gelingt.

**Tip:** enthält wertvolle Tips und Tricks von Profi-Köchen.

 Alle Rezepte sind, wenn nicht anders angegeben, immer für 4 Personen berechnet.

**29**

# Snacks, Pizza & Co.

*Wenn sich kurzfristig Besuch anmeldet oder ein gemütlicher Abend mit Freunden geplant ist, sollte immer ein Snack griffbereit sein. Ob nun die allseits beliebte Pizza, ein herzhafter Gemüsekuchen oder überbackene Baguettes, gut vorbereitet sind diese Snacks schnell fertig, wenn der Besuch da ist. Pizza oder Gemüsekuchen können bereits am Vormittag belegt und vorgebacken werden. Leckere Aufstriche für Baguette lassen sich problemlos im Voraus herstellen. Wenn der Besuch vor der Tür steht, brauchen Sie die fast fertigen Snacks nur noch in den Ofen zu schieben. Pizzateig sollten Sie am Vorabend nach dem folgenden Grundrezept herstellen und über Nacht im Kühlschrank gehen lassen: 250 g Mehl in eine große Schüssel geben, in die Mitte eine Mulde drücken. 20 g frische Hefe hineinbröckeln, 1 Prise Zucker darüberstreuen und die Hefe mit $1/8$ l Wasser zu einem Vorteig anrühren. Zugedeckt an einem warmen Ort 15 Minuten gehen lassen. Nun 3 EL Öl und 1 Prise Salz hinzufügen und alles zu einem festen Teig kneten. Zudecken und sofort in den Kühlschrank stellen. Nach 24 Stunden den Teig kurz durchkneten und 50 Minuten bei Zimmertemperatur gehen lassen. Anschließend den Teig nach Rezept weiterverarbeiten.*

31

# Bierbrezel

*Probieren Sie diese interessante Variante der schwäbischen*
*Laugenbrezel. Der Teig wird mit Bier hergestellt und die frisch gebackene*
*Brezel schmeckt auch gut zu Bier. Statt Bier können*
*Sie Mineralwasser verwenden.*

**Für Partys**

**Klassisches Rezept**
**3 g Fett =** 1

**PfundsKur Rezept**
**3 g Fett =** 1

| Vorbereiten: | 60 Min. |
| Backen: | 25 Min. |

| | |
|---|---|
| 250 g | Mehl |
| 1/2 | Würfel Hefe |
| 1 Prise | Zucker |
| 1/8 l | Bier (Zimmertemperatur) |
| 1/2 TL | Salz |
| 10 g | weiche Butter |
| Mehl für die Arbeitsfläche | |
| Backpapier für das Blech | |
| 1 Eigelb zum Bestreichen | |
| etwas Bier | |
| grobes Salz | |

1 Mehl in eine Schüssel geben und in die Mitte eine Mulde drücken. Hefe hineinbröckeln. Dann Zucker darüberstreuen. Bier dazugießen und alles mit etwas Mehl verrühren. Schüssel mit einem Tuch bedecken und 20 Minuten gehen lassen.

2 Salz und die Butter in die Schüssel geben. Den Teig so lange schlagen, bis er Blasen wirft. Zugedeckt 30 Minuten gehen lassen.

3 Den Backofen auf 220 Grad vorheizen. Dann den Teig nochmals durchkneten und in 4 Portionen teilen. Auf einer bemehlten Arbeitsfläche 4 Würste von ca. 45 cm Länge ausrollen. Dabei soll das Mittelstück dick und die Enden dünn sein. Würste zu Brezeln formen und auf ein mit Backpapier ausgelegtes Backblech legen.

4 Eigelb mit Bier verquirlen. Brezeln damit bestreichen. Mit einem nassen Messer das Mittelstück etwas einritzen. Brezeln mit grobem Salz bestreuen. Auf die mittlere Schiene im Backofen geben und 1 Tasse Wasser auf den Boden des Backofens gießen. Sofort die Tür verschließen. Temperatur auf 200 Grad senken. Die Brezeln 20–25 Minuten backen.
■ **Ergibt 4 große Brezeln.**

**Diese Brezeln können Sie auch mit Kümmel, Käse, Mohn oder Sesam bestreuen.** **Tip**

# Knauzen

*Eine schwäbische Art von Schinkenbrötchen. Wenn der*
*Hefeteig zubereitet ist, sollten Sie diesen wie auf Seite 30*
*beschrieben, bis die Gäste eintreffen, in den Kühlschrank stellen und*
*anschließend die Knauzen daraus backen.*

**1** Das Mehl in eine große Schüssel geben. In die Mitte eine Mulde drücken. Die Hefe hineinbröckeln und mit dem Zucker, 1/4 l lauwarmem Wasser und etwas Mehl zu einem Vorteig rühren. Danach mit einem Tuch bedecken und 15 Minuten gehen lassen.

**2** Inzwischen den Käse fein reiben und den Schinken in feine Würfel schneiden. Den Käse, die Schinkenwürfel, die Milch und das Salz zum Vorteig geben. Mit dem restlichen Mehl zu einem glatten, elastischen Teig verarbeiten. Erneut mit dem Tuch bedecken und nochmals 20 Minuten gehen lassen.

**3** Den Teig nochmals durchkneten. Auf der bemehlten Arbeitsfläche daraus eine Rolle formen. Ein Backblech mit Backpapier auslegen. Die Teigrolle in 20 Stücke teilen. Diese zu runden Brötchen formen und auf das Backblech legen. Mit dem Tuch bedecken und weitere 10 Minuten gehen lassen.

**4** Den Backofen auf 200 Grad vorheizen und die Knauzen darin etwa 20 Minuten backen.
▨ **Ergibt 20 Knauzen.**

| Schwäbisch |
|---|
| **Klassisches Rezept** 6 g Fett = |
| **PfundsKur Rezept** 6 g Fett = |

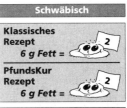

| **Vorbereiten: 1 Std. 10 Min.** |
|---|
| **Backen:        20 Min.** |

| |
|---|
| *700 g   Mehl* |
| *1 Würfel Hefe* |
| *1 Prise Zucker* |
| *100 g   Gouda oder Emmentaler* |
| *200 g   gekochter Schinken* |
| *1/4 l     lauwarme Milch* |
| *1 Prise Salz* |
| *Mehl für die Arbeitsfläche* |
| *Backpapier für das Blech* |

**Tip** Wer die Knauzen nicht gleich backen möchte, stellt den Teig einfach über Nacht in den Kühlschrank. Wenn Sie den Teig dann aus dem Kühlschrank holen, sollten Sie die Ruhezeit nach dem Ausformen auf 40 Minuten erhöhen.

# Crostini mit Tomaten

*Die gerösteten Weißbrotscheiben ißt man in der Toskana meist als Vorspeise. Das Brot kann im Toaster oder Backofen geröstet werden. Am besten schmecken Crostini, wenn die Brotscheiben mit Olivenöl bestrichen und im Backofen unter dem Grill geröstet werden.*

**Schnell**

**Klassisches Rezept**
6 g Fett =

**PfundsKur Rezept**
3 g Fett =

**Vorbereiten:** 15 Min.

| | |
|---|---|
| 10 Scheiben | italienisches Weißbrot (Ciabata) |
| 30 ml | Olivenöl zum Bestreichen |

**Belag:**

| | |
|---|---|
| 500 g | reife Tomaten |
| 3 | Knoblauchzehen |
| 5 | Rucolablätter |
| | Salz, Pfeffer |
| | Majoran |

1 Die Brotscheiben mit Olivenöl bestreichen und im vorgeheizten Backofen 5–10 Minuten bei 250 Grad Oberhitze rösten.

2 Für den Belag die Tomaten oben kreuzförmig einritzen und den Strunk herausschneiden, dann ca. 10 Sekunden mit einem Drahtlöffel ins kochende Wasser halten. Die Tomaten häuten.

3 Die Tomaten mit einem Messer quer halbieren und die Kerne herausdrücken. Das Fruchtfleisch in kleine Würfel schneiden und in einem Haarsieb abtropfen lassen. Dann in eine Schüssel geben. Den Knoblauch schälen und durch die Presse drücken. Die Rucolablätter waschen, gründlich trockenschütteln und fein hacken.

4 Den Knoblauch und die feingehackten Rucolablätter unter die Tomaten mischen. Mit Salz, Pfeffer und Majoran nach Belieben abschmecken. Dann auf den gerösteten Brotscheiben verteilen.
■ **Ergibt 10 Stück.**

**Statt der Rucolablätter können Sie auch gehackte Basilikumblättchen oder andere frische Küchenkräuter unter die Tomatenwürfel mischen.**

# Crostini mit Geflügelleber

*Knusprige Brotscheiben mit einer Geflügellebercreme bestrichen sind ein weiterer Klassiker unter den toskanischen Antipasti. Die fertige Paste immer erst beim Servieren auf die Brote streichen, wie dick Sie die Geflügelleberpaste aufstreichen, bleibt dabei Ihrem Geschmack überlassen.*

**1** Die Brotscheiben mit Olivenöl bestreichen und im vorgeheizten Backofen 5–10 Minuten bei 250 Grad Oberhitze rösten.

**2** Inzwischen für den Belag die Geflügelleber fein schneiden. Die Zwiebel und den Knoblauch schälen und ebenso fein würfeln. Die Petersilie waschen, gut trockenschütteln und fein hacken.

**3** Olivenöl in einer beschichteten Pfanne erhitzen. Zwiebel und Knoblauch darin glasig werden lassen. Geflügelleber zufügen und anrösten. Dann Petersilie untermischen. Mit Salz und Pfeffer würzen und mit Weißwein ablöschen. Die Masse erkalten lassen.

**4** Die Kapern zu der Geflügellebermasse geben. Diese mit dem Stabmixer zerkleinern. Die gerösteten Weißrotscheiben damit bestreichen.

▓ **Ergibt 10 Stück.**

**Besonders fein**

**Klassisches Rezept**
   **9 g Fett =** 3

**PfundsKur Rezept**
   **6 g Fett =** 2

**Vorbereiten:** **15 Min.**

| | |
|---|---|
| 10 Scheiben | italienisches Weißbrot (Ciabata) |
| 30 ml | Olivenöl zum Bestreichen |

**Belag:**

| | |
|---|---|
| 150 g | Geflügelleber |
| 1 | Zwiebel |
| 1 | Knoblauchzehe |
| etwas | Petersilie |
| 1 EL | Olivenöl |
| | Salz, Pfeffer |
| 2 EL | Weißwein |
| 10 | Kapern |

Statt Geflügelleber eignet sich für dieses Rezept auch Schweine- oder Kalbsleber wunderbar.

**Tip**

# Schinkenbaguette

*Ein idealer Snack für den Skatabend. Sie können alles vorbereiten und zur gegebenen Zeit frisch ausbacken. Die Masse hält im Kühlschrank zwei Tage und kann mit den unterschiedlichsten Kräutern und Gemüse aller Art verändert werden.*

**Schnell und einfach**

**Klassisches Rezept**
15 g Fett = **5**

**PfundsKur Rezept**
9 g Fett = **3**

| Vorbereiten: | 20 Min. |
| Backen: | 10 Min. |

| | |
|---|---|
| 1 kleine Stange Lauch | |
| 100 g | gekochter Schinken |
| | Petersilie |
| 100 g | Gouda |
| 200 g | Crème fraîche |
| 50 g | Joghurt |
| | Salz, Pfeffer |
| 2 kleine Baguettes | |

1 Vom Lauch die Wurzel abschneiden, die Stange längs halbieren und unter kaltem Wasser abbrausen. In feine Ringe schneiden.

2 Den Schinken in 2 cm lange, feine Streifen schneiden. Die Petersilie kalt abbrausen, gründlich trockenschütteln und fein hacken. Den Gouda grob reiben.

3 Lauch, Schinken, Petersilie und Gouda in eine Schüssel geben. Mit Crème fraîche und Joghurt vermischen und vorsichtig mit Salz und Pfeffer würzen. Die Baguette längs halbieren und mit der Creme bestreichen.

4 Den Backofen auf höchste Stufe Oberhitze einstellen. Die vorbereiteten Brote auf ein Backblech legen, in das obere Drittel des Backofens einschieben und 10 Minuten backen, bis die Oberfläche leicht bräunt.
■ **Ergibt 8 Portionen.**

**Sie können das Baguette längs halbieren und in 8 Stücke schneiden. Oder noch besser in kleine Häppchen. Schneiden Sie das Brot auf keinen Fall quer in dünne Scheiben, denn sonst weicht es durch.**

# Champignonbaguette

*Frische Champignons erhalten Sie das ganze Jahr über in guter Qualität.*
*Für dieses Rezept können Sie weiße oder braune verwenden.*
*Der Snack läßt sich gut vorbereiten und braucht bei Bedarf nur kurz*
*im Ofen überbacken zu werden.*

**1** Die Champignons putzen und kurz 2mal in kaltem Wasser waschen. Nicht im Wasser liegen lassen, sonst saugen sich die Lamellen voll. Danach in Scheiben schneiden. Die Zwiebeln schälen und fein würfeln. Den Schnittlauch waschen, trockenschütteln und in feine Röllchen schneiden.

**2** In einer großen beschichteten Pfanne das Öl erhitzen. Die Zwiebelwürfel darin goldbraun rösten. Die Champignonscheiben in die Pfanne geben und bei starker Hitze ca. 5 Minuten anbraten, bis die Flüssigkeit verdampft ist. Mit Salz, Pfeffer, Kümmel und Kerbel abschmecken. Die Pfanne vom Herd nehmen, die Champignons mit dem Mehl bestäuben und etwas abkühlen lassen. Dann die saure Sahne zu den Champignons geben, und alles gut verrühren.

**3** Die Baguettes in Scheiben schneiden und mit der Champignoncreme bestreichen. Den Backofen auf größte Stufe Oberhitze einstellen. Die vorbereiteten Scheiben auf ein Backblech legen. In das obere Drittel des Backofens schieben und ca. 10 Minuten backen, bis die Oberfläche leicht bräunt.

■ **Ergibt 8 Portionen.**

Sie können diesen köstlichen Snack mit allen Pilzen zubereiten. Mit Käse überbacken erhält es eine andere Geschmacksnote. Allerdings gibt es dann auch zusätzliche Fettaugen.

**Tip**

| Preiswert | | |
|---|---|---|
| Klassisches Rezept 12 g Fett = | | 4 |
| PfundsKur Rezept 3 g Fett = | | 1 |

| Vorbereiten: | 20 Min. |
|---|---|
| Backen: | 10 Min. |

| | |
|---|---|
| 500 g | Champignons |
| 2 | Zwiebeln |
| 1/2 Bund | Schnittlauch |
| 10 g | Öl |
| | Salz, Pfeffer |
| | Kümmelpulver |
| | Kerbel |
| 10 g | Mehl |
| 200 g | saure Sahne |
| 2 kleine | Baguette oder Ciabata |

# Schlemmerbaguette-Variationen

*Verwöhnen Sie Ihre Gäste mit dieser besonderen Überraschung,*
*die Sie noch dazu wunderbar vorbereiten können. Auf der Basis*
*einer weißen Soße entstehen drei köstliche Cremes, mit denen die Baguettes*
*bestrichen und anschließend überbacken werden.*

| Exquisit | |
|---|---|

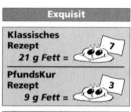

| **Klassisches Rezept** | **21 g Fett =** | 7 |
|---|---|---|
| **PfundsKur Rezept** | **9 g Fett =** | 3 |

| **Vorbereiten:** | **60 Min.** |
|---|---|
| **Backen:** | **15 Min.** |

| | |
|---|---|
| *1* | *Zwiebel* |
| *40 g* | *Mehl* |
| *1/4 l* | *kalte Gemüsebrühe* |
| *1/4 l* | *Milch* |
| | *Salz, Pfeffer* |
| | *Muskat* |
| *100 g* | *gekochter Schinken* |
| *2* | *Tomaten* |
| *4* | *grüne Oliven* |
| *1 EL* | *Tomatenketchup* |
| *je 150 g* | *Karotten, Sellerie und Lauch* |
| *1/4* | *rote Paprikaschote* |
| *100 g* | *cremiger Blauschimmelkäse* |
| *300 g* | *Graved- oder Räucherlachs* |
| *50 g* | *Champignons* |
| *gemischte Kräuter* | |
| *1 großes Baguette* | |

**1** Für die Grundsauce die Zwiebel schälen und in feine Würfel schneiden. Das Mehl in einem Topf ohne Fett 2 Minuten anrösten. Die Zwiebeln dazugeben und 1 Minute anrösten. Den Topf vom Herd nehmen und Mehl und Zwiebeln 2 Minuten abkühlen lassen.

**2** Die Brühe und die Milch zu der Mehl-Zwiebel-Mischung gießen. Alles mit dem Schneebesen glattrühren und unter Rühren mit einem flachen Holzkochlöffel 2 Minuten zu einer dickflüssigen Soße köcheln lassen. Die Soße mit Salz, Pfeffer und Muskat würzen und zugedeckt erkalten lassen.

**3** Für die Schinken-Tomaten-Creme den gekochten Schinken würfeln, die Tomaten häuten und würfeln (siehe Tip Dicke Tomatensuppe Seite 82). Die Oliven in Scheiben schneiden. Mit dem Tomatenketchup und 1/3 der kalten weißen Soße zu einer streichfähigen Creme verrühren.

**4** Für die Gemüse-Käse-Creme die Karotten schälen. Sellerie und Lauch waschen und putzen. Karotten und Sellerie raspeln. Paprika putzen und waschen. Lauch und Paprika fein würfeln. Gemüse ca. 1 Minute in Salzwasser garen und danach abkühlen lassen. Blauschimmelkäse fein würfeln. Gemüse, Käse und 1/3 der weißen Soße zu einer streichfähigen Creme verrühren.

**5** Für die Lachs-Champignon-Creme zuerst den Lachs würfeln. Dann die Champignons putzen, eventuell kurz waschen, in Scheiben schneiden und fein hacken. Die Räucherlachswürfel und die Champignonscheiben mit der restlichen weißen Soße gut vermischen.

**6** Den Backofen auf 200 Grad vorheizen. Die Kräuter waschen, trockenschütteln und hacken. Jeweils 1/3 der Kräuter unter die verschiedenen Cremes mischen. Die Baguette längs halbieren, quer in 24 Stücke schneiden und abwechselnd mit den 3 Creme-Variationen bestreichen. Die Baguette im heißen Backofen auf der mittleren Schiene etwa 15 Minuten backen.

**▨ Ergibt 8 Portionen.**

Statt Baguette können Sie auch ein anderes Brot verwenden: Italienisches Weißbrot oder ein knuspriges Bauernbrot eignen sich ebenso wie Brötchen jeder Art.

# Käsetaschen mit Basilikum

*Die köstlichen Käsetaschen lassen sich problemlos vorbereiten und sind schnell gebacken. Ziegenfrischkäse erhalten Sie in Feinkostläden oder direkt beim Erzeuger. Wichtig ist, daß die gefüllten Taschen sofort nach der Fertigstellung ausgebacken werden.*

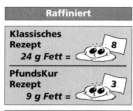

**Raffiniert**

**Klassisches Rezept**
*24 g Fett =* 8

**PfundsKur Rezept**
*9 g Fett =* 3

**Vorbereiten: 40 Min.**
**Backen: 20 Min.**

| | |
|---|---|
| 200 g | Mehl |
| 1 TL | Backpulver |
| 2 | Eier |
| 100 g | Magerquark |
| 10 g | Öl |
| 1 TL | Salz |
| 2 Rollen Ziegenfrischkäse | |
| 16 Blättchen Basilikum | |
| Mehl für die Arbeitsfläche | |
| Sahne zum Bestreichen | |

1 Mehl und Backpulver in einer Schüssel mischen. In die Mitte eine Mulde drücken. Eier mit einem Schneebesen aufschlagen und 1/4 davon beiseite stellen. Quark, aufgeschlagene Eier, Öl und Salz zum Mehl in die Mulde geben. Alles zu einem geschmeidigen Teig verkneten und 15 Minuten ruhen lassen.

2 Inzwischen den Ziegenkäse in 1 cm dicke Scheiben schneiden. Die Basilikumblätter waschen, trockenschütteln und grob hacken. Ein Backblech mit Backpapier auslegen. Den Backofen auf 200 Grad vorheizen.

3 Den Teig in 4 gleich große Portionen teilen und auf einer bemehlten Arbeitsfläche jeweils zu 4 rechteckigen Platten (10 x 20 cm) ausrollen. Die Käsescheiben auf eine Hälfte der Teigplatten legen. Die gehackten Basilikumblätter darüber streuen.

4 Aus den belegten Teigplatten rechteckige kleine Täschchen formen, Ränder mit etwas von dem restlichen Ei bestreichen und gut festdrücken. Übriges Ei mit Sahne verquirlen. Käsetaschen damit bestreichen, in den Ofen schieben und 20 Minuten backen.

**Für diese Taschen gibt es natürlich viele Varianten:**
- Mozzarella und Tomaten (etwas würzen)
- Frischkäse mit Kräutern
- Gouda und Schinken (Vorsicht: mehr Fettaugen)
- Blattspinat (muß sofort gebacken werden)

**Tip**

# Pizza Margherita

*Diese Pizza ist bei Kindern und Erwachsenen gleichermaßen beliebt. Sie läßt sich problemlos vorbacken und wieder erwärmen. Die angegebene Menge reicht für ein Backblech. Dies ist das Grundrezept für alle Pizzen.*

**1** Das Mehl in eine große Schüssel geben und in die Mitte eine Mulde drücken. Die Hefe hineinbröckeln. Mit dem Zucker, 1/8 l lauwarmem Wasser und etwas Mehl zu einem glatten Vorteig rühren. Zugedeckt an einem warmen Ort 15 Minuten gehen lassen.

**2** Für den Belag die Pizzatomaten in eine Schüssel geben und mit Salz, Pfeffer, Oregano und Basilikum abschmecken. Den Gouda grob reiben. Den Mozzarella klein würfeln. Beide Käsesorten mischen.

**3** Öl und Salz zum Teig in die Schüssel geben und diesen mit dem übrigen Mehl zu einem glatten, elastischen Teig verarbeiten. Nochmals zugedeckt 20 Minuten gehen lassen. Den Backofen auf 280 Grad vorheizen. Das Backblech fetten.

**4** Den Pizzateig nochmals durchkneten, auf einer bemehlten Arbeitsfläche ausrollen und auf das Backblech geben. Mit den Pizzatomaten belegen und mit dem gemischten Käse bestreuen. Im vorgeheizten Ofen auf der unteren Schiene 10–15 Minuten backen.
■ **Ergibt 6 Portionen.**

**Sehr beliebt**

**Klassisches Rezept**
   **15 g Fett =** **5**

**PfundsKur Rezept**
   **9 g Fett =** **3**

| Vorbereiten: | 55 Min. |
|---|---|
| Backen: | 20 Min. |

**Teig:**

| | |
|---|---|
| 250 g | Mehl |
| 1/2 Würfel Hefe | |
| 1 Prise Zucker | |
| 3 EL | Olivenöl |
| 1 Prise Salz | |

**Belag:**

| | |
|---|---|
| 1 Dose Pizzatomaten | |
| | Salz, Pfeffer |
| | Oregano |
| | Basilikum |
| 100 g | Gouda oder |
| | Emmentaler |
| 100 g | Mozzarella |
| etwas Öl für das Blech | |
| Mehl für die Arbeitsfläche | |

Den ausgerollten Teig können Sie ganz einfach auf das Nudelholz auf und dann über dem eingeölten Blech wieder abrollen.

*Tip*

# Champignonkuchen

*Dieser Quarkteig bietet sich für herzhafte Kuchen an und ist
besonders einfach herzustellen. Verzichten Sie künftig auf
Mürbeteig, der zwar sehr lecker schmeckt, aber leicht speckig
wird und zu viel Fett enthält.*

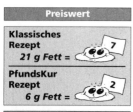

**Preiswert**

Klassisches
Rezept
**21 g Fett =**    7

PfundsKur
Rezept
**6 g Fett =**    2

| Vorbereiten: | 30 Min. |
| Backen: | 30 Min. |

**Teig:**

| 200 g | Mehl |
| 1 TL | Backpulver |
| 100 g | Quark |
| 2 | Eier |
| 10 g | Olivenöl |
| 1 Prise | Salz |

**Belag:**

| 750 g | Champignons |
| 2 | Zwiebeln |
| 1 Bund Schnittlauch | |
| 10 g | Pflanzenfett |
| | Salz, Pfeffer, |
| Kümmelpulver, Kerbel | |
| 10 g | Mehl |
| 200 g | saure Sahne |
| Mehl für die Arbeitsfläche | |
| Öl für die Form | |

**1** Mehl und Backpulver in eine Schüssel geben und vermischen. Quark, Eier, Olivenöl und Salz zugeben und zu einem geschmeidigen Teig kneten. Ruhen lassen.

**2** Inzwischen die Champignons eventuell kurz waschen und in Scheiben schneiden. Die Zwiebeln schälen und fein würfeln. Den Schnittlauch waschen, trockenschütteln und in feine Röllchen schneiden.

**3** In einer großen beschichteten Pfanne die Zwiebelwürfel in dem heißen Fett goldbraun rösten. Die Champignons dazugeben und bei starker Hitze etwa 5 Minuten anbraten, bis alle Flüssigkeit verdampft ist. Mit den Gewürzen abschmecken. Die Pfanne vom Herd ziehen, Champignons mit dem Mehl bestäuben und etwas abkühlen lassen. Die saure Sahne hinzufügen und verrühren.

**4** Den Backofen auf 220 Grad vorheizen. Den Teig nochmals durchkneten. Auf einer bemehlten Arbeitsfläche ausrollen und in eine gefettete runde Backform von 32 cm ø geben. Mit der Champignonmasse belegen und im heißen Ofen auf der unteren Schiene ca. 30 Minuten backen. Den Champignonkuchen herausnehmen und mit Schnittlauchröllchen bestreuen.

■ **Ergibt 12 Stücke.**

# Elsässer Lauchkuchen

*Im Elsaß gibt es eine Vielzahl an köstlichen, herzhaften Kuchen.
Diese werden noch häufig traditionell im Backhaus gebacken, bevor das
Brot hineingeschoben wird. Wenn Sie den Kuchen im Backofen
backen, muß dieser immer gut vorgeheizt sein.*

**1** Für den Teig Mehl in eine Schüssel geben. In die Mitte eine Mulde drücken. Hefe hineinbröckeln und mit 1/8 l lauwarmem Wasser, Zucker und etwas Mehl zu einem Vorteig rühren. Zugedeckt 15 Minuten gehen lassen.

**2** Inzwischen für den Belag den Schinken in feine Streifen schneiden. Den Lauch längs halbieren, waschen und in feine Ringe schneiden. Schinken und Lauch im heißen Öl glasig dünsten und zum Abkühlen beiseite stellen.

**3** Das Öl und Salz zum Vorteig geben und mit dem restlichen Mehl zu einem glatten, elastischen Teig verarbeiten. Erneut zugedeckt 20 Minuten gehen lassen. Inzwischen den Emmentaler grob reiben.

**4** Den Backofen auf 240 Grad vorheizen. Teig nochmals durchkneten, auf einer bemehlten Arbeitsfläche ausrollen und auf ein geöltes Backblech geben. Eier und saure Sahne verrühren. Lauch und Schinken mit der Sahne-Eier-Mischung verrühren. Mit Salz, Pfeffer und Paprika würzen. Käse untermischen. Guß über den Kuchenboden gießen. Im heißen Ofen auf der mittleren Schiene 20–30 Minuten backen.

■ **Ergibt 12 Stücke.**

**Diesen herzhaften Kuchen können Sie gut vorbacken. Denn aufgewärmt schmeckt er noch besser. Verkürzen Sie dann die Backzeit um 5 Minuten.**

*Tip*

| Herzhaft | |
|---|---|
| **Klassisches Rezept** | **5** |
| **15 g Fett =** | |
| **PfundsKur Rezept** | **3** |
| **9 g Fett =** | |

| **Vorbereiten:** | **55 Min.** |
|---|---|
| **Backen:** | **30 Min.** |

| *Teig:* | |
|---|---|
| *250 g* | *Mehl* |
| *1/2 Würfel Hefe* | |
| *1 Prise Zucker* | |
| *10 g* | *Öl* |
| *1 Prise Salz* | |

| *Belag:* | |
|---|---|
| *300 g* | *magerer, gekochter Schinken* |
| *500 g* | *Lauch* |
| *10 g* | *Öl zum Dünsten* |
| *100 g* | *Emmentaler* |
| *Mehl für die Arbeitsfläche* | |
| | *Öl für das Blech* |
| *2* | *Eier* |
| *200 g* | *saure Sahne* |
| | *Salz, Pfeffer* |
| | *Paprikapulver* |

# Zwiebelkuchen

*Ein typischer Herbstkuchen, der häufig zu neuem, süßen Wein serviert wird. Der Kuchen läßt sich problemlos aufbacken und kann deshalb auch vorgebacken werden. Er sollte stets warm gegessen werden.*

**Beliebt**

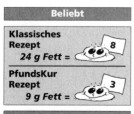

Klassisches
Rezept
24 g Fett = **8**

PfundsKur
Rezept
9 g Fett = **3**

| Vorbereiten: | 55 Min. |
|---|---|
| Backen: | 55 Min. |

**Teig:**

| 250 g | Mehl |
|---|---|
| 10 g | Hefe |
| 1 Prise | Zucker |
| 20 g | Öl |
| 1 Prise | Salz |

**Belag:**

| 800 g | Zwiebeln |
|---|---|
| 50 g | geräucherter Bauchspeck |
| 10 g | Öl |
| 20 g | Mehl |
| 2 | Eier |
| 200 g | saure Sahne |
| Salz, Pfeffer | |
| Kümmelsamen | |
| Mehl für die Arbeitsfläche | |
| Öl für die Form | |

**1** Mehl in eine große Schüssel geben und in die Mitte eine Mulde drücken. Hefe hineinbröckeln und mit Zucker, $\frac{1}{8}$ l lauwarmem Wasser und etwas Mehl zu einem Vorteig rühren. Zugedeckt 15 Minuten gehen lassen.

**2** Inzwischen für den Belag die Zwiebeln schälen, halbieren und in Ringe schneiden. Den Speck in feine Würfel schneiden.

**3** Öl und Salz zum Vorteig geben und mit dem restlichen Mehl zu einem glatten, elastischen Teig verarbeiten. Nochmals zugedeckt 20 Minuten gehen lassen.

**4** Öl in einem Topf erhitzen. Zwiebelringe und Speckwürfel darin goldgelb braten. Mit Mehl bestäuben und abkühlen lassen. Backofen auf 180 Grad vorheizen. Eier und saure Sahne verquirlen. Mit Salz, Pfeffer und Kümmel würzen und unter die lauwarme Zwiebelmasse rühren.

**5** Teig nochmals durchkneten. Auf einer bemehlten Arbeitsfläche ausrollen. In eine gefettete, Backform von 32 cm ø geben. Dabei einen Rand hochziehen. Zwiebelmasse auf dem Teig verteilen und im heißen Backofen auf der unteren Schiene ca. 55 Minuten backen.
■ **Ergibt 12 Stücke.**

# Krautkuchen

*Dieser leckere Kuchen ist eine typische, schwäbische Spezialität, die vor allem mit Spitzkohl zubereitet besonders gut schmeckt. Natürlich können Sie den Kuchen auch mit ganz normalem Weißkohl zubereiten, so wie es in diesem Rezept beschrieben ist.*

**1** Mehl in eine Schüssel geben und in die Mitte eine Mulde drücken. Hefe hineinbröckeln und mit 0,1 l lauwarmem Wasser, Zucker und etwas Mehl zu einem Vorteig rühren. Zugedeckt an einem warmen Ort ca. 15 Minuten gehen lassen.

**2** Inzwischen für den Belag den Kohl waschen, vierteln und den Strunk entfernen. Die Viertel in feine Streifen schneiden und in einem großen Topf in dem erhitzten Schmalz 15 Minuten anbraten. Mit dem Mehl bestäuben und abkühlen lassen.

**3** Den Vorteig mit Olivenöl, Salz und dem restlichen Mehl zu einem glatten, elastischen Teig verarbeiten. Zugedeckt nochmals 30 Minuten gehen lassen.

**4** Den Schinken in Würfel schneiden und mit der sauren Sahne unter das Kraut mischen. Mit Salz, Pfeffer und Kümmel würzen. Den Backofen auf 220 Grad vorheizen.

**5** Den Teig nochmals durchkneten und auf einer bemehlten Arbeitsfläche ausrollen. Eine gefettete runde Backform von 32 cm ø damit auslegen. Mit der Krautmasse belegen und im Backofen auf der mittleren Schiene ca. 30 Minuten backen. ■ **Ergibt 12 Stücke.**

**Ganz raffiniert ist dieser Kuchen mit Rotkohl. Fügen Sie dann beim zweiten Arbeitsschritt zum Anbraten noch 2 EL Essig hinzu.**

**Tip**

| Schwäbisch | |
|---|---|
| **Klassisches Rezept** *15 g Fett =* | 5 |
| **PfundsKur Rezept** *9 g Fett =* | 3 |

| Vorbereiten: | 55 Min. |
|---|---|
| Backen: | 30 Min. |

**Teig:**

| | |
|---|---|
| 200 g | Mehl |
| 1/2 Würfel Hefe | |
| 1 Prise | Zucker |
| 1 EL | Olivenöl |
| 1 Prise | Salz |

**Belag:**

| | |
|---|---|
| 1 kg | Weißkohl |
| 20 g | Schweineschmalz |
| 10 g | Mehl |
| 100 g | roh geräucherter Schinken |
| 200 g | saure Sahne |
| | Salz, Pfeffer |
| | Kümmelpulver |
| Mehl für die Arbeitsfläche | |
| Öl für die Form | |

# Spinatkuchen

*Dieser saftige Kuchen wird häufig mit Mürbe-, oder Blätterteig hergestellt. Doch dadurch erhält er leider zu viele Fettaugen. Ein Hefeteig ist dafür eine fettarme Alternative. Für den Belag können Sie auch Mangold statt Spinat wählen.*

| Vegetarisch | |
|---|---|
| **Klassisches Rezept** 27 g Fett = | 9 |
| **PfundsKur Rezept** 9 g Fett = | 3 |

| **Vorbereiten:** | **55 Min.** |
|---|---|
| **Backen:** | **30 Min.** |

| *Teig:* | |
|---|---|
| 250 g | Mehl |
| 1/2 Würfel | Hefe |
| 1 Prise | Zucker |
| 2 EL | Öl |
| 1 Prise | Salz |
| | Kümmelpulver |
| **Belag:** | |
| 2 kg | frischer Spinat |
| | Salz, Pfeffer |
| | Knoblauchpulver |
| 2 | Zwiebeln |
| 200 g | Mozzarella |
| 1 Dose | Pizzatomaten |
| Mehl für die Arbeitsfläche | |
| Öl für das Blech | |

1 Das Mehl in eine Schüssel geben und in die Mitte eine Mulde drücken. Die Hefe hineinbröckeln und mit dem Zucker, 1/8 l lauwarmem Wasser und etwas Mehl zu einem Vorteig rühren. An einem warmen Ort zugedeckt 15 Minuten gehen lassen.

2 Für den Belag den Spinat waschen und verlesen, tropfnaß in einen großen Topf geben. Mit Salz, Pfeffer und Knoblauchpulver würzen und zugedeckt 1 Minute aufkochen lassen. In einem Sieb abtropfen und kurz abkühlen lassen. Den Spinat hacken. Die Zwiebeln schälen und würfeln. Den Mozzarella auf einer Küchenreibe grob raspeln.

3 Öl, Salz und Kümmelpulver zum Vorteig geben und diesen mit dem restlichen Mehl zu einem glatten, elastischen Teig verarbeiten. Erneut mit dem Tuch bedecken und nochmals 20 Minuten gehen lassen.

4 Die Pizzatomaten mit dem Spinat und den Zwiebelwürfeln in einer Schüssel mischen. Mit Salz, Pfeffer und Knoblauchpulver würzen. Backofen auf 220 Grad vorheizen.

5 Den Teig nochmals durchkneten. Auf einer bemehlten Arbeitsfläche ausrollen. Auf das gefettete Backblech geben. Sofort mit der Spinatmischung belegen. Mozzarella darüber streuen und den Spinatkuchen im Ofen auf der mittleren Schiene 30 Minuten backen. ■ **Ergibt 6 Stücke.**

# Frischkäse-Variationen

*Probieren Sie diese köstlichen Brotaufstriche auf im Toaster gerösteten Schwarzbrotscheiben.Verwenden Sie dafür fettarmen Frischkäse (natur). Wenn Sie die vollfette Variante mit einem Fettgehalt von 60 % nehmen, erhöht sich die Zahl der Fettaugen auf 4 pro Portion.*

**1** Für die Tomatenkäsecreme die Zwiebel schälen und fein hacken. Die Basilikumblättchen von den Stengeln zupfen und in feine Streifchen schneiden. Die Tomaten fein zerkleinern. Frischkäse und Milch cremig miteinander verrühren und die zerkleinerten Zutaten untermischen. Mit Pfeffer und Salz abschmecken und die Creme auf die gerösteten, halbierten Brotscheiben streichen.

**2** Für die Olivencreme die Knoblauchzehen schälen und durch die Presse drücken. Die Oliven und die Petersilie fein hacken. Frischkäse und Milch cremig verrühren und die zerkleinerten Zutaten untermischen. Mit Salz und Pfeffer abschmecken. Die gerösteten, halbierten Brotscheiben mit der Creme bestreichen.

**Raffiniert**

| Klassisches Rezept | |
|---|---|
| *12 g Fett =* | 4 |
| PfundsKur Rezept | |
| *6 g Fett =* | 2 |

| Vorbereiten: | 20 Min. |
|---|---|
| Kühlen: | 30 Min. |

**Mit Tomaten:**

| | |
|---|---|
| 1 kleine Zwiebel | |
| 10 | Basilikumblätter |
| 60 g | getrocknete Tomaten |
| 200 g | Frischkäse |
| 3 EL | Milch |
| | Salz, Pfeffer |
| 6 Scheiben Schwarzbrot | |

**Mit Oliven:**

| | |
|---|---|
| 2 | Knoblauchzehen |
| 100 g | schwarze Oliven, ohne Stein |
| $1/2$ Bund Petersilie | |
| 200 g | Frischkäse |
| 2 EL | Milch |
| | Salz, Pfeffer |
| 6 Scheiben Schwarzbrot | |

**Als weitere Variante** können Sie eine Röstzwiebelcreme zubereiten: Dafür 2 große Zwiebeln schälen, würfeln und in 20 g Öl anrösten. Abkühlen lassen. Inzwischen 200 g Frischkäse mit 3 EL Milch cremig rühren. Die Röstzwiebeln und fein gehackte, frische Rosmarinnadeln untermischen. Die Creme mit Salz und Pfeffer abschmecken und auf 6 halbierte, geröstete Schwarzbrotscheiben streichen.

# Grünkerncreme

*Ein unkompliziert zubereiteter, herzhafter Brotaufstrich. Sein würziger Geschmack erinnert ein wenig an Leberwurst. Der Aufstrich bleibt im verschlossenen Glas vier bis fünf Tage im Kühlschrank frisch und ist schön streichfähig.*

**Nussig**

Klassisches Rezept
12 g Fett = 4

PfundsKur Rezept
6 g Fett = 2

| Vorbereiten: | 40 Min. |
|---|---|
| Kühlen: | 2 Std. |

| | |
|---|---|
| 0,1 l | Gemüsebrühe |
| 50 g | Grünkernschrot |
| 1 kleine Zwiebel | |
| 1 | Knoblauchzehe |
| 30 g | Butter |
| | gemischte frische Kräuter (z.B. Basilikum, Petersilie, Liebstöckel) |
| 1 TL | Estragon |
| 20 g | saure Sahne |
| | Salz, Pfeffer |
| | Muskat |
| etwas | Zitronensaft |
| 1 TL mittelscharfer Senf | |
| Gurken- und Radieschenscheiben zum Garnieren | |
| 20 Scheiben Vollkornbrot | |

1 Die Gemüsebrühe zum Kochen bringen und den Grünkernschrot einrühren. Vom Herd nehmen und das Ganze 10 Minuten quellen lassen. Inzwischen die Zwiebel und den Knoblauch schälen und fein würfeln.

2 Die Butter in einer Pfanne erhitzen und die Zwiebel- und Knoblauchwürfel darin 5 Minuten anbraten. Danach die Pfanne vom Herd ziehen. Die Kräuter waschen, trockenschütteln und hacken.

3 Den Grünkern mit Zwiebel, Knoblauch, Estragon und den gehackten Kräutern gut vermischen. Mit Salz, Pfeffer und Muskat würzen. Saure Sahne, Zitronensaft und Senf unterrühren. Die Grünkerncreme mindestens 2 Stunden im Kühlschrank kaltstellen. Vor dem Servieren mit Gurken- und Radieschenscheiben garnieren. Das Schwarzbrot dazu reichen.
■ **Ergibt 10 Portionen.**

Grünkernschrot erhalten Sie im Naturkostladen oder Reformhaus. Diesen Aufstrich können Sie auch mit Grünkerngrieß herstellen. Grünkerngrieß ist in allen gut sortierten Lebensmittelgeschäften erhältlich.

**Tip**

# Matjes-Quark

*Die klassische Matjeszeit ist im Juni. Wer auch außerhalb
dieser Zeit den köstlichen Quark genießen möchte,
kann dafür einfach auf Kräutermatjes aus der
Dose zurückgreifen.*

**1** Die Zwiebel schälen und in feine Würfel
schneiden. Dann in einem kleinen Topf
mit etwas Wasser kurz aufkochen lassen. In
ein Haarsieb geben und abkühlen lassen. Die
Matjesfilets in feine Würfel schneiden.

**2** Die Tomaten waschen, den Stielansatz
entfernen und quer halbieren. Die Kerne
herausdrücken und das Fruchtfleisch in feine
Würfel schneiden. Den Dill und die Petersilie
waschen, trockenschütteln und fein hacken.
Den Quark in einer Schüssel mit dem Zitronensaft, dem Essig und dem Sherry gründlich
verrühren. Mit Salz, Pfeffer und Zucker nach
Belieben abschmecken.

**3** Die Zwiebel-, Matjes- und Tomatenwürfel
unter den Quark in der Schüssel mischen.
Zusammen mit Schwarzbrot servieren.

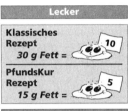

| | |
|---|---|
| 1 | Zwiebel |
| 200 g | frische Matjes-filets oder Kräutermatjes aus der Dose |
| 2 | Tomaten |
| ¹/₂ Bund Dill | |
| ¹/₂ Bund Petersilie | |
| 400 g | Magerquark |
| etwas | Zitronensaft |
| ¹/₂ EL | Essig |
| ¹/₂ EL | Sherry |
| | Salz, Pfeffer |
| | Zucker |

**Sie können den Matjesquark auch als leichtes
Mittagessen an einem heißen Sommertag
mit Pellkartoffeln servieren. Dann sollten Sie
ihn aber mit etwas Milch verdünnen.**

**49**

# Schafskäse-Dip

*Bieten Sie in einer gemütlichen Runde zu einem kräftigen Glas Rotwein
doch einmal diesen Dip an. Dazu paßt geröstetes
Weißbrot, Knäckebrot oder auch Kräcker. Vorsicht: Kräcker
enthalten zusätzliches Fett.*

| Spezialität | |
|---|---|
| Klassisches Rezept 18 g Fett = | 6 |
| PfundsKur Rezept 9 g Fett = | 3 |

| Zubereiten: | 25 Min. |
|---|---|

| | |
|---|---|
| 2 | Zwiebeln |
| 20 | Knoblauchzehen |
| 10 g | Olivenöl |
| 200 g | Magerquark |
| 0,1 l | Milch |
| 200 g | Schafskäse |
| | frischer Oregano |
| | Salz, Pfeffer |

1 Die Zwiebeln schälen und fein würfeln. Die Knoblauchzehen schälen und fein hacken. Dann durch die Presse drücken. Das Olivenöl in einer beschichteten Pfanne erhitzen. Zwiebelwürfel und Knoblauch darin kräftig anrösten. Beiseite stellen und etwas abkühlen lassen.

2 Inzwischen den Quark in eine Schüssel geben und mit der Milch verrühren. Den Schafskäse fein würfeln und unter den Quark mischen. Den Oregano abbrausen, trockenschütteln und hacken.

3 Die Zwiebeln, den Knoblauch und den Oregano unter den Quark mischen und den Dip mit Salz und Pfeffer abschmecken.

Verwenden Sie für diesen Snack keinen getrockneten Oregano, sondern frischen; wenn dies nicht möglich ist, besser in Öl eingelegten aus dem Glas nehmen. Diesen Dip können Sie auch am Vortag zubereiten.

Tip

# Schinkenmousse

*Diese wunderbare Schinkenmousse schmeckt sowohl zu Spargelsalat, als auch zu Blattsalaten, oder einfach nur als Brotaufstrich. Auf die gleiche Art können Sie auch Räucherforellenmousse zubereiten.*

**1** Die Gelatine in kaltem Wasser einweichen. Das Mehl ohne Fett in einem Topf 2 Minuten anrösten. Den Topf vom Herd nehmen. Das Mehl 2 Minuten abkühlen lassen.

**2** Die Milch in den Topf zum Mehl gießen und mit dem Schneebesen glatt rühren. Wieder auf den Herd stellen. Die Soße unter ständigem Rühren mit einem flachen Holzkochlöffel zum Kochen bringen und etwa 5 Minuten leicht köcheln lassen.

**3** Die Soße mit Salz, Pfeffer, Muskat und einem Spritzer Worcestersoße würzen. Eventuell mit einem Stabmixer cremig aufschlagen. Die Gelatine tropfnaß in die Soße geben, unterrühren bis sie sich aufgelöst hat, dann die Soße erkalten lassen.

**4** Den Schinken in feine Würfel schneiden und mit der Fleischbrühe in ein hohes Gefäß geben. Mit dem Stabmixer pürieren. Nach und nach unter die noch lauwarme Soße rühren.

**5** Die Sahne steif schlagen. Vorsichtig unter die kalte Schinkenmousse heben. Die Mousse ca. 2 Stunden in den Kühlschrank stellen.

**Zum Servieren:** Tauchen Sie einen Eßlöffel in heißes Wasser und stechen Sie von der Mousse schöne Nocken ab. **Tip**

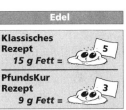

| Edel | | |
|---|---|---|
| **Klassisches Rezept** 15 g Fett = | | 5 |
| **PfundsKur Rezept** 9 g Fett = | | 3 |

| **Vorbereiten:** | **50 Min.** |
|---|---|
| **Kühlen** | **2 Std.** |

| 4 Blatt | Gelatine |
|---|---|
| 15 g | Mehl |
| 1/4 l | Milch |
| | Salz, Pfeffer |
| | Muskat |
| | Worcestersoße |
| 100 g | magerer, gekochter Schinken |
| 3 EL | Fleischbrühe |
| 100 g | Sahne |

# Salate

*Salate liegen im Trend! Sie sind längst nicht mehr nur Beilage, sondern ein vollwertiges, leichtes Hauptgericht. Dank der großen Nachfrage wird auch das Angebot an Blattsalaten immer vielfältiger. Achten Sie beim Kauf auf das saisonale und regionale Angebot. Denn ökologisch ist es wesentlich sinnvoller, regional angebaute Produkte zu verwenden als solche mit langen Transportwegen.*
*Bei der Vorbereitung von Blattsalaten sollten Sie immer nur die ganzen Blätter waschen und anschließend erst in mundgerechte Stücke zerkleinern. So werden die wasserlöslichen Vitamine nicht ausgeschwemmt. Endivien und Chicorée können dagegen längere Zeit in gut hand-*

*warmem Wasser liegenbleiben, damit die Bitterstoffe herausgezogen werden. Allerdings gehen damit auch Vitamine verloren. Wer den bitteren Geschmack mag, sollte also auf das Wässern verzichten. Salate erst kurz vor dem Servieren mit dem Dressing anmachen, es sei denn, im Rezept wird ausdrücklich auf ein Durchziehen des Salates hingewiesen.*

# Amerikanischer Salat

*Die klassische Version wird mit Romana-Salat zubereitet.*
*Sie können statt dessen aber auch jeden anderen Blattsalat nehmen.*
*Entscheidend ist das Dressing, das mit Blauschimmelkäse zubereitet wird*
*und der besondere Geschmack, der durch Staudensellerie entsteht.*

**Ungewöhnlich**

**Klassisches Rezept**
**12 g Fett =** 4

**PfundsKur Rezept**
**6 g Fett =** 2

**Zubereiten:** 20 Min.

| | |
|---|---|
| 1 Kopf | grüner Salat |
| 1 | rote Paprikaschote |
| 1/2 Stange | Staudensellerie |
| 2 Scheiben | Ananas |
| 1/2 Bund | Petersilie |

**Dressing:**

| | |
|---|---|
| 1/2 | Zitrone |
| 1 TL | Zucker |
| | Salz, Pfeffer |
| 100 g | Schmand |
| 50 g | Roquefortkäse |

1 Den Blattsalat putzen, waschen, trocken-schleudern und in ca. 1 cm breite Streifen schneiden. Die Paprikaschote von Samen und Trennwänden befreien, abbrausen und vier-teln. Den Sellerie waschen. Die Paprika und den Sellerie in Würfel schneiden.

2 Die Ananasscheiben in Stücke schneiden. Die Petersilie waschen, trockenschütteln und fein hacken.

3 Für das Dressing die Zitrone auspressen. Zitronensaft, Zucker, 1/2 TL Salz und Pfef-fer gründlich verrühren. Dann den Schmand unterrühren. Roquefort mit einer Gabel fein zerdrücken. Unter das Dressing mischen.

4 Die Salatstreifen, die Paprika- und die Selleriewürfel, die Ananasstücke und die gehackte Petersilie in eine große Schüssel geben und mit dem Dressing mischen. Sofort servieren.

Der Salat schmeckt besonders gut, wenn Sie frische Ananasstückchen und keine aus der Dose ver-wenden. Frische Ananas in Viertel schneiden, dann schälen, den Strunk in der Mitte herausschneiden und dann das Fleisch in Stückchen teilen. **Tip**

# Provenzalischer Salat

*Ein wunderbarer Partysalat, der etwas Zeit zum Vorbereiten benötigt.*
*Sie sollten die Paprikaschoten häuten, wie es im Rezept beschrieben ist,*
*dadurch wird der Salat noch edler. Verwenden Sie möglichst*
*Flaschentomaten, denn sie sind sehr aromatisch.*

**1** Den Backofen auf 250 Grad vorheizen. Die Paprikaschoten vierteln, putzen und waschen. Mit den Schnittstellen nach unten auf ein Backblech legen. Auf der obersten Schiene 8 Minuten bei Oberhitze rösten. Sobald die Haut Blasen wirft, die Schoten herausnehmen und sofort mit einem feuchten Tuch bedecken.

**2** Die Tomaten oben kreuzförmig einritzen, den Blütenansatz herausschneiden, 10 Sekunden in kochendes Wasser halten, enthäuten und in Scheiben schneiden. Die Zucchini und die Auberginen waschen, quer halbieren und in dünne Scheiben schneiden. Die Petersilie waschen, trockenschütteln und fein hacken. Paprikaviertel häuten und in ca. 2 cm große Stücke schneiden.

**3** In einer großen, beschichteten Pfanne die Zucchini und die Auberginen im erhitzten Olivenöl anbraten. Dabei kein zusätzliches Öl nachgießen. Nach 2 Minuten Tomaten und Paprika zugeben und mitbraten. Mit Salz, Pfeffer und Curry würzen. Herausnehmen und in einer Schüssel abkühlen lassen.

**4** Aus Wasser, Zucker, Salz und dem Essig ein Dressing bereiten. Über das Gemüse geben. Mit der Petersilie bestreuen.

**Mit einigen, in lauwarmem Wasser eingeweichten, Rosinen oder mit kleingeschnittenen, getrockneten Feigen läßt sich dieser Salat raffiniert verfeinern.** *Tip*

| Raffiniert | |
|---|---|
| **Klassisches Rezept** 12 g Fett = | 4 |
| **PfundsKur Rezept** 6 g Fett = | 2 |

| Zubereiten: | 50 Min. |
|---|---|
| 2 | rote Paprikaschoten |
| 2 | gelbe Paprikaschoten |
| 200 g | Tomaten |
| 100 g | Zucchini |
| 100 g | Auberginen |
| 1/2 Bund | Petersilie |
| 3 EL | Olivenöl |
| | Salz. Pfeffer |
| | Currypulver |

**Dressing:**

| | |
|---|---|
| 1 EL | Wasser |
| 1 TL | Zucker |
| 1/2 TL | Salz |
| 3 EL | Balsamico-Essig |

# Blumenkohlsalat mit Currysahne

*Ein außergewöhnlicher Salat, durch die harmonische
Komposition von Blumenkohl, Curry und Banane
seinen besonderen Geschmack erhält. Wichtig ist eine
ausreichende Marinierzeit.*

**Exotisch**

**Klassisches
Rezept
18 g Fett =** 6

**PfundsKur
Rezept
3 g Fett =** 1

| Zubereiten: | 40 Min. |
| --- | --- |
| Marinieren: | 60 Min. |

| 2 | Eier |
| --- | --- |
| 1 mittlerer | Blumenkohl |
| 1 | Zwiebel |
| 1 | Karotte |
| 0,1 l | Gemüsebrühe |
| 2 TL | Currypulver |

**Dressing:**

| 1 | Zitrone |
| --- | --- |
| | Salz, Pfeffer |
| 100 g | Joghurt |
| 1/2 TL | Zucker |
| 1 | Banane |

**1** Die Eier 8 Minuten kochen und dann zum Abkühlen in kaltes Wasser legen. Den Blumenkohl in ganz feine Röschen teilen. Die Zwiebel schälen und fein würfeln. Die Karotte waschen, schälen und in feine Streifen schneiden.

**2** In einem Topf Blumenkohl, Zwiebel und Karotte mit der Gemüsebrühe zugedeckt 2 Minuten dünsten. Danach zum Abkühlen beiseite stellen und mit dem Curry bestreuen. Die Zitrone auspressen.

**3** Für das Dressing Zitronensaft, 1/2 TL Salz, Pfeffer und Joghurt verrühren. Die Banane schälen und fein würfeln. Das Ei schälen und hacken. Das gehackte Ei zum Dressing geben und gut verrühren. Das Dressing und die Bananenwürfel unter den abgekühlten Blumenkohl heben, alles noch einmal abschmecken und 1 Stunde marinieren.

Wenn Sie einen intensiven Currygeschmack bevorzugen, dann geben Sie das Currypulver bereits beim Garen zum Blumenkohl. Raffiniert schmeckt dieser Salat, wenn Sie ihn zum Servieren mit gerösteten Sesamsamen bestreuen, aber Achtung, das ist zusätzliches Fett.

Tip

# Grüner Gemüsesalat

*Ein Salat, bei dem Sie das grüne Gemüse bißfest garen
und sofort nach dem Garen in Essigwasser
marinieren müssen. Die Gemüsesorten richten sich nach
dem Marktangebot.*

**1** Das Gemüse waschen, putzen und in gleich große Stücke schneiden. Die Zwiebel schälen und in Streifen schneiden. Bohnen, Zuckerschoten, Brokkoli, Spargel und die Zwiebelstreifen in einem großen, geschlossenen Topf mit der Gemüsebrühe 2 Minuten dünsten. Salzen und pfeffern und dann die Zucchini zugeben und nochmals 2 Minuten dünsten.

**2** Das Gemüse in eine Schüssel geben und mit 1/2 l kaltem Wasser und dem Essig 20 Minuten marinieren.

**3** Inzwischen für das Dressing Senf, Essig, Joghurt und Schmand verrühren. Mit dem Zucker, 1/2 TL Salz und Pfeffer abschmecken.

**4** Das marinierte Gemüse auf Tellern anrichten und mit dem Dressing beträufeln. Den Dill waschen, trockenschütteln, fein hacken und darüber streuen.

**Vitaminreich**

| Klassisches Rezept 30 g Fett = | 10 |
| PfundsKur Rezept 12 g Fett = | 4 |

**Zubereiten:** **50 Min.**

| 100 g | grüne Bohnen |
| 100 g | Zuckerschoten |
| 100 g | Brokkoli |
| 100 g | Zucchini |
| 200 g | grüner Spargel |
| 1 | Zwiebel |
| 1/4 l | Gemüsebrühe |
| | Salz, Pfeffer |
| 4 EL | Essig |

*Dressing:*

| 1 TL | Senf |
| 3 EL | Essig |
| 100 g | Joghurt |
| 100 g | Schmand |
| 1/2 TL | Zucker |
| | Salz, Pfeffer |
| 1 Bund Dill | |

**Dieser Salat läßt sich mit Räucherlachsscheiben
oder gekochten Schinkenscheiben verfeinern.
Bitte beachten Sie: 100 g Räucherlachs enthalten
5 Fettaugen und 100 g Schinken nur 1 Fettauge.**

Tip

# Blattsalat mit Champignons

*Eine beliebte Vorspeise, die mit frisch gebratenen Champignons serviert wird. Je nach Marktangebot können Sie auch nur eine Salatsorte verwenden. Wer mag, kann noch Rucola oder Kresse unter den Salat mischen, das verleiht ihm zusätzliche Schärfe.*

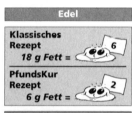

| Edel | |
| --- | --- |
| Klassisches Rezept 18 g Fett = | 6 |
| PfundsKur Rezept 6 g Fett = | 2 |

| Zubereiten: | 20 Min. |
| --- | --- |

**4 Portionen Blattsalat**

| | |
| --- | --- |
| 200 g | Champignons |
| 1 | kleine Zwiebel |
| 10 g | Butter |
| | Salz, Pfeffer |
| 50 g | Schmand |

**Dressing:**

| | |
| --- | --- |
| 1/2 TL | mittelscharfer Senf |
| 1/2 EL | Essig |
| 1/2 TL | Zucker |
| | Salz, Pfeffer |
| 1 EL | Öl |

**1** Den Salat gründlich waschen, in mundgerechte Stücke teilen und in einem Sieb abtropfen lassen. Die Champignons eventuell kurz im kalten Wasser schwenken und in Scheiben schneiden. Die Zwiebel schälen und in feine Würfel schneiden.

**2** Für das Dressing den Senf, den Essig, 3 EL Wasser, den Zucker, 1/4 TL Salz und den Pfeffer in einer großen Salatschüssel gut verrühren. Dann das Öl kräftig unterschlagen.

**3** Die Butter in einer beschichteten Pfanne erhitzen und die Zwiebeln darin glasig werden lassen. Die Champignonscheiben zugeben und bei starker Hitze ca. 3 Minuten weiterbraten. Den Herd ausschalten und die Champignons mit Salz, Pfeffer und dem Schmand abschmecken. Auf der Herdplatte stehen lassen.

**4** Den Blattsalat in die Schüssel geben und mit dem Dressing vermengen. Auf Tellern anrichten und die lauwarmen Champignons darüber verteilen.

Besonders lecker schmeckt dieser Salat im Sommer, wenn es frische Pfifferlinge gibt. Bieten Sie dazu italienisches oder französisches Weißbrot an.
Ich bereite das Dressing gerne in einem hohen, schmalen Gefäß zu, denn dann kann ich die Zutaten dafür mit dem Stabmixer cremig aufschäumen.

# Chinakohlsalat mit Nudeln

*Dieser spezielle Nudelsalat erhält seine feine Würze durch die gerösteten Mandeln und Sesamsaat. In diesem Rezept werden kleine Hörnchennudeln verwendet. Genauso gut schmeckt der Salat mit sehr schmalen Bandnudeln.*

**1** Die Nudeln in reichlich Salzwasser nach Packungsanleitung bißfest garen. In ein Sieb abschütten und mit reichlich kaltem Wasser abschrecken. Den Chinakohl waschen und halbieren. Vom Strunk befreien und in dünne Streifen schneiden. Die Frühlingszwiebeln waschen, putzen und mit dem Grün in dünne Ringe schneiden. Chinakohl und Frühlingszwiebeln in eine Schüssel geben.

**2** In einer beschichteten Pfanne Mandeln und Sesam ohne Fett anrösten. Dann über den Chinakohl in der Schüssel geben. Die erkalteten Hörnchennudeln zufügen.

**3** Für das Dressing 1 EL Wasser, Zucker, Salz und Essig gut verrühren und unter den Salat mischen. Das Olivenöl darüber träufeln und alles gut vermengen. Die Petersilie abbrausen, trockenschütteln und fein hacken. Den Salat damit bestreuen und servieren.

**Diesen Salat können Sie mit TOM YAM Nudeln zubereiten. Diese Nudeln brauchen nicht vorgekocht zu werden, sondern werden einfach mit dem Dressing unter den Chinakohl gemischt. Dann 1 Stunde ziehen lassen. TOM YAM Nudelgerichte erhalten Sie im Asienladen oder im gut sortierten Supermarkt.**

| **Exotisch** | | |
|---|---|---|
| **Klassisches Rezept** | | **4** |
| **12 g Fett =** | | |
| **PfundsKur Rezept** | | **2** |
| **6 g Fett =** | | |
| **Zubereiten:** | | **40 Min.** |

| | |
|---|---|
| 150 g | Hörnchennudeln oder |
| 180 g | TOM YAM Nudelgericht (Fertiggericht) |
| | Salz |
| 1 mittelgroßen Chinakohl | |
| 1 Bund | Frühlingszwiebeln |
| 1 TL | Mandelblättchen |
| 1 TL | Sesamsamen |

| *Dressing:* | |
|---|---|
| 1 TL | Zucker |
| 1/2 TL | Salz |
| 2 EL | Essig |
| 2 EL | Olivenöl |
| 1/2 Bund | Petersilie |

# Herbstlicher Blattsalat

*Schöne Blattsalate sind ganzjährig in guter Qualität zu erhalten.*
*Ob als Vorspeise oder als gesundes Abendessen,*
*mit dieser Garnitur bekommt jeder Blattsalat einen Pfiff.*
*Besonders gut eignet sich Feldsalat.*

**Einfach**

**Klassisches Rezept**
**12 g Fett =** 4

**PfundsKur Rezept**
**6 g Fett =** 2

**Zubereiten:          20 Min.**

| 4 Portionen Blattsalat | |
|---|---|
| 2 | Brötchen |
| 1 | Zwiebel |
| 100 g | roher Schinken |
| 1 | Birne |
| 1/2 Bund | Petersilie |
| 1 EL | Olivenöl zum Braten |

| *Dressing:* | |
|---|---|
| 1 TL | Zucker |
| 1/2 TL | Salz |
| 2 EL | Essig |
| | Pfeffer |
| 2 EL | Olivenöl |

1 Den Blattsalat waschen und in einem Sieb abtropfen lassen. Die Brötchen in kleine Würfel schneiden. Die Zwiebel schälen und würfeln. Die Schinkenscheiben zuerst in Streifen und dann in Würfel schneiden. Die Birne schälen, vom Kerngehäuse befreien und würfeln. Dabei darauf achten, daß alle Würfel ungefähr gleich groß sind.

2 Die Petersilie waschen, trockenschütteln und fein hacken. Für das Dressing Zucker, Salz, Essig, 4 EL Wasser und Pfeffer verrühren. Dann 3 EL Olivenöl unterrühren.

3 In einer beschichteten Pfanne das Öl erhitzen. Zuerst die Zwiebeln 2 Minuten anbraten, dann die gewürfelten Brötchen, Schinken und Birnen dazugeben und 3 Minuten weiterrösten. Danach die gehackte Petersilie zugeben.

4 Den Salat auf Tellern anrichten, dann das Dressing darüber träufeln. Zum Schluß die gebratene Schinken-Brötchen-Mischung darüber verteilen.

Es ist vorteilhaft, wenn Sie den Salat mit einer Salatschleuder schön trockenschleudern, dadurch wird das Salatdressing nicht so wäßrig. **Tip**

# Reissalat mit Paprika

*Ein Salat, der sehr beliebt ist, Stärkebeilage
und Erfrischung zugleich. Bei den Zutaten können
Sie ihre Phantasie walten lassen. Eine schnelle
Beilage bei jedem Grillfest.*

**1** Den Reis mit der Gemüsebrühe in einem Topf zum Kochen bringen. Mit dem Paprikapulver würzen und zugedeckt bei niedriger Temperatur 20 Minuten quellen lassen. Dann abkühlen lassen.

**2** Inzwischen die Paprikaschote waschen, putzen und in Streifen schneiden. Den Käse und den Schinken in Streifen schneiden. Den Mais in einem Sieb abtropfen lassen.

**3** Für das Dressing die Zwiebel schälen und fein reiben. Dann mit Essig, Ketchup, 1/2 TL Salz, Pfeffer und Joghurt gut verrühren. Den Schmand unterheben und nochmals abschmecken.

**4** Paprika, Käse, Schinken und Mais unter den abgekühlten Reis heben. Das Dressing untermischen und den Reissalat noch einmal abschmecken. Die Petersilie waschen und fein hacken und über den Salat streuen.

**Für Partys**

| Klassisches Rezept | 30 g Fett = | 10 |
| PfundsKur Rezept | 12 g Fett = | 4 |

| Vorbereiten: | 40 Min. |
| Zubereiten: | 10 Min. |

| 150 g | Langkornreis (parboiled) |
| 0,3 l | Gemüsebrühe |
| 1 TL | Paprikapulver, edelsüß |
| 2 rote | Paprikaschoten |
| 100 g | Edamer |
| 100 g | gekochter Schinken |
| 1 Dose | Gemüsemais |

**Dressing:**

| 1 | Zwiebel |
| 2 1/2 EL | Essig |
| 2 EL | Tomatenketchup |
| | Salz, Pfeffer |
| 100 g | Joghurt |
| 100 g | Schmand |
| 1/2 Bund Petersilie | |

**Für diesen Salat eignet sich auch Rundkorn- oder Basmatireis. Der Salat zieht gut durch, wenn Sie die Salatsoße mit dem noch lauwarmen Reis vermengen.**

Tip

# Eissalat mit Hähnchenbrust

*Der knackige Eissalat wird mit kurz angebratenen Hähnchenbruststreifen
serviert. Die Verfeinerung mit Apfelscheiben
ist ein besonderer Genuß. Mischen Sie unter den Eissalat je
nach Marktangebot noch Paprika- oder Tomatenstücke.*

**Leichtes Abendessen**

**Klassisches
Rezept
18 g Fett =** 6

**PfundsKur
Rezept
9 g Fett =** 3

**Zubereiten:        20 Min.**

| | |
|---|---|
| 1 | Eissalat |
| 1 | kleine Zwiebel |
| etwas | Staudensellerie |
| 2 | Hähnchenbrüste |
| | Salz |
| | Currypulver |
| 2 | kleine Äpfel |
| 10 g | Öl |

**Dressing:**

| | |
|---|---|
| 1/2 TL | mittelscharfer Senf |
| 1 EL | Essig |
| 150 g | Joghurt |
| 1/2 TL | Zucker |
| | Salz, Pfeffer |

1 Den Salat kalt waschen, in mundgerechte Stücke teilen und in einem Sieb abtropfen lassen. Die Zwiebel schälen und in feine Würfel schneiden. Danach den Staudensellerie waschen und kleinschneiden. Die Hähnchenbrüste in 1 cm breite Streifen schneiden und mit Salz und Curry würzen. Die Äpfel waschen, vierteln, das Kerngehäuse entfernen und in Scheiben schneiden.

2 Die Zwiebelwürfel in einer beschichteten Pfanne in dem erhitzten Öl glasig werden lassen. Staudensellerie, Hähnchenbruststreifen und Apfelscheiben zugeben und bei starker Hitze 2 Minuten weiter braten. Beiseite stellen und die Hähnchen-Gemüse-Mischung etwas abkühlen lassen.

3 Für das Dressing Senf, Essig, Joghurt, Zucker, 1/4 TL Salz und Pfeffer in einer großen Salatschüssel gründlich verrühren.

4 Den Eissalat in die Schüssel geben und mit dem Dressing vermischen. Nach Belieben nochmals abschmecken. Auf Tellern anrichten und die Hähnchenbruststreifen mit dem Gemüse und den Äpfeln darüber verteilen.

**Gut schmeckt dieser Salat auch, wenn
das Dressing mit Apfelessig zubereitet wird.
Blattsalate sollten Sie immer immer gut abtropfen
lassen oder in einer Salatschleuder trocken-
schleudern. Dann haftet das Dressing besser.** Tip

# Waldorfsalat

*Dieser klassische Salat enthält Knollensellerie und knackige Äpfel.*
*Die Majonnaise wird durch Schmand oder Crème fraîche ersetzt.*
*Die Walnüsse, die im Salat nicht fehlen dürfen, sollten nur*
*zurückhaltend verwendet werden. Das spart Fettaugen und Kalorien.*

**1** Den Sellerie waschen, schälen und in feine Streifen schneiden. In eine große Schüssel geben und mit dem Zitronensaft beträufeln. Dann die Äpfel schälen, vierteln und vom Kerngehäuse befreien. Ebenso in feine Streifen schneiden. Zu den Selleriestreifen geben und beides vermischen.

**2** Für das Dressing den Essig, den Schmand, den Zucker, 1/4 TL Salz Pfeffer und etwas Worcestersoße gut verrühren. Die Apfel- und Selleriestreifen damit marinieren.

**3** Die Walnußkerne hacken und unter den angemachten Salat geben. Die Sahne steif schlagen und vorsichtig darunter heben. Die Petersilie waschen, trockenschütteln und kleinschneiden. Dann den Salat damit garnieren.

| Klassisch | |
|---|---|
| **Klassisches Rezept** *30 g Fett =* | 10 |
| **PfundsKur Rezept** *18 g Fett =* | 6 |

| **Zubereiten:** | **30 Min.** |
|---|---|

| | |
|---|---|
| *1* | *Knollensellerie (ca. 300 g)* |
| *1 EL* | *Zitronensaft* |
| *2* | *säuerliche Äpfel* |
| *40 g* | *Walnußkerne* |
| *etwas* | *Petersilie* |

**Dressing:**

| | |
|---|---|
| *1/2 EL* | *Essig* |
| *100 g* | *Schmand* |
| *1/2 TL* | *Zucker* |
| | *Salz, Pfeffer* |
| | *Worcestersoße* |
| *100 g* | *Sahne* |

**Sellerie und Äpfel nicht raspeln, da sie sonst rasch braun werden. Mit einem Gemüsehobel können Sie problemlos dünne Scheiben schneiden. Diese lassen sich dann mit einem Messer in Streifen schneiden.**

Tip

# Festlicher Apfelsalat

*Ein kräftiger Salat, den Sie zu jeder Jahreszeit zubereiten*
*können. Als Beilage ist er allerdings zu reichhaltig. Servieren Sie*
*ihn als schönes Abendessen oder erfrischendes*
*Sommeressen mit herzhaftem Brot.*

**Erfrischend**

**Klassisches
Rezept
30 g Fett =** 10

**PfundsKur
Rezept
12 g Fett =** 4

**Zubereiten:        30 Min.**

| | |
|---|---|
| *4 große* | *säuerliche Äpfel* |
| *2 EL* | *Zitronensaft* |
| *100 g* | *Emmentaler* |
| *200 g* | *Lachsschinken ohne Fett* |
| *etwas* | *Petersilie* |
| **Marinade:** | |
| *1 EL* | *Essig* |
| *50 g* | *Joghurt* |
| *50 g* | *Schmand* |
| *1 TL* | *scharfer Senf* |
| *1 TL* | *geriebener Meerrettich* |
| *1 TL* | *Honig* |
| | *Salz, Pfeffer* |
| *1 EL* | *Öl* |

1 Die Äpfel schälen, halbieren, vom Kerngehäuse befreien und die Apfelhälften in feine Streifen schneiden. In eine große Schüssel geben und mit Zitronensaft beträufeln.

2 Den Emmentaler und den Lachsschinken in Streifen schneiden oder nach Belieben würfeln. Die Petersilie waschen, gut trockenschütteln und hacken.

3 Für die Marinade den Essig, den Joghurt, den Schmand, den Senf, den Meerrettich und den Honig gut verrühren. Mit 1/4 TL Salz und Pfeffer nach Belieben abschmecken. Die Apfelstreifen damit 10 Minuten marinieren. Danach den Emmentaler und den Lachsschinken untermischen und zum Schluß das Öl unter den Apfelsalat geben. Auf Tellern verteilen und mit der Petersilie garnieren.

**Zu diesem Salat paßt auch sehr gut ein Roquefort-Dressing. Dann erhöhen sich allerdings die Fettaugen. Wenn Sie den Roquefort kurz vorher in das Tiefkühlfach legen, können Sie davon ganz leicht die gewünschte Menge abraspeln.**

Tip

# Gemüsesalat

*Ein gesunder, vitaminreicher Salat, der auch bei Kindern auf
Begeisterung stößt, jedoch auch einige Fettaugen liefert. Wenn Sie
auf dem Markt keine Petersilienwurzel erhalten sollten,
nehmen Sie einfach mehr Knollensellerie.*

**1** Die Gemüsebrühe in einem Topf zum Kochen bringen. Sellerie, Karotten und Petersilienwurzel waschen, schälen und in grobe Stücke schneiden. In der Gemüsebrühe 8 Minuten kochen. Gemüse herausnehmen und abkühlen lassen. Brühe beiseite stellen.

**2** Für das Dressing das Eigelb in eine Schüssel geben. Senf, Zucker, Salz und Pfeffer zufügen und alles mit dem Essig verrühren. Nach und nach tropfenweise das Öl zufügen. So lange rühren, bis eine Mayonnaise entstanden ist. Die saure Sahne unterrühren und alles mit 3 EL von der beiseite gestellten Brühe verfeinern.

**3** Die Zwiebel schälen und in feine Würfel schneiden. Die Gewürzgurken fein würfeln. Beides zu dem Dressing in die Schüssel geben. Das abgekühlte Gemüse auf der groben Küchenreibe zerkleinern und mit dem Dressing mischen. Den Salat nach Belieben nochmals würzen und vor dem Servieren kalt stellen.

▨ **Ergibt 6 Portionen.**

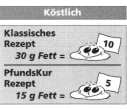

| Köstlich | | |
|---|---|---|
| **Klassisches Rezept** 30 g Fett = | | 10 |
| **PfundsKur Rezept** 15 g Fett = | | 5 |

| **Zubereiten:** | **30 Min.** |
|---|---|

| $^3/_4$ l | Gemüsebrühe |
|---|---|
| 300 g | Knollensellerie |
| 500 g | Karotten |
| 250 g | Petersilienwurzel |
| 1 | kleine Zwiebel |
| 2 | Gewürzgurken |

| *Dressing:* | |
|---|---|
| 1 | Eigelb |
| | Senf |
| $^1/_2$ TL | Zucker |
| | Salz, Pfeffer |
| 2 EL | Essig |
| 60 g | Sonnenblumenöl |
| 100 g | saure Sahne |

**Noch mehr Fett sparen können Sie durch die Verwendung von Salatcreme mit 10% Fettgehalt. Salate sollten Sie immer beim Servieren mit frisch gehackter Petersilie bestreuen. Das ist gesund und schmeckt außerdem sehr lecker.**

# Kohlrabi-Zucchini-Salat mit Ei

*Kohlrabi- und Zucchinistreifen sehen auf dem Teller sehr appetitlich aus.*
*Wenn darauf noch zwei gefüllte Eier angerichtet werden, ist die*
*vitaminreiche Ostervorspeise perfekt. Der Salat ist außerdem sehr*
*gesund und wird auch von Kindern gerne gegessen.*

**Frühlingsfrisch**

**Klassisches Rezept**
**21 g Fett =** 7

**PfundsKur Rezept**
**15 g Fett =** 5

**Vorbereiten:** 20 Min.
**Zubereiten:** 5 Min.

| | |
|---|---|
| 4 | Eier |
| 200 g | Kohlrabi |
| 300 g | Zucchini |
| etwas | Petersilie |
| 1 TL | Zucker |
| 1/2 TL | Salz, Pfeffer |
| 1 1/2 EL | Essig |
| 1 EL | Öl |
| 20 g | Crème fraîche |
| 20 g | Joghurt |
| 3 TL | Magerquark |
| 1 TL | saure Sahne |
| 1 Msp. | Feinwürzmittel |

**1** Die Eier in ca. 10 Minuten hart kochen. Inzwischen den Kohlrabi waschen und schälen. Die inneren, kleinen Blättchen fein hacken und beiseite stellen. Die Zucchini waschen und die Enden abschneiden. Die Petersilie waschen, trockenschütteln und fein hacken. Die Kohlrabi und die Zucchini in feine Streifen schneiden. In eine Schüssel geben.

**2** Zucker, Salz, Pfeffer, Essig und 1 EL Wasser zu den Gemüsestreifen geben und gut mischen. Dann Öl, Crème fraîche und Joghurt unterrühren.

**3** Die Eier schälen, halbieren und das Eigelb in eine Schüssel geben. Das Eigelb mit dem Quark, der sauren Sahne, Salz, Pfeffer, Feinwürzmittel und der gehackten Petersilie zu einer cremigen Masse verrühren. Diese mit einem Spritzbeutel in die Eierhälften füllen.

**4** Den Salat auf einer Platte anrichten und die gefüllten Eier in die Mitte legen. Vor dem Servieren mit Kohlrabigrün bestreuen.

**Um Zeit zu sparen, können Sie die Kohlrabi und die Zucchini auch mit einem Gemüsehobel in schmale Streifen schneiden.**

Tip

# Nudelsalat mit Shrimps

*Ein Hit auf dem kalten Buffet!*
*Besonders edel an dem Salat sind die Shrimps und die*
*zarten Zuckerschoten. Letztere können auch durch*
*junge Erbsen ersetzt werden.*

**1** Die Nudeln in einem großen Topf in reichlich Salzwasser bißfest kochen. Die Zuckerschoten waschen, die Enden abschneiden. Die Schoten in einen Topf geben. Mit der Gemüsebrühe zugedeckt 1 Minute dünsten, beiseite stellen und abkühlen lassen. Die Nudeln in ein Sieb geben und so lange mit kaltem Wasser übergießen, bis sie nur noch lauwarm sind.

**2** Für das Dressing die Zwiebel schälen, fein reiben und in eine Schüssel geben. Essig, Zucker, 1/2 TL Salz, Pfeffer und Joghurt dazugeben und alles gut verrühren. Dann den Schmand unterheben und nach Belieben nochmals abschmecken. Die Nudeln in die Schüssel geben, mit dem Dressing vermischen und kalt stellen.

**3** Die Gewürzgurken der Länge nach vierteln und in Scheiben schneiden. Die Paprikaschote putzen, waschen und in 1 cm große Würfel schneiden. Die Petersilie waschen, trockenschütteln und fein hacken.

**4** Die Gewürzgurken, die Paprikawürfel, die Zuckerschoten und die Shrimps zu den Nudeln in die Schüssel geben, vorsichtig unterheben, nochmals abschmecken und mit der Petersilie bestreuen und servieren.

| Für Partys | | |
|---|---|---|
| **Klassisches Rezept** 21 g Fett = | | 7 |
| **PfundsKur Rezept** 6 g Fett = | | 2 |

| Vorbereiten: | 30 Min. |
|---|---|
| Zubereiten: | 10 Min. |

| | |
|---|---|
| 200 g | schmale Bandnudeln (2 mm breit) |
| | Salz |
| 100 g | Zuckerschoten |
| 0,1 l | Gemüsebrühe |
| 3 | Gewürzgurken |
| 1 | rote Paprika |
| 1/2 Bund | Petersilie |
| 100 g | Shrimps (in Salzlake) |

| **Dressing:** | |
|---|---|
| 1 | Zwiebel |
| 2 1/2 EL | Essig |
| 1 TL | Zucker |
| | Salz, Pfeffer |
| 100 g | Joghurt |
| 100 g | Schmand |

# Weißer Bohnensalat

*Dieser beliebte Salat aus der italienischen Küche gehört dort fast zu jeder
Mahlzeit. Er kann problemlos einen Tag zuvor vorbereitet werden.
Wenn Sie Bohnen aus der Dose verwenden, geht die Zubereitung sehr
schnell. Schmackhafter sind allerdings getrocknete Bohnen.*

**Köstlich**

**Klassisches
Rezept**
**18 g Fett =** 6

**PfundsKur
Rezept**
**6 g Fett =** 2

| Einweichen: | 1 Tag |
| Vorbereiten: | 2 Std. |
| Zubereiten: | 30 Min. |

| 200 g | getrocknete weiße Bohnen |
| 2 | Zwiebeln |
| 2 | Knoblauchzehen |
| 1 | Thymianzweig |
| 3 | Tomaten |

**Dressing:**

| 3 EL | Essig |
| 1/2 TL | Zucker |
| 1/2 TL | Salz, Pfeffer |
| 20 g | Olivenöl |
| 1 Bund | Basilikum |

1 Die Bohnen in einem Topf über Nacht in 2 l kaltem Wasser einweichen.

2 Am nächsten Tag dann die Zwiebeln und die Knoblauchzehen schälen und klein schneiden. Die Bohnen im Einweichwasser zum Kochen bringen, den Thymianzweig dazugeben und mit der Hälfte der Zwiebelwürfel und dem Knoblauch knapp am Siedepunkt ca. 1 Stunden weich garen. Das Wasser darf nicht sprudelnd kochen, sonst werden die Bohnen strohig. Es darf auch nicht gesalzen werden, sonst werden sie nicht weich.

3 Die Bohnen im Sud abkühlen lassen. Die Tomaten häuten (siehe Tip Dicke Tomatensoße Seite 82) und in feine Würfel schneiden. Die abgekühlten Bohnen in einem Sieb abtropfen lassen. Dabei etwas von dem Einweichwasser auffangen. Die Bohnen mit den Tomaten in eine Schüssel geben.

4 Für das Dressing Essig, Zucker, 1/2 TL Salz, Pfeffer und 3 EL vom Einweichwasser verrühren. Das Olivenöl unterrühren. Basilikum waschen, trockenschütteln und hacken. Mit dem Dressing in die Schüssel geben und mit dem Bohnensalat vermischen.

Köstlich schmeckt dieser Salat mit 50 g Thunfisch pro Portion. Bei Thunfisch im eigenen Saft erhöhen sich die Fettaugen um 1 pro Portion. Bei Thunfisch in Öl erhöhen sich die Fettaugen um 3 pro Portion.

# Sauerkrautsalat

*Sauerkraut ist gesund und vitaminreich. Ein Sauerkrautsalat
ist schnell zubereitet, schmeckt lecker und läßt sich
einen Tag aufbewahren. Achten Sie darauf, daß der Salat
beim Servieren nicht zu kalt ist.*

1 Das Sauerkraut mit einem Messer etwas zerkleinern und in eine große Schüssel geben. Die Äpfel waschen, vierteln und das Kerngehäuse entfernen. Danach die Viertel in kleine Würfel schneiden.

2 Die Gewürzgurken längs halbieren und danach in kleine Würfel schneiden. Zuzammen mit den Apfelwürfeln unter das Sauerkraut in der Schüssel mischen.

3 Für das Dressing den Essig, 1 EL Wasser, den Zucker, 1/2 TL Salz und Pfeffer verrühren und unter das Sauerkraut mischen. Das Öl und die saure Sahne hinzufügen und alles nochmals gut vermischen.

**Einfach und schnell**

**Klassisches
Rezept
    9 g Fett =** 3

**PfundsKur
Rezept
    3 g Fett =** 1

**Zubereiten:        10 Min.**

| 500 g | Sauerkraut |
|---|---|
| 2 | rote Äpfel |
| 2 | Gewürzgurken |

**Dressing:**

| 1 1/2 EL | Essig |
|---|---|
| 1 TL | Zucker |
| 1/2 TL | Salz, Pfeffer |
| 1 EL | Öl |
| 50 g | saure Sahne |

**Dieser Salat ist eine erfrischende Beilage zu
einem Braten, eignet sich aber auch sehr gut
zu einem kalten Abendessen.**

# Rettichsalat mit Lauch

*Eine aparte Salatvariante, für die Sie den roten
Rettich „Ostergruß" verwenden sollten. Im Winter bietet
sich der dunkle Winterrettich an, der jedoch
geschält werden muß.*

**Herzhaft**

**Klassisches
Rezept
9 g Fett =** [3]

**PfundsKur
Rezept
3 g Fett =** [1]

**Zubereiten:    30 Min.**

| | |
|---|---|
| 400 g | Rettich |
| | Salz, Pfeffer |
| 400 g | Lauch |

**Dressing:**

| | |
|---|---|
| 1 1/2 EL | Weinessig |
| 1 TL | Zucker |
| | Salz, Pfeffer |
| 50 g | saure Sahne |
| 2 EL | Balsamico-Essig |
| 1 EL | Olivenöl |

1 Den Rettich waschen und von den Wurzelansätzen befreien. Mit dem Messer in feine Scheiben schneiden und mit etwa 1 TL Salz bestreuen und beiseite stellen.

2 Den Lauch putzen, die Wurzeln abschneiden und den Wurzelansatz stehen lassen. Die Lauchstangen längs halbieren und unter fließendem Wasser waschen. In dünne Streifen schneiden und mit 0,1 l Wasser in einem Topf 3 Minuten dämpfen. Den Lauch salzen und pfeffern, aus dem Topf nehmen und abkühlen lassen.

3 Für das Dressing Essig, 1 EL Wasser, Zucker, 1/2 TL Salz, Pfeffer und saure Sahne gründlich verrühren. Unter den noch warmen Lauch mischen.

4 Die Rettichscheiben in ein Sieb geben und abtropfen lassen. Dann 4 große Teller fächerförmig mit den Rettichscheiben belegen. Alles mit Balsamico-Essig und Olivenöl beträufeln und den Lauchsalat darauf geben.

**Von den Lauchstangen immer alles verwenden und das gesunde Grün auf keinen Fall wegwerfen. Wenn Sie den Lauch nach dem Garen in Eiswasser legen, behält er seine schöne Farbe, allerdings verliert er dann an Geschmack und Vitaminen.**

Tip

# Geflügelleber mit Salat

*Diese Lieblingsvorspeise stammt aus der Provence. Das Raffinierte daran ist die Kombination von knackigem Salat mit frisch gebratener Hühnerleber. Verwenden Sie dazu einen Blattsalat Ihrer Wahl und nehmen Sie Balsamico-Essig, denn er ist besonders edel.*

**1** Beide Salate vom Strunk befreien und etwa 5 Minuten in handwarmes Wasser legen. Danach noch einmal kalt waschen und die Blätter etwas zerkleinern. In ein Sieb geben und gründlich abtropfen lassen. Den Salat auf 4 Teller verteilen.

**2** Für das Dressing 3 EL Balsamico-Essig, 3 EL Wasser, Salz und Pfeffer gründlich verrühren. Wenn sich Salz und Pfeffer aufgelöst haben, das Olivenöl darunter rühren.

**3** Die Hühnerleber halbieren oder nach Belieben in 2 cm große Würfel schneiden. Das Öl in einer beschichteten Pfanne ehitzen Die Hühnerleber darin ca. 3 Minuten anbraten. Die Maiskörner in die Pfanne unter die Leber mischen und alles mit Salz und Pfeffer würzen. Vom Herd nehmen und das Ganze mit dem Essig verfeinern.

**4** Den Salat mit dem Dressing beträufeln, danach die Hühnerleber mit dem Mais gleichmäßig darauf verteilen. Dazu paßt Brot.

| Provenzalisch | |
|---|---|
| **Klassisches Rezept** 15 g Fett = | 5 |
| **PfundsKur Rezept** 9 g Fett = | 3 |

| Vorbereiten: | 20 Min. |
|---|---|
| Garen: | 5 Min. |

| | |
|---|---|
| $^{1}/_{2}$ | Friséesalat |
| 1 | Radicchiosalat |
| 400 g | Hühnerleber |
| 10 g | Olivenöl |
| 100 g | Maiskörner |
| | Salz, Pfeffer |
| 1 EL | Balsamico-Essig |

**Dressing:**

| | |
|---|---|
| 3 EL | Balsamico-Essig |
| | Salz, Pfeffer |
| 10 g | Olivenöl |

**Statt Geflügelleber können Sie auch Kalbs- oder Schweineleber nehmen. Sehr gut passen auch Puten- oder Hähnchenbruststreifen zum Salat.** Tip

# Suppen und Eintöpfe

*Eine gute Suppe hat noch keinem geschadet. Dies besagt ein altes Sprichwort, das auch heute noch seine Gültigkeit hat. Suppen werden gerne als Vorspeise gereicht, sind aber so wie Eintöpfe, auch als schnelle Mahlzeit unschlagbar. Man unterscheidet zwischen:*

*● Klaren Suppen: Die Suppeneinlagen können dafür je nach Marktangebot verwendet werden. Eine besondere Spezialität ist die Doppelte Kraftbrühe.*

*● Gebundenen Suppen: In der PfundsKur wird die Suppe nicht mit einer klassischen Mehlschwitze gebunden, deshalb ist sie auch so bekömmlich.*

● *Gemüsesuppen: gesund und vitaminreich, vor allen Dingen dann, wenn das Gemüse sehr klein geschnitten ist und dadurch die Kochzeit auf ein Minimum reduziert werden kann.*

● *Kartoffelsuppen: Herzhaft und wohlschmeckend. Hier ist zu beachten, daß schon eine kleine Menge Speck oder geräucherte Wurst ausreichen, um den Geschmack zu verstärken.*

● *Eintöpfen: Die Sattmacher sind bei Jung und Alt gleichermaßen beliebt. Wichtig ist eine gute Brühe und reichlich frisches Gemüse, das nur kurz gegart werden sollte.*

# Frühlingssuppe

*Eine kräftige und aromatische Gemüsebrühe entsteht, indem Sie die Schale von Zwiebel und Gemüse mitverwenden. Erst zum Schluß wird nochmals frisches Gemüse mitgegart. Sie enthält ausreichend Vitamine und erinnert ein wenig an den Frühling.*

**Einfach**

**Klassisches Rezept**
**12 g Fett =** 4

**PfundsKur Rezept**
**0 g Fett =** 0

| Vorbereiten: | 25 Min. |
| --- | --- |
| Garen: | 40 Min. |

| 2 kleine Zwiebeln | |
| --- | --- |
| 100 g | Karotten |
| 100 g | Sellerie |
| 100 g | Kohlrabi |
| 100 g | Spargel |
| 100 g | Blumenkohl |
| | Petersilienzweige |
| | Salz, Pfeffer |
| | Muskat |
| | Liebstöckel |
| 100 g | TK-Erbsen |
| | gehackte Petersilie zum Garnieren |

**1** Die Zwiebeln schälen und die Schalen beiseite legen. Die Karotten, den Sellerie, den Kohlrabi und den Spargel unter fließendem Wasser abbürsten. Danach schälen und die Schalen beiseite legen. Den Blumenkohl in kleine Röschen zerteilen und waschen. Die Petersilie waschen und die Blättchen von den Stengeln zupfen.

**2** In einem Topf 1,2 l Wasser mit Gemüse- und Zwiebelschalen, sowie der Petersilie zu einer Gemüsebrühe ansetzen. Mit Salz, Pfeffer, Muskat und Liebstöckel würzen und langsam offen zum Kochen bringen. Wenn das Wasser leicht sprudelt, die Hitze zurückdrehen. Die Brühe im geschlossenen Topf ca. 20 Minuten leicht köcheln lassen. Aufsteigenden Schaum mit dem Schaumlöffel abnehmen. Die Brühe darf nicht zu stark kochen, sonst wird sie trüb.

**3** Inzwischen die Karotten, den Sellerie, den Kohlrabi, den Spargel und die Zwiebeln in gleich große Würfel schneiden.

**4** Die Brühe vorsichtig durch ein Haarsieb schöpfen und wieder zum Kochen bringen. Das gewürfelte Gemüse, die Blumenkohlröschen und die unaufgetauten Erbsen dazugeben und die Frühlingssuppe 10 Minuten leicht kochen lassen. Wenn das Gemüse gar ist, nochmals würzen. Vor dem Servieren die gehackte Petersilie über die Suppe streuen.

# Kerbelsuppe

*Eine schöne, cremige Sommersuppe, bei der immer*
*frischer Kerbel verwendet werden sollte. Nach dem gleichen*
*Rezept kann man auch eine Kresserahmsuppe zubereiten.*
*Brunnenkresse eignet sich besonders dazu.*

**1** Die Kartoffeln waschen, schälen und in Würfel schneiden. Die Zwiebel schälen und fein würfeln.

**2** In einem Topf die feingeschnittenen Zwiebeln mit der Gemüsebrühe und der Milch zum Kochen bringen. Die gewürfelten Kartoffeln zugeben und 15 Minuten leicht kochen lassen. Mit Salz, Pfeffer und Muskat würzen.

**3** Inzwischen den Kerbel waschen, trockenschütteln und fein hacken. In den Topf geben und die Suppe mit dem Stabmixer fein pürieren. Nach Belieben nochmals würzen.

**4** Die Sahne steif schlagen. Die Suppe damit verfeinern. Mit Kerbel garniert servieren.

| **Exklusiv** | |
|---|---|
| **Klassisches Rezept** 15 g Fett = | 5 |
| **PfundsKur Rezept** 6 g Fett = | 2 |

| **Vorbereiten:** | **15 Min.** |
|---|---|
| **Garen:** | **20 Min.** |

| | |
|---|---|
| 300 g | Kartoffeln |
| 1 | kleine Zwiebel |
| 1/2 l | Gemüsebrühe |
| 1/2 l | Milch |
| | Salz, Pfeffer |
| | Muskat |
| 4 TL | Kerbel |
| 50 g | Sahne |
| | Kerbel zum Garnieren |

**Kräuter, ob frisch oder getrocknet, sind sehr beliebt. Allerdings harmonieren nicht alle Kräuter zusammen. Kerbel immer alleine verwenden, sonst wird der feine Kerbelgeschmack von anderen Kräutern dominiert.** Tip

# Spargelcremesuppe mit Eierstich

*Spargel ist ein erlesenes Gemüse. In der Spargelzeit, die von
Anfang Mai bis zum 24. Juni dauert, wird er in bester Qualität angeboten.
Dann ist genau die richtige Zeit, um daraus eine frische
Spargelcremesuppe herzustellen.*

**Etwas besonderes**

**Klassisches
Rezept
18 g Fett =** 6

**PfundsKur
Rezept
9 g Fett =** 3

**Vorbereiten:** **40 Min.**
**Garen:** **35 Min.**

| *Eierstich:* | |
| --- | --- |
| 2 | *Eier* |
| | *Milch* |
| | *Salz, Pfeffer* |
| | *Muskat* |
| **Suppe:** | |
| 0,8 l | *Spargelsud* |
| 1 | *Gemüsebrühwürfel* |
| | *Salz, Pfeffer* |
| 30 g | *Mehl* |
| 0,1 l | *Milch* |
| | *Worcestersoße* |
| 60 g | *Sahne* |

1 Eier aufgeschlagen in einen Meßbecher geben und mit der gleichen Menge Milch auffüllen. Eiermilch mit Salz, Pfeffer sowie Muskat würzen und mit einem Schneebesen kräftig verquirlen.

2 Die Eiermilch durch ein feines Haarsieb in Tassen füllen und im heißen Wasserbad zugedeckt 30 Minuten knapp unter dem Siedepunkt stocken lassen. Die Tassen aus dem Wasserbad nehmen und den Eierstich abkühlen lassen. Dann aus den Tassen nehmen und in Würfel schneiden.

3 Für die Suppe den Spargelsud in einen Topf geben und 15 Minuten kochen lassen. Mit dem Gemüsebrühwürfel, Salz und Pfeffer abschmecken.

4 Die Spargelbrühe durch ein Haarsieb in einen anderen Topf gießen und wieder zum Kochen bringen. Das Mehl mit der Milch anrühren und in die kochende Suppe gießen, und diese damit binden. Anschließend alles 10 Minuten köcheln lassen.

5 Die Spargelsuppe nach Belieben nochmals salzen und pfeffern und mit Worcestersoße abschmecken. Die Sahne zufügen und die Suppe mit dem Stabmixer cremig aufschäumen. Auf 4 Teller verteilen und mit den Eierstichwürfeln garnieren, dann servieren.

# Spargelsuppe mit Mauldäschla

*Diese etwas aufwendige Suppe ist für Festtage ideal. Die Maultäschchen können Sie bereits am Tag zuvor zubereiten und im Kühlschrank aufbewahren. Die gekochten Kartoffeln für den Maultaschenteig sollten dabei stets vom Vortag sein.*

**1** Für die Maultaschen die Kartoffeln durch die Kartoffelpresse drücken. Mehl, Eigelb, Salz sowie Muskat hinzufügen und alles zu einem festen Teig verarbeiten. Den Spargel schälen, in kleine Stücke schneiden und mit dem Stabmixer in einem hohen Gefäß zerkleinern. Danach durch ein Haarsieb streichen.

**2** Kalbsbrät und den Spargel gut mischen und daraus eine streichfähige Masse zubereiten. Mit Salz und Muskat würzen. Den Teig auf einer bemehlten Arbeitsfläche ausrollen, rund ausstechen und in der Mitte mit der Füllung belegen. Dann kleine Täschchen formen. Dabei den Rand mit einem Pinsel anfeuchten. Im Salzwasser ca. 3 Minuten leicht köcheln lassen. Die Maultaschen herausnehmen und in einem Sieb abtropfen lassen.

**3** Für die Spargelsuppe die Spargelschalen in 1 l Wasser 15 Minuten kochen lassen. Mit dem Brühwürfel, Salz und Pfeffer würzen.

**4** Die Spargelbrühe durch ein Haarsieb in einen anderen Topf gießen und darin wieder zum Kochen bringen. Das Mehl mit der Milch anrühren und die Suppe damit binden, dabei mit dem Schneebesen kräftig schlagen, dann die Suppe 10 Minuten köcheln lassen.

**5** Die Spargelsuppe mit Worcestersoße würzen und mit der Sahne verfeinern. Dann mit dem Stabmixer cremig aufschäumen und die Maultäschchen darin erwärmen.

**Festlich**

| Klassisches Rezept 24 g Fett = | 8 |
|---|---|
| PfundsKur Rezept 12 g Fett = | 4 |

| Vorbereiten: | 30 Min. |
|---|---|
| Garen: | 40 Min. |

*Maultaschen:*

| 80 g | gekochte, geschälte Kartoffeln vom Vortag |
|---|---|
| 70 g | Mehl |
| 1 | Eigelb |
| | Salz |
| | Muskat |
| 100 g | weißer Spargel |
| 70 g | Kalbsbrät |
| Mehl für die Arbeitsfläche | |

*Suppe:*

| 1 | Gemüsebrühwürfel |
|---|---|
| | Salz, Pfeffer |
| 30 g | Mehl |
| 0,1 l | Milch |
| | Worcestersoße |
| 60 g | Sahne |

# Pfälzer Weinsuppe

*Diese Suppe stammt aus Rheinland-Pfalz und überrascht mit ihrem raffinierten, süßlich-herben Geschmack. In der kalten Jahreszeit ist sie eine wärmende Köstlichkeit. Wenn Kinder mitessen, den Wein durch Apfelsaft ersetzen.*

**Ungewöhnlich**

**Klassisches Rezept**
24 g Fett = 8

**PfundsKur Rezept**
9 g Fett = 3

| Vorbereiten: | 10 Min. |
|---|---|
| Garen: | 40 Min. |

| | |
|---|---|
| 3/4 l | Weißwein |
| 30 g | Zucker |
| 1 | Zimtstange |
| 1 EL | Zitronensaft |
| 1 gestr. EL | Speisestärke |
| 2 | Eigelb |
| 100 g | Sahne |
| 1 TL | Zimt |

*Suppeneinlage:*
4 Scheiben Toastbrot

1 Vom Wein ¹/₈ l beiseite stellen. Restlichen Wein mit Zucker, Zimtstange und Zitronensaft in einem Topf zum Kochen bringen. Speisestärke mit dem beiseite gestellten Wein anrühren. Damit den leicht köchelnden Wein binden. Nur kurz aufkochen und 2 Minuten weiterköcheln lassen.

2 Das Toastbrot im Toaster bräunen, rund ausstechen oder in Würfel schneiden. Auf einem Teller beiseite stellen.

3 Die Eigelbe mit der Sahne verrühren. Die Suppe vom Herd ziehen und mit der Ei-Sahne-Mischung verfeinern. Dann nicht mehr kochen lassen. Die Weinsuppe anrichten und mit dem gerösteten Brot garnieren.

**Wenn Sie das Toastbrot lieber mit etwas Butter bräunen wollen, dann benötigen Sie dazu 20 g Butter. Dadurch erhöhen sich die Fettaugen auf 5 pro Portion.**

Tip

# Schwarzwurzelsuppe

*Viel zu selten wagen wir uns an die köstliche Schwarzwurzel.*
*Zusammen mit Sellerie und Zwiebeln ergibt sich nach dem Pürieren eine*
*schaumige, leckere Suppe. Die Schwarzwurzeln nach dem Schälen*
*sofort in Essigwasser legen, damit sie schön weiß bleiben.*

**1** Die Zwiebeln schälen und klein würfeln. Die Schwarzwurzeln und den Sellerie waschen, schälen und in Würfel schneiden.

**2** Die Zwiebeln, die Schwarzwurzeln und den Sellerie in einem ausreichend großen Topf in der erhitzten Butter glasig dünsten. Mit 0,8 l Wasser und Milch aufgießen und den Gemüsebrühwürfel dazugeben. Danach alles zum Kochen bringen.

**3** Nach dem Aufkochen mit Salz, Pfeffer und Muskat nach Belieben abschmecken und 20 Minuten kochen lassen.

**4** Die Suppe mit dem Stabmixer fein pürieren und dabei die Sahne nach und nach zugeben. Bei Bedarf noch einmal mit den Gewürzen abschmecken und die Suppe mit der Worcestersoße verfeinern.

**Raffiniert**

| **Klassisches Rezept** 24 g Fett = | 8 |
| **PfundsKur Rezept** 9 g Fett = | 3 |

| **Vorbereiten:** | **20 Min.** |
| **Garen:** | **20 Min.** |

| 2 | kleine Zwiebeln |
|---|---|
| 500 g | Schwarzwurzeln |
| 100 g | Sellerie |
| 20 g | Butter |
| 0,2 l | Milch |
| 1 | Gemüsebrühwürfel |
| | Salz, Pfeffer |
| | Muskat |
| 50 g | Sahne |
| | Worcestersoße |

**Tip**

Den Deckel immer erst nach dem ersten Aufkochen und Senken der Temperatur auf den Topf geben. Das spart Energie und verhindert das Überkochen.

# Knoblauchsuppe

*Aus einer kräftigen Fleischbrühe mit Weißwein, Sellerie
und Knoblauch wird eine herrliche Rahmsuppe. Als Brotwürfel
Laugenbrötchen oder den dicken Teil einer Brezel kleinwürfeln.
Herkömmliche Brötchenwürfel passen ebenso.*

| **Aromatisch** | |
|---|---|
| **Klassisches Rezept** 18 g Fett = | 6 |
| **PfundsKur Rezept** 12 g Fett = | 4 |

| **Vorbereiten:** | **15 Min.** |
|---|---|
| **Garen:** | **20 Min.** |

| | |
|---|---|
| 100 g | Lauch |
| 100 g | Knollensellerie |
| 1 | Zwiebel |
| 3 | Knoblauchzehen |
| 30 g | Mehl |
| 0,7 l | kalte Fleischbrühe |
| 0,1 l | Riesling |
| | Salz, Pfeffer |
| 100 g | Sahne |
| | Worcestersauce nach Belieben |
| 1 | Laugenbrötchen oder Brezel |
| 20 g | Butter |

1 Lauch der Länge nach halbieren, die Wurzel entfernen und den Lauch unter fließendem Wasser reinigen. Dann in Streifen schneiden. Sellerie schälen, zuerst in Scheiben, dann in Streifen schneiden. Lauch und Selleriestreifen fein würfeln. Zwiebel und Knoblauch schälen und in feine Würfel schneiden.

2 Das Mehl ohne Fett in einem Topf 2 Minuten hell anrösten. Zwiebel- und Knoblauchwürfel dazu geben und noch 1 Minute mit dem Mehl rösten. Den Topf vom Herd nehmen und die Mehlmischung 2 Minuten abkühlen lassen.

3 Die Brühe zur Mehlmischung gießen und alles mit einem Schneebesen glattrühren. Den Topf wieder auf den Herd stellen und die Suppe unter ständigem Rühren mit einem flachen Holzkochlöffel zum Kochen bringen. Die Gemüsewürfel zufügen und die Suppe ca. 10 Minuten köcheln lassen.

4 Die Suppe mit Wein, Salz und Pfeffer fein abschmecken. Mit dem Stabmixer pürieren und dabei die Sahne zugießen. Nach Belieben mit etwas Worcestersoße verfeinern. Nicht mehr kochen lassen. Das Laugenbrötchen oder die Brezel würfeln und in der erhitzten Butter rösten. Vor dem Servieren in die Knoblauchsuppe geben.

# Currysuppe mit Nudeln

*Eine raffinierte Suppe aus der indischen Küche, die sich auch als Eintopf abwandeln läßt. Nehmen Sie dafür einfach die doppelte Menge und ersetzen Sie das Hühnerklein durch ein kleines Hähnchen.*

**1** Zwiebel und Knoblauch schälen. Karotten und Sellerie waschen und mit der Schale in grobe Würfel schneiden. Gemüsewürfel mit Zwiebelschalen und Hühnerklein mit 1 l Wasser in einen Topf geben und aufkochen lassen. Salzen und pfeffern. Muskat, Lorbeer und Zitronenschale zufügen und 50 Minuten kochen lassen. Danach die Brühe durch ein Sieb in eine Schüssel gießen.

**2** Zwiebeln und Knoblauch in kleine Würfel schneiden. Hühnerklein in kaltes Wasser legen. Dadurch läßt sich die Haut besser vom Fleisch lösen. Die Knochen entfernen und das ausgelöste Fleisch kleinwürfeln.

**3** In einem Topf Zwiebeln und Knoblauch im erhitzten Olivenöl andünsten. Mit Currypulver bestreuen, nur kurz mitrösten und die Mischung sofort mit Milch ablöschen. Mit der Hühnerbrühe aufgießen und die Currysuppe 5 Minuten köcheln lassen.

**4** Die Fadennudeln in die Suppe geben und darin weichkochen. Die Korianderblätter waschen, trockenschütteln und hacken. Nach Belieben die Suppe nochmals abschmecken und vor dem Servieren mit Worcestersoße und Zucker verfeinern.

**Edel ist die Suppe, wenn Sie 100 g Krabben zufügen. Tiefgekühlte Krabben 2 Minuten in der Brühe ziehen lassen. Frische Krabben kurz vor dem Servieren zugegeben und auf keinen Fall kochen lassen.**

| Exotisch | | |
|---|---|---|
| **Klassisches Rezept** 18 g Fett = | | 6 |
| **PfundsKur Rezept** 9 g Fett = | | 3 |

| Vorbereiten: | 15 Min. |
|---|---|
| Garen: | 1 Std. 10 Min. |

| 2 | kleine Zwiebeln |
|---|---|
| 2 | Knoblauchzehen |
| 1 | kleine Karotte |
| etwas | Knollensellerie |
| 500 g | Hühnerklein |
| | Salz, Pfeffer |
| | Muskat |
| 1 | Lorbeerblatt |
| etwas | Zitronenschale |
| 1 EL | Olivenöl |
| 1 TL | Currypulver |
| 0,2 l | Milch |
| 100 g | Fadennudeln |
| | Korianderblätter nach Belieben |
| | Worcestersoße |
| | Zucker |

# Dicke Tomatensuppe

*Diese toskanische Spezialität ist entstanden, um übriges Weißbrot
zu verwerten. Die Zubereitung ist einfach und schnell.
Sie benötigen dazu keinen Stabmixer, sondern schlagen alles mit
einem Schneebesen kräftig auf.*

**Aus der Toskana**

**Klassisches
Rezept
18 g Fett =** 6

**PfundsKur
Rezept
6 g Fett =** 2

| Vorbereiten: | 25 Min. |
| Garen: | 30 Min. |

| 2 | kleine Zwiebeln |
|---|---|
| 2 | Knoblauchzehen |
| 1/2 | Lauchstange |
| 1 | rote Paprikaschote |
| 2 EL | Olivenöl |
| 50 g | Tomatenmark |
| 2 Dosen Pizzatomaten | |
| 1 | Fleischbrühwürfel |
| | Salz, Pfeffer |
| 1 Bund | Basilikum |
| ca. 300 g | altbackenes Weißbrot |
| | Zucker |

1 Zwiebeln und Knoblauch schälen. Vom Lauch die Wurzel entfernen, die Lauchstangen längs halbieren und unter fließendem Wasser waschen. Zwiebeln, Knoblauch und Lauch in feine Würfel schneiden. Paprikaschote putzen, waschen und fein würfeln.

2 Zwiebeln, Knoblauch, Lauch und Paprika in einem Topf in dem erhitzten Olivenöl 3 Minuten kräftig schmoren. Tomatenmark zugeben und 2 Minuten weiter schmoren.

3 Pizzatomaten mit Saft in den Topf geben. 10 Minuten köcheln lassen. 1/2 l Wasser und Brühwürfel zufügen, salzen und pfeffern. Weitere 5 Minuten kochen lassen. Basilikum waschen, trockenschütteln und fein hacken. Die Hälfte davon in die Tomatensuppe geben.

4 Weißbrot in dünne Scheiben schneiden und in die nicht mehr kochende Suppe geben. Nach 10 Minuten mit einem Schneebesen aufschlagen und die Suppe dadurch binden. Aufkochen lassen. Mit Zucker würzen und mit übrigem Basilikum bestreuen.

**Die Suppe aus 1 kg frischer Tomaten bereiten. Die Stielansätze entfernen und die Tomaten kreuzförmig einschneiden. Mt einem Drahtlöffel etwa 10 Sekunden in kochendes Wasser halten. Die Haut abziehen, quer halbieren und die Kerne herausdrücken. Das Fruchtfleisch würfeln.** Tip

# Kartoffelsuppe mit Pfifferlingen

*Eine wunderbar cremige Suppe für den Herbst. Außerhalb der Pilzsaison*
*für die Suppe einfach tiefgekühlte Pfifferlinge nehmen.*
*Pilzliebhaber können für dieses Rezept alle Arten von Waldpilzen*
*oder auch die edlen Steinpilzchampignons verwenden.*

1 Kartoffeln waschen, schälen und grob raspeln. Zwiebel schälen. Lauch längs halbieren und waschen. Karotten und Sellerie waschen und schälen. Alles klein würfeln.

2 In einem Topf 1 EL Olivenöl erhitzen. Die Zwiebel- und Gemüsewürfel darin ca. 3 Minuten andünsten. Dann mit 1 l Wasser ablöschen. Den Brühwürfel zufügen und die Suppe mit Salz, Pfeffer und Kümmelpulver abschmecken. Die Kartoffelraspel zugeben und alles 10 Minuten leicht köcheln lassen.

3 Pfifferlinge putzen und kurz, aber gründlich in kaltem Wasser waschen. Dann zum Trocknen auf einem Küchentuch ausbreiten. Eine große Pfanne erhitzen, restliches Öl hineingeben. Pfifferlinge bei starker Hitze darin kräftig anbraten. Salzen und pfeffern.

4 Die Kartoffeluppe mit dem Stabmixer fein pürieren. Danach die Pilze in die kochende Suppe geben, die Milch zufügen und ca. 10 Minuten weitergaren. Mt der Sahne verfeinern und mit der Petersilie bestreuen.

**Deftig und lecker**

| Klassisches Rezept | |
|---|---|
| 12 g Fett = | 4 |

| PfundsKur Rezept | |
|---|---|
| 6 g Fett = | 2 |

| Vorbereiten: | 25 Min. |
|---|---|
| Garen: | 45 Min. |

| | |
|---|---|
| 500 g | Kartoffeln |
| 1 | kleine Zwiebel |
| 1/2 | Lauchstange |
| 1 | Karotte |
| etwas | Sellerie |
| 2 EL | Olivenöl |
| 2 | Fleischbrühwürfel |
| | Salz, Pfeffer |
| | Kümmelpulver |
| 300 g | frische Pfifferlinge |
| 0,1 l | Milch |
| 50 g | Sahne |
| etwas gehackte Petersilie | |

**Wenn Sie keine ausreichend große Pfanne haben, die Pfifferlinge in zwei Portionen anbraten, damit sie nicht so viel Wasser ziehen. Beim Waschen die Pilze nicht im Wasser liegen lassen, da sich die Lamellen sonst vollsaugen.**

Tip

# Entenkraftbrühe

*Schon bei der Zubereitung dieser würzigen Kraftbrühe entstehen wunderbare Duftaromen, die Appetit machen. Die exquisite Geflügelsuppe wird doppelt gegart und geklärt. Dadurch erhält die Brühe einen besonders kräftigen Geschmack.*

| Edel | |
|---|---|
| **Klassisches Rezept** 27 g Fett = | 9 |
| **PfundsKur Rezept** 3 g Fett = | 1 |

| Vorbereiten: | 50 Min. |
|---|---|
| Garen: | 2 Std. |

| 2 | kleine Karotten |
|---|---|
| 50 g | Sellerie |
| 50 g | Lauch |
| 2 | kleine Zwiebeln |
| 1 | kleine Ente |
| | Salz, Pfeffer |
| | Muskat |
| | Liebstöckel |
| | Petersilienzweige nach Belieben |

1 Alles Gemüse waschen und putzen. Die Hälfte davon mit 1 Zwiebel ungeschält in grobe Würfel schneiden. Von der Ente das Brustfleisch auslösen. Die Keulen abschneiden. Beides von Haut und Knochen befreien. Den Rest der Ente mit der Haut, den Knochen und dem Gemüse in 1 l Wasser in einem Topf ansetzen. Die Brühe noch im kalten Zustand mit Salz, Pfeffer, Muskat und Liebstöckel würzen.

2 Die Petersilie waschen und zufügen. Das Ganze offen zum Kochen bringen. Den aufsteigenden Schaum mit der Schaumkelle abnehmen und die Brühe 1 Stunde leicht köcheln lassen. Dabei darauf achten, daß sie nicht zu stark kocht, sonst wird sie trüb.

3 Die Bühe nicht gießen, sondern vorsichtig mit der Suppenkelle durch ein Haarsieb in einen Topf schöpfen. Dann erkalten lassen und mit einem Löffel das Fett abnehmen.

4 Das übrige Gemüse schälen und in kleine Würfel schneiden. Die restliche Zwiebel schälen und fein würfeln. Das enthäutete Fleisch der Entenkeule durch den Fleischwolf drehen. Das Gemüse, die Zwiebeln und das durchgedrehte Fleisch mischen und kräftig unter die erkalte Brühe rühren.

5 Die Brühe wieder langsam zum Kochen bringen und dabei mit einem flachen Holzkochlöffel immer am Topfboden entlang rühren. Sobald sie heiß ist, nicht mehr umrühren.

Kurz bevor die Brühe kocht, bildet sich aus Fleisch und Gemüse eine dicke Schicht. Die Suppe 10 Minuten ohne sie zu kochen am Siedepunkt halten. Unter der Gemüse-Fleisch-schicht befindet sich eine wohlschmeckende kräftige Brühe. Diese wieder vorsichtig mit einer Suppenkelle durch ein Haarsieb oder ein Küchentuch schöpfen.

**6** Das Brustfleisch ohne Haut in Streifen schneiden. Salzen und pfeffern und kurz in einer beschichteten, mit etwas Entenfett ausgefetteten, Pfanne anbraten. Als Einlage in der Entenkraftbrühe servieren.

**Auf die gleiche Art können Sie eine doppelte Kraftbrühe herstellen. Nehmen Sie eine Rinderbrühe und klären Sie diese, wie ab Schritt 4 beschrieben. Dafür mageres Rinderhackfleisch nehmen. Um eine klare Brühe zu erhalten, die Zutaten stets in kaltem Wasser ansetzen.**

**Wichtig:**
**Das vom Klären übrige Fleisch und Gemüse kann zur Herstellung einer kräftigen Soße Bolognese verwendet werden.**

# Forellenrahmsüppchen

*Aus geräuchertem Forellenfilet und Gemüse läßt sich im Handumdrehen
eine köstliche Suppe zaubern, die zusätzlich mit einem
Schuß Wermut veredelt wird. Wer möchte, kann den Staudensellerie
auch durch Knollensellerie ersetzen.*

| Edel | |
|------|--|
| **Klassisches Rezept** 27 g Fett = | 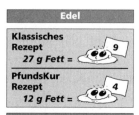 9 |
| **PfundsKur Rezept** 12 g Fett = | 4 |

| **Vorbereiten:** | **15 Min.** |
| **Garen:** | **25 Min.** |

| | |
|--------|----------------------------------|
| 1 | geräuchertes Forellenfilet mit Haut |
| 100 g | Lauch |
| 100 g | Staudensellerie |
| 1 | kleine Zwiebel |
| 1 | Knoblauchzehe |
| 20 g | Mehl |
| 0,4 l | Milch |
| 0,3 l | Gemüsebrühe |
| 100 g | Sahne |
| 5 cl | Wermut |
| | Salz, Pfeffer |
| 3 | Dillzweige |

1 Den Fisch häuten, in kleine Würfel schneiden und kühlstellen. Die Haut etwas zerkleinern. Lauch und Sellerie putzen, waschen und fein schneiden. Zwiebel und Knoblauch schälen und fein würfeln.

2 In einem großen Topf das Mehl ohne Fett 2 Minuten anrösten, ohne daß es dabei braun wird. Den Topf vom Herd nehmen und das Mehl 2 Minuten abkühlen lassen. Milch und Gemüsebrühe mischen. Das Mehl damit ablöschen und mit einem Schneebesen glattrühren. Den Topf wieder auf den Herd stellen. Die Mischung unter ständigem Rühren mit einem Holzkochlöffel zum Kochen bringen.

3 Gemüse, Zwiebel- und Knoblauchwürfel und Forellenhaut in die Suppe geben und 15 Minuten köcheln lassen. Dabei immer wieder mit einem Holzkochlöffel am Topfboden rühren, damit nichts ansetzt.

4 Forellenhaut entfernen. Sahne in den Topf gießen. Suppe mit dem Stabmixer pürieren. Forellenwürfel hinzufügen. Mit Wermut, Salz und Pfeffer nach Belieben abschmecken. Dill waschen, trockenschütteln und hacken und die Suppe damit bestreuen.

**Wenn Sie die Suppe nach dem Pürieren durch ein feines Haarsieb streichen, schmeckt sie besonders edel. Wird die Haut mitpüriert ist sie geschmacklich sehr intensiv. Dann hat sie allerdings 1 Fettauge mehr.**

# Linsensuppe mit Champignons

*Linsensuppe läßt sich mit Champignons, Gemüse und geräuchertem
Bauchspeck raffiniert verfeinern. Die Linsen dürfen
niemals in gesalzenem Wasser gegart werden, weil sie sonst
nur ganz langsam weich werden.*

1 Die Zwiebel schälen. Den Lauch längs halbieren und unter fließendem Wasser gut waschen. Die Karotten waschen und schälen. Alles in feine Würfel schneiden. Die Linsen waschen und in einem Sieb abtropfen lassen. Den Bauchspeck fein würfeln.

2 In einen Topf 0,8 l Wasser mit den Linsen zum Kochen bringen und ca. 30 Minuten köcheln lassen. Inzwischen den Bauchspeck mit der Zwiebel in einer beschichteten Pfanne ohne Fett anbraten.

3 Zwiebel, Bauchspeck, Gemüse und Brühwürfel zu den Linsen in den Topf geben und die Suppe weitere 10 Minuten kochen lassen. Balsamico-Essig zufügen und mit Salz und Pfeffer abschmecken.

4 Die Champignons eventuell kurz waschen und würfeln. Milch und Sahne in die Linsensuppe geben und diese mit dem Stabmixer pürieren. Die Champignons zufügen, nochmals aufkochen lassen und die Suppe mit den Kerbelblättchen bestreut servieren.

**Raffiniert**

**Klassisches
Rezept**
  18 g Fett = 6

**PfundsKur
Rezept**
  9 g Fett = 3

**Vorbereiten:** 20 Min.
**Garen:** 50 Min.

| | |
|---|---|
| 1 | kleine Zwiebel |
| 1/2 kleine Lauchstange | |
| 1 | Karotte |
| 200 g | Linsen |
| 50 g | geräucherter Bauchspeck |
| 1 1/2 | Fleischbrühwürfel |
| 1 EL | Balsamico-Essig |
| | Salz, Pfeffer |
| 150 g | frische Champignons |
| 0,15 l | Milch |
| 50 g | Sahne |
| | Kerbelblättchen zum Garnieren |

**Tip**

Besonders intensiv schmeckt die Suppe, wenn Sie
50 g Mozzarella reiben, in vorgewärmte Teller geben
und die Linsensuppe darüber gießen. Allerdings erhöht sich dann das Fett um 1 Auge pro Portion.

# Laucheintopf mit Schweinefleisch

*Eintöpfe sind überall ein beliebtes Wintergericht. Sie erwärmen
den Magen und lassen sich sehr gut vorbereiten. Je nach
Geschmack und saisonalem Marktangebot können die herzhaften
Sattmacher beliebig variiert werden.*

| Herzhaft | | |
|---|---|---|
| **Klassisches Rezept** | | **8** |
| **24 g Fett =** | | |
| **PfundsKur Rezept** | | **5** |
| **15 g Fett =** | | |

| Vorbereiten: | 10 Min. |
|---|---|
| Garen: | 60 Min. |

| | |
|---|---|
| *300 g* | *gepökelte Schweine-schulter (Schäufele)* |
| *500 g* | *Lauch* |
| *100 g* | *Knollensellerie* |
| *100 g* | *Karotten* |
| *400 g* | *Kartoffeln* |
| *2* | *Brühwürfel* |
| | *Salz, Pfeffer* |
| | *Muskat* |
| *40 g* | *Sahne* |
| | *Petersilie* |

**1** in einem Topf 1,2 l Wasser aufkochen lassen. Dann die Schweineschulter hineinlegen und 40 Minuten leicht köcheln lassen.

**2** Inzwischen den Lauch längs halbieren, die Wurzel entfernen und den Lauch unter fließendem Wasser waschen. In feine Streifen schneiden. Den Sellerie und die Karotten waschen, schälen und in feine Streifen schneiden. Die Kartoffeln waschen und würfeln. Das gegarte Fleisch aus dem Topf nehmen.

**3** Etwa 2/3 vom Lauch mit dem Sellerie, den Karotten, den Kartoffelwürfeln und dem Brühwürfel in den Fleischtopf geben und ca. 15 Minuten garen. Inzwischen das Fleisch in Würfel schneiden.

**4** Die Suppe mit dem Stabmixer pürieren. Mit Salz, Pfeffer und Muskat würzen und mit Sahne verfeinern.

**5** Die restlichen Lauchstreifen in den Eintopf geben und 5 Minuten weich garen. Das gewürfelte Fleisch dazugeben. Die Petersilie waschen, trockenschütteln und fein hacken Den Laucheintopf mit der gehackten Petersilie bestreuen und servieren.

**Mild gepökelte Schweineschulter, in Baden auch Schäufele genannt, ist ein besonders zartes und fettarmes Fleisch, dem Sie den Vorzug vor gepökeltem Schweinehals geben sollten.**

# Gemüseeintopf mit Brätklößchen

*Das tut gut – eine heiße, wohlschmeckende Suppe an*
*einem kalten Winterabend! Sie erwärmt die Seele und kann auch*
*mit anderem Gemüse beliebig variiert werden. Brätklößchen*
*lassen sich auch aus einer rohen Bratwurst herstellen.*

**1** Zwiebel schälen und in Scheiben schneiden. Kohl und Lauch waschen, putzen und in Streifen schneiden. Übriges Gemüse waschen, schälen und in gleich große Scheiben schneiden. Kartoffeln waschen, schälen und würfeln.

**2** Die Kartoffeln in einem kleinen Topf in Salzwasser weich garen. Danach das Kochwasser abgießen und die Kartoffeln beiseite stellen. Die Zwiebeln in dem erhitzten Öl in einem großen Topf 2 Minuten glasig dünsten. Mit 1,2 l Wasser ablöschen und zum Kochen bringen.

**3** Das Gemüse in das kochende Wasser geben und darin 7 Minuten weich kochen. Die Brühwürfel zufügen. Salzen und pfeffern und mit Muskat und Liebstöckel abschmecken. Inzwischen den Schnittlauch waschen und in Röllchen schneiden.

**4** Mit 2 Kaffeelöffeln vom Kalbsbrät kleine Brätklößchen abstechen und direkt in die Suppe geben. Darin 3 Minuten ziehen lassen. Die gegarten Kartoffelwürfel dazugeben und den Eintopf mit dem Schnittlauch garnieren.

**Für selbstgemachtes Suppengewürz** Sellerie, Lauch, Karotten, Petersilie und Liebstöckel waschen und trocknen. In der Küchenmaschine fein hacken. Mit grobem Salz mischen und in einem Glas mit Schraubverschluß bei Zimmertemperatur aufbewahren. Hält ungefähr 6 Monate.

**Tip**

| Nicht alltäglich | |
|---|---|
| Klassisches Rezept 24 g Fett = | 8 |
| PfundsKur Rezept 9 g Fett = | 3 |

| Vorbereiten: | 35 Min. |
|---|---|
| Garen: | 20 Min. |

| | |
|---|---|
| 1 | Zwiebel |
| 200 g | Weißkohl |
| 200 g | Lauch |
| 200 g | Karotten |
| 100 g | Sellerie |
| 200 g | Kohlrabi |
| 200 g | Kartoffeln |
| | Salz, Pfeffer |
| 10 g | Öl |
| 2 | Gemüsebrühwürfel |
| | Muskat |
| | Liebstöckel |
| | Schnittlauch |
| 100 g | Kalbsbrät |

# Gemüse

*Bei den PfundsKur-Rezepten steht Gemüse als Vitamin- und Geschmackslieferant an erster Stelle! Die folgende Übersicht hilft Ihnen, sich bei der Gemüsevielfalt zurechtzufinden.*

● *Kohlgemüse: Hierzu zählen unter anderem der altbekannte Blumenkohl mit seinen Verwandten dem Brokkoli und dem Romanesco und natürlich die Klassiker wie Weißkohl und Rotkohl sowie Wirsing, Grünkohl und Chinakohl.*

● *Sprossengemüse: Der König dieser Gemüsegruppe ist zweifellos der Spargel in allen Farben. Ebenso gehören dazu Staudensellerie, Fenchel, Artischocke, Bambussprossen.*

● *Zwiebelgewächse: Zu dieser großen,*

aromaliefernden Gemüsegruppe zählen unter anderem Lauch- oder Frühlingszwiebel, Gemüsezwiebel, Haushaltszwiebel, rote Zwiebel, Schalotte und Knoblauch.

● *Fruchtgemüse:* Hierzu gehören unter anderem Tomate, Aubergine, Zucchini, Gurke, Paprika und auch Avocado.

● *Wurzelgemüse:* Eßbare, verdickte Wurzeln wie Karotte oder Möhre, Rote Bete, Knollensellerie, Petersilienwurzel, Steckrübe und Schwarzwurzel gehören dazu.

● *Schotengemüse oder Hülsenfrüchte:* Buschbohnen, Schnittbohnen, Prinzeßbohnen, feine Erbsen sowie Zuckererbsen und die getrockneten Samen von Hülsenfrüchten.

# Buntes Gemüseragout

*Buntes Gemüse, bißfest gegart und mit etwas Tomatenmark
und Schmand verfeinert, schmeckt einfach lecker.
Schauen Sie sich auf den Märkten um und verwenden Sie, wenn möglich,
die saisonalen Gemüsesorten.*

**Mediterran**

**Klassisches Rezept**
**15 g Fett =** 5

**PfundsKur Rezept**
**6 g Fett =** 2

| Vorbereiten: | 40 Min. |
| Garen: | 15 Min. |

| | |
|---|---|
| 2 | Zwiebeln |
| 300 g | Karotten |
| 300 g | Bohnen |
| 300 g | Paprikaschoten |
| | Petersilie |
| 10 g | Olivenöl |
| 0,3 l | Gemüsebrühe |
| | Salz, Pfeffer |
| 80 g | Schmand |
| 80 g | Tomatenmark |
| 10 g | Mehl |
| 1 Prise Zucker | |

1 Die Zwiebeln schälen und in Ringe schneiden. Die Karotten schälen und in Scheiben schneiden. Die Bohnen waschen. Dann die Enden entfernen und die Bohnen halbieren. Die Paprikaschoten vierteln, putzen, waschen und in Streifen schneiden. Die Petersilie abbrausen, trockenschütteln und hacken.

2 In einem Topf die Zwiebelringe in dem erhitzten Öl anbraten. Mit der Gemüsebrühe ablöschen, die Bohnen dazugeben und zugedeckt garen. Nach 4 Minuten die Karotten und nach weiteren 4 Minuten die Paprikastreifen zugeben. Das Gemüse mit Salz und Pfeffer würzen. 2 Minuten garen.

3 Den Schmand mit dem Tomatenmark und dem Mehl verrühren und zu dem kochenden Gemüse geben. Noch 2 Minuten köcheln lassen und nach Belieben das Gemüseragout mit dem Zucker abrunden. Mit der Petersilie bestreuen und servieren.

**Als Beilage eignen sich Kartoffeln besonders gut. Diese können Sie auch schon im Gemüseragout mitgaren. Dann 0,4 l Gemüsebrühe verwenden und die Kartoffeln zuerst 10 Minuten garen, bevor das Gemüse zugefügt wird.**

Tip

# Gemüse mit Spargelsoße

*Aus Spargel erhält man eine besonders leckere Soße, die man sowohl zu Gemüse, als auch zu Eiern und Kartoffeln reichen kann. Sie schmeckt besonders gut zu Karotten, Kohlrabi und Blumenkohl.*

**1** Zwiebel und Knoblauch schälen und fein würfeln. Spargel waschen, unten schälen, das holzige Ende abschneiden. Dann in 2 cm große Stücke schneiden. Spargelspitzen beiseite legen. Kartoffeln schälen, vierteln und in Salzwasser garen.

**2** Inzwischen restliches Gemüse waschen, je nach Sorte schälen und in gleiche Stifte oder Röschen teilen. Dann das Gemüse mit den Spargelspitzen im geschlossenen Topf in der Gemüsebrühe 5 Minuten bißfest dämpfen. Salzen und pfeffern. Mit einem Sieblöffel herausnehmen und das Gemüse im 80 Grad heißen Backofen warm stellen.

**3** Dann Zwiebel- und Knoblauchwürfel in die kochende Brühe geben und darin ca. 2 Minuten leicht köcheln lassen. Danach die Spargelstückchen in den Topf geben und ca. 4 Minuten darin garen. Die Milch mit dem Mehl verquirlen und mit dem Schneebesen in die kochende Spargelbrühe einrühren. Noch 2 Minuten bei schwacher Hitze kochen lassen.

**4** Die Soße mit Sahne verfeinern und mit dem Stabmixer pürieren. Mit Salz, Pfeffer und Worcestersauce würzen. Den Kerbel hinzufügen. Die Spargelsoße mit Salzkartoffeln und dem Gemüse servieren.

**Gartenfrisch**

| Klassisches Rezept | |
|---|---|
| 21 g Fett = | 7 |

| PfundsKur Rezept | |
|---|---|
| 6 g Fett = | 2 |

| Vorbereiten: | 50 Min. |
|---|---|
| Zubereiten: | 20 Min. |

| | |
|---|---|
| 1 | kleine Zwiebel |
| 2 | Knoblauchzehen |
| 500 g | grüner Spargel |
| 600 g | Kartoffeln |
| 800 g | Gemüse je nach Marktangebot |
| 1/2 l | Gemüsebrühe |
| | Salz, Pfeffer |
| 0,2 l | Milch |
| 10 g | Mehl |
| 50 g | Sahne |
| | Worcestersoße |
| | gehackter Kerbel |

**Tip:** Wenn Sie die Soße mit weißem Spargel zubereiten, Spargel gut schälen und in ganz kleine Stücke schneiden, damit beim Pürieren keine Fasern entstehen.

**93**

# Maiskolben mit Kräutern

*Schnell und ohne großen Aufwand können Sie Maiskolben im*
*Backofen schmoren. Der angenehm süße Geschmack*
*harmoniert wunderbar mit den Kräutern. Achten Sie auf frische Ware.*
*Die Körner müssen blaßgelb und glänzend sein.*

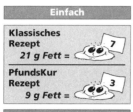

**Einfach**

| Klassisches Rezept 21 g Fett = | 7 |
| PfundsKur Rezept 9 g Fett = | 3 |

| Vorbereiten: | 30 Min. |
| Garen: | 30 Min. |

| 8 | Maiskolben |
| 1 | Zwiebel |
| 2 | Knoblauchzehen |
| 1 kleine Karotte | |
| 80 g | Lauch |
| 1 Bund | gemischte Kräuter (Basilikum, Schnittlauch, Thymian, Petersilie) |
| 10 g | Öl |
| 0,1 l | Weißwein |
| 0,1 l | Gemüsebrühe |
| | Salz, Pfeffer |

1 Die Maiskolben putzen und den Strunk abschneiden. Dann waschen und trockentupfen. Die Zwiebel und die Knoblauchzehen schälen und fein würfeln. Die Karotte waschen und schälen. Den Lauch putzen und waschen. Karotte und Lauch in feine Streifen schneiden. Die Kräuter abbrausen, trockenschütteln und fein hacken.

2 8 Stücke Alufolie vorbereiten. Die Folie sollte so groß sein, daß man die Maiskolben und die Kräuter-Gemüse-Mischung darin gut einwickeln kann. Auf jede Folie einen Kolben legen. Die Ränder hochziehen.

3 Den Backofen auf 200 Grad vorheizen. In einem Topf das Öl erhitzen. Zwiebel, Knoblauch, Karotte und Lauch darin 2 Minuten anbraten. Dann mit dem Weißwein und der Gemüsebrühe ablöschen und 1 Minute köcheln lasen. Mit den Kräutern verfeinern, mit Salz und Pfeffer würzen.

4 Die Kräuter-Gemüse-Mischung über den Maiskolben verteilen. Die Folien gut verschließen und auf ein tiefes Backblech setzen. Die Päckchen auf der mittleren Schiene ca. 30 Minuten garen.

**Zu den Maiskolben mit Kräutern knuspriges Baguette reichen.** Tip

# Brokkoli mit Schmandsoße

*Das Raffinierte bei diesem Gemüsegericht sind die Brösel, die*
*mit scharfem Senf und Petersilie gewürzt sind. Brokkoli ist*
*eine Blumenkohlart, deshalb können Sie für dieses Gericht auch*
*Romanesco oder Roten Brokkoli verwenden.*

**1** Die Zwiebel und die Knoblauchzehen schälen und fein würfeln. Den Brokkoli waschen, in kleine Röschen schneiden, die dünnen und mittleren Stiele vom Brokkoli in Scheiben schneiden. Die Petersilie waschen, trockenschütteln und fein hacken.

**2** Die Gemüsebrühe in einem Topf zum Kochen bringen und darin die Zwiebel- und Knoblauchwürfel, die Röschen und Scheiben vom Brokkoli 4 Minuten kochen. Salzen und pfeffern. Dann den Brokkoli mit einem Drahtsieb aus der Brühe nehmen und beiseite stellen.

**3** Das Mehl mit der Milch verquirlen und mit dem Schneebesen in die kochende Gemüsebrühe rühren. 2 Minuten bei schwacher Hitze leicht weiterkochen lassen und dann mit Schmand, Worcestersoße und Muskat verfeinern. Den Brokkoli zum Erhitzen in die Soße geben.

**4** In einer kleinen beschichteten Pfanne die Butter zerlassen. Den Senf unterrühren und dann die Semmelbrösel und die gehackten Kräuter zugeben. Alles leicht anrösten lassen und über das Gemüse streuen.

**Ein interessantes, passendes, Gewürz ist Ingwer. Nehmen Sie dazu ein kleines Stück frischen Ingwer, schälen und reiben diesen und geben ihn in die kochende Soße.**

**Raffiniert**

**Klassisches Rezept**
**21 g Fett =** 7

**PfundsKur Rezept**
**12 g Fett =** 4

| Vorbereiten: | 40 Min. |
|---|---|
| Garen: | 20 Min. |

| | |
|---|---|
| 1 | Zwiebel |
| 2 | Knoblauchzehen |
| 800 g | Brokkoli |
| 1/2 Bund Petersilie | |
| 1/2 l | Gemüsebrühe |
| | Salz, Pfeffer |
| 20 g | Mehl |
| 0,1 l | Milch |
| 100 g | Schmand |
| | Worcestersoße |
| | Muskat |
| 30 g | Butter |
| 1 EL | scharfer Senf |
| 4 EL | Semmelbrösel |

# Sahnewirsing mit Senf

*Eine würzige Idee, um aus Wirsing auch ohne Speck eine leckere Beilage
zu zaubern. Am besten schmeckt das Gericht, wenn Sie
dazu einen körnigen Senf verwenden. Salzkartoffeln oder nach Belieben
Kartoffelpüree dazu reichen.*

**Schnell und lecker**

**Klassisches
Rezept
15 g Fett =** 5

**PfundsKur
Rezept
9 g Fett =** 3

**Vorbereiten:** **20 Min.**
**Garen:** **30 Min.**

| | |
|---|---|
| 2 | Zwiebeln |
| 1 kg | Wirsing |
| 10 g | Olivenöl |
| | Salz, Pfeffer |
| | Kümmelpulver |
| 1/4 l | Gemüsebrühe |
| 50 g | Schmand |
| 3 EL | körniger Senf |
| 1 Prise Zucker | |
| | Schnittlauch |

1 Die Zwiebeln schälen und in Ringe schneiden. Den Wirsing waschen, vierteln und in sehr feine Streifen schneiden oder hobeln. Den Strunk entfernen.

2 Das Olivenöl in einem Topf erhitzen. Die Zwiebelringe darin anbraten. Den Wirsing dazugeben. Nach Belieben mit Salz, Pfeffer und Kümmel würzen und bei starker Hitze ca. 4 Minuten weiterbraten. Mit der Brühe ablöschen und 20 Minuten zugedeckt garen.

3 Schmand und Senf zum Wirsing in den Topf geben. Mit Zucker abrunden und das Wirsinggemüse offen 5 Minuten garen, dabei gelegentlich umrühren. Den Schnittlauch waschen, gut trockenschütteln und in Röllchen schneiden. Den Wirsing damit garnieren.

Wirsing läßt sich leichter fein schneiden oder hobeln, wenn der Strunk nicht vor dem Hobeln weggeschnitten wird. Die Blätter halten besser zusammen.

# Rote-Bete-Gemüse

*Rote Bete paßt nicht nur als Beilage zu Lamm und Kartoffeln,*
*sondern auch hervorragend zu Tafelspitz.*
*Wenn Sie Rote Bete mit anderem Gemüse reichen, sollten Sie*
*stets berücksichtigen, daß sie etwas abfärbt.*

**1** Die Zwiebeln schälen und in feine Würfel schneiden. Die Rote Bete waschen, schälen und auf dem Gemüsehobel in feine Streifen raspeln. Die Streifen in einen Topf geben und mit 0,2 l Gemüsebrühe 3 Minuten zugedeckt garen. Mit Salz und Pfeffer würzen. Dann in ein Haarsieb abschütten und unter fließendem kalten Wasser abkühlen lassen. Sie verlieren dabei auch etwas von ihrer roten Farbe.

**2** Karotten, Kohlrabi und Sellerie waschen, putzen, schälen und ebenfalls fein raspeln. Die Champignons eventuell kurz waschen und in feine Streifen schneiden.

**3** In einem großen, flachen Topf die Zwiebelwürfel in der erhitzten Butter anbraten. Mit der restlichen Gemüsebrühe ablöschen und das Gemüse in den Topf geben. Mit Salz, Pfeffer und Paprika würzen und 4 Minuten zugedeckt garen. Die Champignons zum Gemüse geben und offen 1 Minute weiterköcheln. Zum Schluß die Rote Bete zufügen und kurz darin erhitzen.

**Ungewöhnlich**

| Klassisches Rezept | 12 g Fett = | 4 |
| PfundsKur Rezept | 3 g Fett = | 1 |

| Vorbereiten: | 30 Min. |
| Garen: | 10 Min. |

| 2 | Zwiebeln |
|---|---|
| 400 g | Rote Bete |
| 0,5 l | Gemüsebrühe |
| | Salz, Pfeffer |
| 200 g | Karotten |
| 200 g | Kohlrabi |
| 100 g | Sellerie |
| 100 g | Champignons |
| 10 g | Butter |
| | Paprikapulver, scharf |

**Die Farbe vom Rote-Bete-Saft an Händen und Geschirr läßt sich mit Zitronensaft problemlos entfernen. Oder Sie schälen und schneiden die Rote Bete im Spülbecken mit reichlich kaltem Wasser, dann verfärben sich Hände und Küchengeräte nicht so stark.**

**Tip**

# Spinatknödel

*Ein schnelles Gemüsegericht, das auch bei Kindern sehr gut ankommt, wenn Sie eine fruchtige Tomatensoße dazu servieren. Die lockere Struktur wird durch die Zugabe von Backpulver erreicht. Auf zusätzliches Fett kann verzichtet werden.*

**Schnell und lecker**

Klassisches
Rezept
   **30 g Fett** = **10**

PfundsKur
Rezept
   **12 g Fett** = **4**

| Vorbereiten: | 30 Min. |
| Garen: | 12 Min. |

| 120 g | TK-Blattspinat oder |
| 300 g | frischen Blattspinat |
| 1 | Zwiebel |
| 2 | Knoblauchzehen |
| 1/2 Bund Petersilie | |
| 0,1 l | Milch |
| 30 g | Butter |
| 300 g | Knödelbrot |
| 60 g | Mehl |
| 1 TL | Backpulver |
| 2 | Eier |
| | Salz, Pfeffer |
| | Muskat |
| | etwas Semmel-brösel nach Bedarf |

1 Den Spinat auftauen. Zwiebel und Knoblauchzehen schälen und in feine Würfel schneiden. Die Petersilie abbrausen, gründlich trockenschütteln und fein hacken. Die Milch erhitzen. Den aufgetauten Spinat mit den Zwiebel- und Knoblauchwürfeln und der warmen Milch in einem hohen Gefäß mit dem Stabmixer pürieren.

2 Butter schmelzen. Mit Spinat, Knödelbrot, Mehl, Backpulver und Eiern in eine große Schüssel geben und alles zu einem geschmeidigen Teig verarbeiten. Mit Salz, Pfeffer und Muskat würzen. Nach Bedarf mit Semmelbröseln andicken. 10 Minuten ruhen lassen.

3 In einem großen Topf reichlich Salzwasser zum Kochen bringen. Mit nassen Händen aus dem Teig 12 Klößchen formen. Im leicht kochenden Salzwasser ca. 12 Minuten garen.

**Zu diesen Klößchen passen verschiedene Soßen. Besonders harmoniert eine gut gewürzte weiße Soße zu den Spinatknödeln.**

Tip

# Spinatpudding

*Für alle Gemüsefreunde und Liebhaber der vegetarischen Küche ist dies ein köstliches Gemüsegericht. Es schmeckt sommerfrisch und ist leicht zuzubereiten. Sie können auch Blattspinat aus der Tiefkühltruhe dazu verwenden.*

**1** Brötchen in Würfel schneiden und in der Milch einweichen. Zwiebel und Knoblauch schälen und fein würfeln. Butter erhitzen und Zwiebel und Knoblauch darin glasig dünsten. Dann beiseite stellen.

**2** Blattspinat waschen, tropfnaß in einen großen Topf geben und im geschlossenen Topf 2 Minuten dämpfen. In einem Sieb abtropfen lassen, dann auf einem Küchenbrett mit einem großen Messer fein hacken. Den Backofen auf 150 Grad vorheizen.

**3** Eier trennen. Eingeweichte Brötchen gut ausdrücken. Blattspinat, Zwiebel, Knoblauch, Eigelbe und Brötchen vermischen. Mit Salz, Pfeffer und Muskat abschmecken und zu einem glatten Teig verarbeiten. Mit Semmelbröseln andicken. Eiweiße zu steifem Schnee schlagen. Vorsichtig unter den Teig heben.

**4** Eine Kastenform oder Auflaufform mit Butter ausfetten. Die Masse hineinfüllen. Im Backofen 30 Minuten stocken lassen. Den Spinatpudding herausnehmen und auf eine Platte stürzen. In Scheiben schneiden oder mit einem Löffel Portionen davon abstechen.

**Raffiniert**

**Klassisches Rezept**
    21 g Fett = 7

**PfundsKur Rezept**
    12 g Fett = 4

**Vorbereiten:** 20 Min.
**Garen:** 30 Min.

| | |
|---|---|
| 4 | altbackene Brötchen |
| 1/2 l | warme Milch |
| 1 | Zwiebel |
| 2 | Knoblauchzehen |
| 20 g | Butter |
| 500 g | Blattspinat |
| 3 | Eier |
| | Salz, Pfeffer |
| | Muskat |
| 80 g | Semmelbrösel |
| | Butter für die Form |

**Als Garnitur bieten sich geröstete Semmelbrösel und eine weiße Soße an. Sehr lecker schmeckt auch ein kalter Joghurtdip dazu.**

**Tip**

**99**

# Grünkernküchle

*Als Grünkern bezeichnet man den in unreifem Zustand geernteten Dinkel.*
*Durch das anschließende darren (rösten) erhält er*
*einen wunderbar nussigen Geschmack, der in diesem Gericht*
*besonders gut zur Geltung kommt.*

**Vollwertig und lecker**

**Klassisches**
**Rezept**
 **21 g Fett =** 7

**PfundsKur**
**Rezept**
 **9 g Fett =** 3

| Vorbereiten: | 30 Min. |
| --- | --- |
| Garen: | 5 Min |

| | |
| --- | --- |
| *1* | *Zwiebel* |
| *100 g* | *Grünkernschrot* |
| | *(Grünkerngrieß)* |
| *30 g* | *Mehl* |
| *1/4 l* | *Gemüsebrühe* |
| *1/2* | *kleine Lauchstange* |
| *1* | *Karotte* |
| | *Petersilie* |
| *1* | *Ei* |
| | *Salz, Pfeffer* |
| | *Muskat* |
| | *Semmelbrösel* |
| *40 g* | *Pflanzenfett zum* |
| | *Braten* |

1 Die Zwiebel schälen und in feine Würfel schneiden. Den Grünkernschrot und das Mehl vermischen. Die Gemüsebrühe mit den Zwiebelwürfeln in einem Topf zum Kochen bringen. Die Grünkernschrot-Mehl-Mischung rasch einrühren. Kurz auf dem Herd abdämpfen lassen und dabei mit dem Holzkochlöffel umrühren. Danach die Grünkernmasse zum Abkühlen beiseite stellen.

2 Inzwischen den Lauch der Länge nach halbieren, unter fließendem Wasser waschen und in feine Ringe schneiden. Die Karotte putzen, schälen und raspeln. Die Petersilie waschen, trockenschütteln und fein hacken.

3 Lauch, Karotte, Petersilie und Ei zu der abgekühlten Grünkernmasse geben. Alles zu einem geschmeidigen Teig verarbeiten und mit Salz, Pfeffer und Muskat abschmecken.

4 Mit feuchten Händen 8 Küchlein aus der Grünkernmasse formen. Die Küchlein in Semmelbröseln wenden. In einer großen beschichteten Pfanne das Fett erhitzen und die Küchlein darin beidseitig je ca. 2 Minuten braten. Gemüsesoße und Salat dazu reichen.

**Die Grundmasse läßt sich beliebig verfeinern.**
**Zum Beispiel mit Nüssen, Schinkenwürfeln, geriebenem Käse, Champignons und Gemüse.**

# Kohlrouladen

*Beim Genuß der Kohlrouladen mit Gemüsefüllung werden Sie das Fleisch nicht vermissen. Champignons und Frühlingszwiebeln geben dem Kohl einen besonderen Geschmack. Die Zubereitung geht rasch von der Hand, da die Rouladen nicht mit Küchengarn umwickelt werden müssen.*

**1** Vom Kohl den Strunk mit einem Messer herausschneiden. Dann den Kohl in einen großen Topf in kochendes Wasser legen. Die Blätter lösen sich darin, ohne daß sie einreißen. Die Kohlblätter herausnehmen und die dicken Rippen entfernen. Die Blätter in 4 Portionen auslegen. Dabei die größeren zuerst und dann die kleineren Kohlblätter darauf legen. Mit Salz und Kümmel bestreuen.

**2** Champignons eventuell kurz waschen, und in Scheiben schneiden. Frühlingszwiebeln putzen, waschen und in Röllchen schneiden. Beides in einer beschichteten Pfanne in dem erhitzten Öl ca. 10 Minuten anbraten. Dann in eine Schüssel geben, beiseite stellen und die Mischung erkalten lassen.

**3** Backofen auf 180 Grad vorheizen. Petersilie waschen, trockenschütteln, hacken. Champignon-Zwiebel-Mischung mit Petersilie, Knödelbrot, Ei, Salz und Pfeffer zu einer würzigen Masse verarbeiten. Auf den Kohlblättern verteilen, zu Rouladen aufwickeln und eng in einen passenden Topf oder eine feuerfeste Form schichten. Gemüsebrühe aufgießen.

**4** Kohlrouladen im Ofen 30 Minuten garen, herausnehmen und im Ofen bei 80 Grad warmstellen. Die Garflüssigkeit abschöpfen und aufkochen lassen. Mehl mit Schmand verrühren. Garflüssigkeit damit binden und 3 Minuten köcheln lassen. Mit Salz und Pfeffer würzen und mit den Kohlrouladen servieren.

**Nicht alltäglich**

| Klassisches Rezept | |
|---|---|
| 18 g Fett = | 6 |

| PfundsKur Rezept | |
|---|---|
| 9 g Fett = | 3 |

| Vorbereiten: | 30 Min. |
|---|---|
| Garen: | 40 Min. |

| 1 | mittelgroßer Weißkohl |
|---|---|
| | Salz, Pfeffer |
| | Kümmel |
| 250 g | Champignons |
| 1 Bund | Frühlingszwiebeln |
| 10 g | Öl |
| | Petersilie |
| 80 g | Knödelbrot |
| 1 | Ei |
| 1/2 l | Gemüsebrühe |
| 15 g | Mehl |
| 100 g | Schmand |

# Paprika mit Spinatfüllung

*Probieren Sie einmal diese interessante Paprikafüllung, die
aus Spinat, Reis und würzigem Käse zubereitet wird. Die Paprikadeckel
können Sie nach Belieben klein schneiden und zur Füllung geben.
Die gefüllten Schoten schmecken auch kalt sehr gut.*

**Raffiniert**

**Klassisches
Rezept
18 g Fett =** 6

**PfundsKur
Rezept
9 g Fett =** 3

**Vorbereiten: 30 Min.
Garen: 40 Min.**

| | |
|---|---|
| 400 g | Spinat |
| 4 | große oder 8 kleine Paprikaschoten |
| 1 | Zwiebel |
| 60 g | Bergkäse oder Emmentaler |
| | Salz, Pfeffer |
| 100 g | Tomatenmark |
| 50 g | Reis |
| 1/2 l | Gemüsebrühe |
| 15 g | Mehl |
| 100 g | saure Sahne (10% Fett) |

1 Den Blattspinat waschen und von den groben Stielen befreien. Von den Paprikaschoten am Stielansatz einen Deckel abschneiden. Die Paprikaschoten putzen und waschen. Die Zwiebel schälen und in feine Würfel schneiden. Den Käse reiben.

2 Zwiebelwürfel und Blattspinat tropfnaß in einen großen Topf geben und zugedeckt 2 Minuten dämpfen. Mit Salz und Pfeffer würzen. Den Spinat aus dem Topf nehmen, abtropfen lassen und grob hacken. Mit 50 g Tomatenmark, Reis und dem geriebenen Käse vermischen und nochmals abschmecken. Die Mischung gleichmäßig in die Paprikaschoten füllen und den Deckel darauf setzen. Den Backofen auf 180 Grad vorheizen.

3 Gemüsebrühe mit dem übrigen Tomatenmark verrühren und in einen Bräter oder eine feuerfeste Form gießen. Die gefüllten Paprika in die Form setzen. Im Ofen auf der untersten Schiene zugedeckt 40 Minuten garen.

4 Den Ofen auf 80 Grad herunterschalten. Die Paprikaschoten aus der Form nehmen und auf einer Platte im Ofen warmhalten. Das Mehl mit der sauren Sahne verrühren. Die Garflüssigkeit in einem Topf zum Kochen bringen und mit dem angerührten Mehl binden. Dann 3 Minuten köcheln lassen, mit Salz und Pfeffer abschmecken und über die gefüllten Paprikaschoten gießen.

# Gefüllte Zwiebeln

*Das besondere an diesem Gericht ist die leckere Selleriefüllung.*
*Außerdem läßt es sich gut vorbereiten und bei Bedarf einfach im Backofen*
*überbacken. Als Beilage zu einem Hauptgericht*
*die Hälfte der Zwiebeln verwenden.*

**1** Die Zwiebeln schälen und in Salzwasser 10 Minuten garen. Mit einem Sieblöffel herausnehmen und abkühlen lassen.

**2** Inzwischen den Sellerie schälen und in grobe Würfel schneiden. Von den Zwiebeln oben einen Deckel abschneiden. Die Zwiebeln mit einem Löffel aushöhlen und dabei einen dicken Rand stehen lassen

**3** Die Milch in einem Topf erhitzen. Die Selleriewürfel in den Topf geben. Mit Salz, Pfeffer und Muskat abschmecken und offen so lange kochen lassen, bis die Milch vom Sellerie ganz aufgesogen ist. Dabei immer wieder umrühren.

**4** Den Backofen auf 220 Grad vorheizen. Den Käse reiben. Den Sellerie mit dem Stabmixer pürieren und die Hälfte vom Käse untermischen. Die Masse in die vorbereiteten Zwiebeln füllen und den Deckel darauf setzen.

**5** Gemüsebrühe in eine feuerfeste Form geben. Zwiebeln hineinsetzen und mit restlichem Käse bestreuen. Im Ofen auf der unteren Schiene 20 Minuten garen. Petersilie waschen, trockenschütteln und fein hacken. Vor dem Servieren über die Zwiebeln streuen.

**Die für dieses Gericht benötigte Gemüsezwiebel müssen Sie eventuell bei Ihrem Gemüsehändler vorbestellen. Nur diese, meist aus Spanien kommende Zwiebel, ist mild und zum Füllen geeignet.**

| Vitaminreich | |
|---|---|
| **Klassisches Rezept** | |
| 21 g Fett = | 7 |
| **PfundsKur Rezept** | |
| 9 g Fett = | 3 |

| Vorbereiten: | 30 Min. |
|---|---|
| Garen: | 20 Min. |

| | |
|---|---|
| 8 | *große Gemüse-zwiebeln* |
| *500 g* | *Knollensellerie* |
| *0,2 l* | *Milch* |
| *10 g* | *Butter* |
| | *Salz, Pfeffer* |
| | *Muskat* |
| *60 g* | *Bergkäse oder Emmentaler* |
| *etwas* | *Gemüsebrühe* |
| | *Petersilie* |

# Provenzalischer Kartoffeleintopf

*Schon beim Vorbereiten des Eintopfs entsteht der Duft der Provence in der Küche. Frische Kräuter gehören unbedingt hinein. Wer auf Fleisch nicht verzichten mag, kann zusätzlich Wurst hineinschneiden. Eine magere Räucherwurst paßt wunderbar.*

**Südländisch**

**Klassisches Rezept**
6 g Fett = **2**

**PfundsKur Rezept**
3 g Fett = **1**

| Vorbereiten: | 30 Min. |
| Garen: | 25 Min. |

| | |
|---|---|
| 4 | Zwiebeln |
| 4 | Knoblauchzehen |
| 1 kg | Kartoffeln |
| 300 g | Karotten |
| 1 | Lauchstange |
| 10 g | Olivenöl |
| 0,8 l | Gemüsebrühe |
| | Salz, Pfeffer |
| | Thymian |
| 1 | Lorbeerblatt |
| | reichlich frische Kräuter |
| 1 Dose Pizzatomaten | |
| | Zucker |

1 Die Zwiebeln und die Knoblauchzehen schälen und klein würfeln. Die Kartoffeln waschen, schälen und in 2 cm große Würfel schneiden. Die Karotten schälen und in Scheiben schneiden. Lauch längs halbieren und die Wurzel entfernen. Den Lauch unter fließendem Wasser waschen und in Ringe schneiden.

2 Die Zwiebel- und Knoblauchwürfel in einem großen Topf in dem erhitzten Olivenöl anbraten. Dann die Kartoffelwürfel und die Gemüsebrühe in den Topf geben. Mit Salz, Pfeffer und Thymian abschmecken und das Lorbeerblatt zufügen. Die Kartoffeln 10 Minuten bei schwacher Hitze kochen lassen.

3 Nach 10 Minuten die Karotten, den Lauch und die Pizzatomaten zu den Kartoffeln geben und alles 15 Minuten weitergaren. Inzwischen die Kräuter waschen, trockenschütteln und hacken. Das Lorbeerblatt herausnehmen. Den Eintopf mit Zucker abrunden und mit den Kräutern bestreuen. Dazu schmeckt am besten Baguette.

**Der Eintopf kann auch mit gekochten Kartoffeln vom Vortag zubereitet werden. Einfach bei Schritt 3 das Gemüse und die gekochten Kartoffeln auf einmal in den Topf geben.**

Tip

# Spanische Gemüsepfanne

*Eine fleischlose Variante der Paella: Der Fisch wird durch Lauch, Erbsen und schwarze Oliven ersetzt. Wenn Sie keine Safranfäden zur Hand haben, können Sie das Gericht auch mit Curry abschmecken.*

**1** Zwiebeln und Knoblauch schälen und in feine Würfel schneiden. Lauch längs halbieren, die Wurzeln entfernen und den Lauch unter fließendem Wasser waschen. Dann in 1 cm breite Ringe schneiden.

**2** Oliven entsteinen und in Scheiben schneiden. Zitrone waschen, die Schale mit einem scharfen Messer dünn abschälen und in schmale Streifen schneiden. Petersilie abbrausen, trockenschütteln und fein hacken.

**3** In einem großen, flachen Topf die Zwiebel- und Knoblauchwürfel in dem heißen Öl anbraten. Den Reis und die Zitronenschale hinzufügen und weiterrösten. Mit Gemüsebrühe ablöschen und 5 Minuten offen garen. Den Backofen auf 200 Grad vorheizen.

**4** Lauchringe, Erbsen und Safranfäden unter den Reis mischen. Oliven darüber verteilen. Mit Salz und Pfeffer würzen. Zugedeckt im Backofen auf der untersten Schiene ca. 20 Minuten garen. In einer großen Schüssel anrichten und mit Petersilie bestreuen.

| Hausmannskost | | |
| --- | --- | --- |
| Klassisches Rezept 15 g Fett = | | 5 |
| PfundsKur Rezept 6 g Fett = | | 2 |

| Vorbereiten: | 30 Min. |
| --- | --- |
| Garen: | 30 Min. |

| | |
| --- | --- |
| 2 | Zwiebeln |
| 4 | Knoblauchzehen |
| 500 g | Lauch |
| 20 | schwarze Oliven |
| Schale von 1/2 unbehandelten Zitrone | |
| | Petersilie |
| 10 g | Olivenöl |
| 200 g | Langkornreis (parboiled) |
| 0,6 l | Gemüsebrühe |
| 100 g | TK-Erbsen |
| | Safranfäden |
| | Salz, Pfeffer |

**Tip**
Wenn Sie gegarten Reis übrig haben, kann er für dieses Gericht weiter verwendet werden. Das Gemüse zuerst in wenig Gemüsebrühe dünsten und anschließend mit dem Reis in einer großen Pfanne mischen und anrösten.

**105**

# Gemüsegratin

*Bei einem gesunden Gemüsegratin ist es wichtig,
daß Sie das Gemüse wirklich nur kurz garen. Schön sieht
dieses Gratin mit vielerlei Gemüse in einer
flachen Auflaufform aus.*

| **Gesund** | |
|---|---|
| Klassisches Rezept 30 g Fett = | 10 |
| PfundsKur Rezept 15 g Fett = | 5 |

| Vorbereiten: | 30 Min. |
|---|---|
| Garen: | 20 Min. |

| 200 g | Brokkoli |
|---|---|
| 200 g | Zucchini |
| 200 g | Karotten |
| 200 g | Sellerie |
| 500 g | Blattspinat |
| 200 g | Champignons |
| 1/2 l | Gemüsebrühe |
| 15 g | Mehl |
| 150 g | Schmand |
| | Salz, Pfeffer |
| | Estragon |
| 100 g | Parmesan |
| 3 EL | Semmelbrösel |

1 Den Brokkoli gründlich putzen und in kleine Röschen teilen. Die dünnen und mittleren Stiele vom Brokkoli in dünne Scheiben schneiden. Von den Zucchini die Enden abschneiden. Dann die Zucchini in 1 cm dicke Scheiben schneiden. Die Karotten waschen, schälen und in 1/2 cm dicke Scheiben schneiden. Den Sellerie waschen, schälen und in Stifte schneiden. Den Spinat gründlich waschen und verlesen. Die Champignons nur kurz waschen und in Scheiben schneiden.

2 Die Gemüsebrühe in einem großen Topf erhitzen. Den Brokkoli, die Zucchini, die Karotten und den Sellerie darin 2 Minuten garen. Das Gemüse mit einem Drahtsieb wieder entnehmen, abtropfen lassen und beiseite stellen. Danach den Blattspinat darin ca. 1 Minute kochen und auch beiseite stellen.

3 Den Backofen auf 220 Grad vorheizen. Das Mehl mit dem Schmand gründlich verrühren. Dann den angerührten Schmand mit einem Schneebesen in die kochende Gemüsebrühe geben und diese damit binden. Die Soße 5 Minuten leicht köcheln lassen und dabei immer wieder umrühren.

**4** Die Soße mit Salz, Pfeffer und Estragon nach Belieben abschmecken. Dann den Parmesan auf einer Küchenreibe fein reiben und mit den Semmelbröseln vermischen.

**5** In einer flachen Auflaufform das Gemüse verteilen und gleichmäßig mit der Soße begießen. Zum Schluß das Gemüsegratin mit dem geriebenen Parmesan und den Semmelbröseln gleichmäßig bestreuen. In den Backofen schieben und 20 Minuten goldbraun backen. Dazu paßt ein grüner Salat.

**Genießen Sie dieses herrliche Gemüsegratin mit allen Gemüsesorten, die gerade auf dem Markt angeboten werden.**

Tip

# Reisgericht mit Curry

*Das Reisgericht können Sie ganz nach Ihrem Geschmack würzen.*
*Wenn Sie es lieber etwas feuriger mögen, nehmen Sie einfach mehr*
*Kurkuma und Chili. Mit Reis vom Vortag geht es noch schneller und ist*
*gleichzeitig eine leckere Resteverwertung.*

**Schnell und pikant**

**Klassisches Rezept**
18 g Fett = 6

**PfundsKur Rezept**
9 g Fett = 3

| Vorbereiten: | 20 Min. |
| Garen: | 10 Min. |

| | |
|---|---|
| 200 g | Langkornreis (parboiled) |
| $1/4$ l | Gemüsebrühe |
| $1/4$ l | Milch |
| | Salz, Pfeffer |
| 2 | Zwiebeln |
| 3 | Knoblauchzehen |
| $1/2$ Stange Lauch | |
| 2 | Karotten |
| | Petersilie |
| 100 g | Edamer |
| 10 g | Öl |
| | Chilipulver |
| | Currypulver |
| 3 | Eier |
| 50 g | Tomatenmark |

1 Den Reis mit der Gemüsebrühe und der Milch vorsichtig aufkochen. Unter ständigem Rühren 5 Minuten kochen lassen und salzen. Zugedeckt auf dem abgeschalteten Herd ca. 15 Minuten quellen lassen.

2 Inzwischen die Zwiebeln und die Knoblauchzehen schälen und fein würfeln. Den Lauch waschen, die Karotten schälen. Beides in Streifen schneiden. Die Petersilie waschen, trockenschütteln und fein hacken. Den Käse fein reiben.

3 In einer großen beschichteten Pfanne die Gemüsestreifen mit den Zwiebel- und Knoblauchwürfeln in dem erhitzten Öl ca. 2 Minuten anbraten. Den Reis dazugeben und alles mit Pfeffer, Chilipulver und Curry würzen. Die Eier in einer Schüssel verschlagen. Mit dem Tomatenmark mischen.

4 Eier und Käse zum Reis in die Pfanne geben und ca. 5 Minuten weiterbraten, bis alles schön heiß ist. Mit Petersilie bestreuen und servieren.

**Besonders raffinierte Würze bieten Kreuzkümmel, Kurkuma (Gelbwurz) und Zimt. Gut schmeckt dazu eine indische Würzpaste aus dem Glas, die im Asienladen erhältlich ist.**

Tip

# Schwarzwälder Pilzgulasch

*Während der Pilzsaison sollten Sie unbedingt zugreifen und dieses delikate Pilzgulasch ausprobieren. Außerhalb der Saison sind Zuchtchampignons eine preiswerte und ebenso köstliche Alternative zu den etwas kostspieligen Waldpilzen.*

**1** Zwiebel und Knoblauch schälen, und fein würfeln. Die Pilze putzen, nur kurz waschen und dann in Stücke schneiden.

**2** In einer großen beschichteten Pfanne das Öl erhitzen und die Zwiebel- und Knoblauchwürfel darin anbraten. Die Pilze dazugeben, salzen und pfeffern und mit Paprika und Kümmel würzen. Bei starker Hitze so lange weiterbraten, bis die entstandene Flüssigkeit wieder verdampft ist. (Wenn die Pfanne zu klein ist, lieber auf zweimal anbraten).

**3** Die angebratenen Pilze in einen Topf geben. Den Gemüsebrühwürfel und 1/4 l Wasser und hinzufügen und 5 Minuten bei schwacher Hitze köcheln lassen.

**4** Das Mehl mit dem Wein verrühren, und unter ständigem Rühren zu den Pilzen geben. Weitere 5 Minuten kochen lassen und nochmals würzen. Die Preiselbeeren getrennt dazu servieren.

**Badische Köstlichkeit**

| Klassisches Rezept | 18 g Fett = | 6 |
|---|---|---|
| PfundsKur Rezept | 6 g Fett = | 2 |

| Vorbereiten: | 30 Min. |
|---|---|
| Garen: | 30 Min. |

| | |
|---|---|
| 1 | Zwiebel |
| 2 | Knoblauchzehen |
| 800 g | frische Pilze (Steinpilze, Maronen, Pfifferlinge, Steinpilzchampignons, Butterpilze) |
| 10 g | Öl |
| | Salz, Pfeffer |
| | Paprikapulver, edelsüß |
| | Kümmelpulver |
| 1/2 | Gemüsebrühwürfel |
| 10 g | Mehl |
| 0,2 l | Wein |
| 2 EL | Preiselbeerkompott |

**Tip**
Für Pilzgulasch mit Fleisch je 400 g kleingewürfeltes Rindfleisch und 400 g Pilze verwenden. Zuerst die Rindfleischwürfel kräftig anbraten, dann das Gulasch wie im Rezept beschrieben weiter zubereiten. Das sind zusätzlich 2 Fettaugen.

**109**

# Fenchel in der Kräuterkruste

*Bei Fenchel scheiden sich die Geister. Während die
einen den Fenchelgeschmack total ablehnen, können sich viele
stark dafür begeistern. Mit Tomaten und Mozzarella ist dieses
Fenchelgericht ein Genuß.*

| Raffiniert | |
|---|---|
| **Klassisches Rezept** 24 g Fett = | 8 |
| **PfundsKur Rezept** 15 g Fett = | 5 |

| Vorbereiten: | 30 Min. |
|---|---|
| Garen: | 25 Min. |

| 4 | Fenchelknollen |
|---|---|
| 0,2 l | Gemüsebrühe |
| | Salz, Pfeffer |
| 1 Dose | Pizzatomaten |
| $^1/_2$ Bund | Schnittlauch |
| $^1/_2$ Bund | Petersilie |
| etwas | Thymian |
| 100 g | Schmand |
| 30 g | Butter |
| 1 EL | scharfer Senf |
| 1 | Eigelb |
| | Semmelbrösel |

1 Den Fenchel waschen. Von den Knollen das Grün abschneiden und beiseite legen. Den Fenchel halbieren, das harte vom Strunk abschneiden und den Fenchel der Länge nach in Streifen schneiden.

2 Die Gemüsebrühe in einem Topf zum Kochen bringen. Die Fenchelstreifen dazugeben, salzen, pfeffern und zugedeckt 6 Minuten dünsten. Danach beiseite stellen. Pizzatomaten in einem Sieb abtropfen lassen.

3 Den Backofen auf 200 Grad vorheizen. Den Schnittlauch waschen, trockenschütteln und in Röllchen schneiden. Die Petersilie und den Thymian waschen, trockenschütteln und zusammen mit dem Fenchelgrün fein hacken. Pizzatomaten und Schmand verrühren. Die Butter schmelzen, den Senf unterrühren und dann das Eigelb und alle Kräuter zur Butter geben. Zum Schluß so viele Semmelbrösel unterrühren, daß die Masse nicht zu fest wird.

4 Die Fenchelstreifen mit der Brühe in einer Auflaufform verteilen. Tomaten und den Schmand darübergießen und das Gemüse mit den Kräuterbröseln bestreuen. Auf der mittleren Schiene 15 Minuten backen.

Verzichten Sie auf das Einfetten der Auflaufformen. Durch die Feuchtigkeit vom Gemüse ist das nicht notwendig und Sie sparen Fettaugen.

Tip

# Rosenkohl mit Mozzarella

*Mozzarella wird in unseren Küchen immer beliebter.*
*Das ist kein Wunder, denn dieser Käse ist geschmacksneutral,*
*fettarm (100 g haben nur 3 Fettaugen) und läßt sich*
*wunderbar schmelzend überbacken.*

**1** Den Rosenkohl waschen und die äußeren Blättchen abschneiden. Die großen Röschen halbieren, die kleineren unten kreuzweise einschneiden. Die Zwiebeln schälen und in feine Würfel schneiden.

**2** Die Butter mit der Gemüsebrühe in einem flachen Topf erhitzen. Die Zwiebelwürfel und den Rosenkohl zugeben. Das Gemüse mit Salz und Pfeffer würzen und zugedeckt 3 Minuten dünsten. Den Topf vom Herd nehmen und beiseite stellen.

**3** Den Backofen auf 200 Grad vorheizen. Die Pizzatomaten in einem Sieb abtropfen lassen. Den Mozzarella in Scheiben schneiden. Die Pizzatomaten mit Salz, Pfeffer und Basilikum würzen. Den Rosenkohl mit der Brühe in eine Auflaufform geben. Die gewürzten Pizzatomaten darüber verteilen und die Mozzarellascheiben darauf legen. Im vorgeheizten Backofen auf der mittleren Schiene 15 Minuten backen.

**Schnell und lecker**

**Klassisches Rezept**
**15 g Fett =** 5

**PfundsKur Rezept**
**9 g Fett =** 3

**Vorbereiten:** 20 Min.
**Garen:** 20 Min.

| | |
|---|---|
| 800 g | Rosenkohl |
| 2 | Zwiebeln |
| 10 g | Butter |
| 0,2 l | Gemüsebrühe |
| | Salz, Pfeffer |
| 1 Dose | Pizzatomaten |
| 200 g | Mozzarella |
| | Basilikum |

**Zum Verfeinern eignen sich Pilze in allen Variationen.**

# Brotauflauf mit Kräutern

*Nach italienischem Vorbild können Sie aus Weißbrot,
Champignons, Kräutern und Spinat diesen
köstlichen Brotauflauf zubereiten. Emmentaler verleiht dem
Ganzen die besondere Würze.*

**Ungewöhnlich**

| Klassisches Rezept | 33 g Fett = | 11 |
| PfundsKur Rezept | 21 g Fett = | 7 |

| Vorbereiten: | 40 Min. |
| Garen: | 25 Min. |

| 3 | Brötchen |
|---|---|
| 30 g | Olivenöl |
| 250 g | Champignons |
| 1 | Zwiebel |
| 1/2 Bund | Petersilie |
| 1/2 Bund | Schnittlauch |
| 500 g | Blattspinat |
| | Salz, Pfeffer |
| | Knoblauchpulver |
| | Kümmelpulver |
| 100 g | Emmentaler |
| 100 g | saure Sahne (10% Fett) |
| 200 g | Magerquark |
| 2 | Eier |

1 Die Brötchen in Würfel schneiden. 20 g Olivenöl in einer beschichteten Pfanne erhitzen und die Brötchenwürfel darin goldbraun anbraten. Dann beiseite stellen. Die Champignons eventuell kurz waschen und in Scheiben schneiden. Die Zwiebel schälen und fein würfeln. Die Petersilie und den Schnittlauch waschen, trockenschütteln und klein schneiden. Den Blattspinat waschen und gründlich verlesen.

2 Den tropfnassen Blattspinat in einem Topf zugedeckt 2 Minuten dünsten. Mit Salz und Knoblauchpulver würzen. Anschließend in einem Sieb abtropfen lassen.

3 Das restliche Olivenöl in einer beschichteten Pfanne erhitzen. Die Zwiebeln darin unter Rühren anbraten. Die Champignons dazugeben. Dann die Zwiebel-Champignon-Mischung mit Salz, Pfeffer und Kümmelpulver abschmecken und alles 3 Minuten braten.

4 Den Backofen auf 220 Grad vorheizen. Den Emmentaler würfeln. Den Blattspinat hacken. Die saure Sahne, den Magerquark und die Eier in einer Schüssel gut verrühren, mit dem gehackten Spinat und den Kräutern mischen. Alles mit Salz und Pfeffer würzen.

**5** Die Hälfte der Spinat-Kräuter-Mischung in eine flache, feuerfeste Auflaufform einfüllen. Dann abwechselnd die Zwiebel-Champignon-Mischung, die Käsewürfel und die Brötchenwürfel in die Form schichten. Zum Schluß die restliche Spinat-Kräuter-Mischung über den Auflauf gießen.

**6** Den Brotauflauf auf die mittlere Schiene in den vorgeheizten Backofen stellen und darin 25 Minuten knusprig backen. Mit einem Tomatensalat oder einem knackigen Blattsalat servieren.

**Besonders lecker wird dieser Brotauflauf in einer großen flachen Form. Die Brötchenwürfel werden dann beim Überbacken schön knusprig.** **Tip**

# Pfifferlingsragout mit Semmelknödeln

*Die altbayerische Spezialität schmeckt sowohl mit frischen
Pfifferlingen als auch mit anderen Waldpilzen
vorzüglich. Wenn Sie keine Waldpilze erhalten, nehmen
Sie ganz einfach Zuchtpilze.*

**Bayerisch**

**Klassisches
Rezept
30 g Fett =** 10

**PfundsKur
Rezept
12 g Fett =** 4

| Vorbereiten: | 30 Min. |
| Garen: | 30 Min. |

| *Semmelknödel:* | |
| --- | --- |
| *6 Brötchen vom Vortag* | |
| *0,35 l* | *Milch* |
| *1* | *kleine Zwiebel* |
| *10 g* | *Butter, Petersilie* |
| *2* | *Eier* |
| | *Salz, Pfeffer* |
| *Muskat, Semmelbrösel* | |

| *Ragout:* | |
| --- | --- |
| *600 g* | *Pfifferlinge* |
| *1* | *Zwiebel* |
| *2* | *Knoblauchzehen* |
| | *Salz, Pfeffer* |
| *10 g* | *Öl* |
| *1/4 l* | *Milch* |
| *1/4 l* | *Gemüsebrühe* |
| *15 g* | *Mehl* |
| | *Kümmelpulver* |

**1** Brötchen halbieren, in Scheiben schneiden und in eine Schüssel geben. Milch erwärmen, darüber gießen und Brötchen darin kurz einweichen. Zwiebel schälen und würfeln. Butter in einem Topf erhitzen. Zwiebel darin glasig dünsten. Dann zu den Brötchen geben. Petersilie waschen, trockenschütteln und hacken. Brötchen, Eier, Petersilie, Salz, Pfeffer und Muskat zu einer festen Masse verarbeiten. Nach Bedarf mit etwas Semmelbröseln andicken.

**2** Pfifferlinge putzen, 2mal waschen und abtropfen lassen. Zwiebel und Knoblauch schälen und klein würfeln.

**3** In einem Topf Salzwasser zum Kochen bringen. Aus der Knödelmasse mit feuchten Händen 8 Klöße formen. Alle Klöße in das kochende Wasser geben, einmal aufkochen lassen, dann 15 Minuten ziehen lassen.

**4** Inzwischen in einer beschichteten Pfanne das Öl erhitzen. Zwiebel und Knoblauch darin anbraten. Pilze in die Pfanne geben und bei starker Hitze unter Rühren weiterbraten bis die entstandene Füssigkeit verdampft ist. Dann die Pfanne vom Herd nehmen und die Pilze mit Mehl bestäuben. Milch und Brühe in die Pfanne geben, glattrühren und wieder zum Kochen bringen. Das Pfifferlingsragout ca. 2 Minuten köcheln lassen. Dann mit Salz, Pfeffer und Kümmel würzen und zusammen mit den Semmelknödeln servieren.

# Gnocchi mit Lauch und Pilzen

*Für Gnocchi, die beliebten Klößchen aus der italienischen Küche,
gibt es, wie für alle typischen Spezialitäten, verschiedene
Zubereitungsarten. Diese Variante kommt mit gesundem Gemüse
und Pilzen auf den Tisch.*

**1** Für die Kartoffelgnocchi die Kartoffeln mit der Schale weich kochen. Pellen und noch warm durch eine Kartoffelpresse drücken. Ei, Salz, Muskat, Mehl und Hartweizengrieß zu den Kartoffeln geben und alles mit bemehlten Händen vorsichtig durchkneten, so daß ein geschmeidiger, nicht zu feuchter Teig entsteht, der nicht mehr klebt. Je nach Kartoffelsorte kann es sein, daß noch etwas Mehl zugegeben werden muß.

**2** Den Teig in 2 gleich große Stücke teilen und auf einem bemehlten Brett damit ca. 3 cm dicke Rollen formen. Diese Rollen in 2 cm lange Stücke teilen. Die Stückchen mit bemehlten Händen in ovale Klößchen formen und mit einer Gabel ein Muster eindrücken. In einem großen Topf reichlich Salzwasser zum Kochen bringen und zuerst die erste Hälfte, dann die zweite Hälfte Gnocchi darin ca. 2 Minuten sprudelnd kochen. Mit einem Drahtlöffel herausnehmen und in einem Sieb abtropfen lassen.

**3** Lauch und Pilze waschen und in feine Streifen schneiden. Die Zwiebel schälen und fein würfeln. In einer großen beschichteten Pfanne das Öl erhitzen. Zuerst die Zwiebel und dann den Lauch darin 2 Minuten anbraten, danach die Pilze zugeben und ca. 4 Minuten weiterbraten. Mit Salz und Pfeffer würzen. Zum Schluß die Gnocchi in die Pfanne geben und darin kräftig erwärmen. Dazu paßt ein schöner Salat.

| Herzhaft | | |
|---|---|---|
| **Klassisches Rezept** 18 g Fett = | | 6 |
| **PfundsKur Rezept** 6 g Fett = | | 2 |

| Vorbereiten: | 40 Min. |
|---|---|
| Garen: | 20 Min. |

### Kartoffel-Gnocchi:

| | |
|---|---|
| 500 g | Kartoffeln (mehlig kochend) |
| 1/2 | Ei |
| | Salz |
| | Muskat |
| 50 g | Mehl |
| 100 g | Hartweizengrieß |
| Mehl zum Arbeiten | |

### Garnitur:

| | |
|---|---|
| 300 g | Lauch |
| 300 g | Pilze |
| 1 | Zwiebel |
| 20 g | Öl |
| | Salz, Pfeffer |

# Fleisch

*Dank seiner raffinierten und vielseitigen Zubereitungs-arten ist Fleisch überall sehr beliebt. Es sollte, wenn mög-lich, nur bei einem Metzger des Vertrauens gekauft wer-den, dann ist eine gute Fleischqualität auch gewährleistet. Am besten direkt vom Erzeuger oder von ortsnaher Aufzucht kaufen.*

*Im Umgang mit Fleisch folgendes beachten: Bei der Zu-bereitung von Hähnchenteilen immer die kurze Garzeit be-denken. Pute möglichst nicht am Stück braten, denn bis die Keulen gar sind, trocknet das Brustfleisch aus. Vom Schwein ist die Schulter das zarteste Stück und eignet sich für Gulasch wunderbar. Das Fleisch aus der Keule sowie Rücken und Filet sind für Schnitzel sowie für Geschnetzel-tes ideal. Beim Rindfleisch sind nur das Filet und der Rücken zum Kurzbraten geeignet. Für Festtage sollten Sie die Keule von Lamm oder Wild im Ofen braten. Hackfleisch am besten vom Metzger frisch durch den Fleischwolf dre-hen lassen und noch am selben Tag zubereiten.*

117

# Böhmischer Sauerbraten

*Dieser leckere, böhmische Sauerbraten ist bei uns weniger bekannt.*
*Das Besondere daran ist das geraspelte Gemüse und*
*die helle Soße. Dazu werden traditionell Preiselbeeren serviert.*
*Die Marinierzeit beträgt mindestens 3 Tage.*

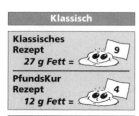

**Klassisch**

**Klassisches Rezept**
**27 g Fett =** 9

**PfundsKur Rezept**
**12 g Fett =** 4

**Marinieren:** **3 Tage**
**Zubereiten: 1 Std. 30 Min.**

| | |
|---|---|
| $1/2$ | Knollensellerie |
| 2 | Karotten |
| 1 | Lorbeerblatt |
| 20 | Wacholderbeeren |
| 20 | Pfefferkörner |
| 5 | Pimentkörner |
| | Bohnenkraut |
| 0,1 l | Essig |
| 800 g | Rinderschulter |
| 1 | Zwiebel |
| 50 g | roher Schinken |
| 1 Pck. | Rahmbratensoße |
| | Salz, Pfeffer |
| | Paprikapulver |
| 20 g | Mehl |
| 120 g | Schmand |
| | Zucker |

1 Sellerie und Karotten waschen, putzen und schälen. Sellerie vierteln. Für die Beize Gemüse mit 1 l Wasser In einem großen Topf zum Kochen bringen und 5 Minuten kochen lassen. Gewürze und Essig zugeben und Topf vom Herd nehmen. Rindfleisch darin zugedeckt 3 Tage an einem kühlen Ort einlegen.

2 Das Gemüse aus dem Topf nehmen. Das Fleisch mit der Beize in einen Schnellkochtopf geben, zum Kochen bringen und in 35 Minuten weich garen (Ventil bis zum 2. Ring). Dann den Herd ausschalten und den Druckabbau im Schnellkochtopf abwarten. Die Garzeit beträgt ohne Schnellkochtopf ca. 80 Minuten.

3 Den Backofen auf 80 Grad vorheizen. Das Gemüse grob raspeln und beiseite stellen. Das Bratenstück aus dem Topf nehmen und zugedeckt im Backofen warmhalten. Die Beize durch ein Sieb in einen Topf gießen.

4 Die Zwiebel schälen und in feine Würfel schneiden. Den Schinken würfeln. Beides in die Beize geben. Das Soßenpulver in die Beize schütten und glattrühren. Aufkochen lassen und mit Salz, Pfeffer und Paprika würzen. Das Mehl mit dem Schmand kalt anrühren und die kochende Soße damit binden. 5 Minuten kochen lassen. Mit dem Stabmixer aufschäumen. Zum Schluß das Gemüse wieder in den Topf geben. Die Soße mit etwas Zucker abrunden.

# Rheinischer Sauerbraten

*Der Sauerbraten nimmt in den Haushalten des*
*Rheinlands eine wichtige Stellung ein. Vergessen Sie nicht,*
*das Fleisch bereits 5 Tage vor der Zubereitung zu kaufen. Am*
*besten eignet sich das Blatt von der Rinderschulter dafür.*

**1** Gemüse schälen und grob würfeln. Zwiebel ebenso würfeln. Für die Beize in einem Topf 1 l Wasser mit Gemüse- und Zwiebelwürfeln aufkochen und 5 Minuten kochen lassen. Gewürze, Essig und Rotwein zugeben. Herd auschalten. Rindfleisch in die Beize geben und darin zugedeckt 5 Tage einlegen. Zwischendurch immer wieder wenden.

**2** Gemüse aus dem Topf nehmen. Fleisch mit Salz, Pfeffer und Paprika würzen. Fett in einem Schnellkochtopf erhitzen. Gemüse darin bei starker Hitze anrösten. Tomatenmark zugeben und weiter rösten. Wenn die Masse am Topfboden ansetzt, mit wenig Beize ablöschen. Vorgang 2–3 mal wiederholen. Dann mit 0,7 l Beize mit Gewürzkörnern auffüllen. Nach Belieben mit Wasser verdünnen. Rindfleisch in den Topf geben und ca. 35 Minuten garen. Ohne Schnellkochtopf dauert das Garen ca. 80 Minuten.

**3** Den Backofen auf 80 Grad vorheizen. Nach 35 Minuten den Herd ausschalten. Den Druckabbau im Schnellkochtopf abwarten. Das Fleisch herausnehmen. Zugedeckt im Ofen warmhalten. Die Soße durch ein Sieb geben und wieder zum Kochen bringen.

**4** Apfelkraut in der Soße mitkochen lassen. Mehl mit etwas kaltem Wasser anrühren, unter ständigem Rühren in die kochende Soße geben und 5 Minuten darin köcheln lassen. Soße mit Zucker und Rosinen abrunden.

**Klassisch**

**Klassisches Rezept** 27 g Fett = **9**

**PfundsKur Rezept** 15 g Fett = **5**

**Marinieren:** 5 Tage
**Zubereiten:** 1 Std 10 Min.

| | |
|---|---|
| 1/4 | Knollensellerie |
| 1 | Karotten |
| 1 | Zwiebel |
| 1 | Lorbeerblatt |
| 10 | Wacholderbeeren |
| 10 | Pfefferkörner |
| 5 | Pimentkörner |
| 2 | Nelken |
| 0,1 l | Essig |
| 0,1 l | Rotwein |
| 800 g | Rinderschulter |
| | Salz, Pfeffer, Paprika |
| 10 g | Pflanzenfett |
| 20 g | Tomatenmark |
| 20 g | Apfelkraut oder |
| | Apfelgelee |
| 20 g | Mehl, |
| | Zucker |
| 20 g | Rosinen |

# Rindsrouladen mit Gemüsefüllung

*Rindsrouladen sind sehr beliebt, weil sie aus Rindfleisch ein saftiges Vergnügen machen. Herkömmliche Rouladen erhalten eine Speckfüllung. Hier wird darauf verzichtet. Lassen Sie sich von diesem leckeren, fettarmen Rezept überraschen.*

**Aromatisch**

**Klassisches Rezept**
45 g Fett = 15

**PfundsKur Rezept**
15 g Fett = 5

**Vorbereiten:** 45 Min.
**Garen:** 25 Min.

| | |
|---|---|
| 4 | Rindsrouladen (à 150 g) |
| | Salz, Pfeffer Paprikapulver |
| 4 TL | Senf |
| 1/4 | Knollensellerie |
| 2 | Karotten |
| 4 | Frühlingszwiebeln |
| etwas | Petersilie |
| 0,1 l | Gemüsebrühe |
| 3 | Zwiebeln |
| 10 g | Pflanzenfett |
| 2 EL | Tomatenmark |
| 1/2 l | Fleischbrühe |

1 Die Rindsrouladen mit Salz, Pfeffer und Paprika würzen und mit Senf bestreichen. Das Gemüse waschen, putzen und in feine Streifen und Ringe schneiden. Die Petersilie waschen, trockenschütteln und fein hacken. Das Gemüse und die Petersilie in einem kleinen Topf mit der Gemüsebrühe 2 Minuten dünsten und danach abkühlen lassen.

2 Die Zwiebeln schälen und in feine Würfel schneiden. Das Fett in einem Schnellkochtopf erhitzen und die Zwiebeln darin kräftig anrösten. Das Tomatenmark dazugeben und weiterrösten. Wenn die Masse am Topfboden ansetzt, mit wenig Wasser ablöschen. Diesen Vorgang 2–3mal wiederholen, bis eine dunkle Masse entsteht. Danach mit der Fleischbrühe auffüllen, das Lorbeerblatt zugeben und die Soße leicht kochen lassen.

3 Die Rindsrouladen mit dem abgekühlten Gemüse belegen, seitlich etwas einschlagen, zusammenrollen und mit einem Zahnstocher oder Küchengarn fixieren. Dann die Rouladen unangebraten in die kochende Soße in den Topf legen. Mit dem passenden Topfdeckel verschließen und das Fleisch ca. 20 Minuten garen (Ventil bis zum 2. Ring). Ohne Schnellkochtopf dauert das Garen ca. 50 Minuten.

**4** Den Backofen auf 80 Grad vorheizen. Den Herd ausschalten und den Druckabbau im Schnellkochtopf abwarten. Danach die Roulanden entnehmen und zugedeckt im heißen Backofen warmhalten. Das Lorbeerblatt entfernen und die Soße mit einem Stabmixer cremig aufschäumen.

**5** Das Mehl mit dem Wein verrühren und die kochende Soße damit binden. Die Soße noch 5 Minuten köcheln lassen, mit Salz, Pfeffer und Paprika abschmecken. Nach Belieben mit 1 Prise Zucker abrunden. Die Soße über die Roulanden gießen.

**Wenn Sie Rindsrouladen nicht binden wollen, dann setzen Sie diese eng in einen kleinen Topf und gießen die kochende Soße darüber, dadurch bleiben sie aufgerollt.**

Tip

| 1 | Lorbeerblatt |
|---|---|
| | Zahnstocher oder Küchengarn |
| 20 g | Mehl |
| 0,1 l | Rotwein |
| | Zucker nach Belieben |

# Tafelspitz mit Meerrettichsoße

*Ein klassisches, unkompliziertes Fleischgericht, das einem auf der Zunge zergeht und mit einer köstlichen Soße, die besonders leicht herzustellen ist, serviert wird. Verlangen Sie bei Ihrem Metzger unbedingt Tafelspitz. Dieser ist mager und besonders zart.*

**Wiener Spezialität**

**Klassisches Rezept**
24 g Fett = 8

**PfundsKur Rezept**
9 g Fett = 3

**Vorbereiten:** 10 Min.
**Garen:** 55 Min.

|  |  |
|---|---|
| 1 | Möhre |
| $1/4$ | Knollensellerie |
| $1/2$ | kleine Lauchstange |
| 1 | Zwiebel |
| 5 | Pimentkörner |
| 3 | Nelken |
| 1 | Lorbeerblatt |
| | Salz, Pfeffer |
| | Muskat |
| 700 g | Tafelspitz |
| 6 | Scheiben Toastbrot |
| 0,3 l | Milch |
| 2 EL | Meerrettich |
| | Zucker |

1 Das Gemüse waschen und putzen. Das Gemüse und die Zwiebel mit den Gemüseschalen in den Schnellkochtopf geben und 1 l Wasser dazugießen. Die Gewürze zufügen und alles aufkochen lassen.

2 Den Tafelspitz in die kochende Brühe legen. Den Schnellkochtopf verschließen und das Fleisch 30 Minuten (2. Ring) darin garen. Ohne Schnellkochtopf dauert der Garvorgang ca. 60 Minuten. Danach den Topf vom Herd nehmen. Etwas abkühlen lassen.

3 Inzwischen das Toastbrot entrinden und in Würfel schneiden. Die Toastbrotwürfel in einem kleinen Topf mit der Milch bedecken und 15 Minuten stehen lassen.

4 Die Milch mit dem eingeweichten Brot erhitzen und mit dem Stabmixer fein pürieren. Den Meerrettich dazugeben. Mit Zucker abrunden und nicht mehr kochen lassen. Den Tafelspitz aus dem Schnellkochtopf nehmen und quer zur Faser in Scheiben schneiden. Mit der Meerrettichsoße servieren.

**Wenn Sie frischen Meerrettich verwenden möchten, nehmen Sie nur ein kleines Stück und übergießen dieses nach dem Reiben mit etwas heißer Fleischbrühe.**

Tip

# Wirsingauflauf

*Wirsing ist ein wunderbares Wintergemüse, das
in diesem Rezept zu einem herzhaften Auflauf verarbeitet wird.
Dabei werden die Wirsingblätter nicht zerkleinert,
sondern im Ganzen verwendet.*

**1** Vom Wirsing die äußeren Blätter entfernen. Mit einem spitzen Messer den Strunk großzügig herausschneiden. Den Wirsing waschen und in einen großen Topf in kochendes Wasser legen. Während das Wasser kocht, läßt sich Blatt für Blatt mit einer Gabel ablösen und dabei ist der Wirsing auch gleich vorgegart. Die harten Rippen entfernen und die Blätter beiseite legen.

**2** Zwiebeln und Sellerie schälen, in feine Würfel schneiden und diese in einem großen Topf im erhitzten Fett glasig dünsten. Das Hackfleisch dazugeben und unter Rühren kräftig rösten. Wenn es am Topfboden ansetzt, mit Weißwein ablöschen. Mit Salz, Pfeffer, Thymian und Muskat würzen.

**3** Sobald die Flüssigkeit verdampft ist, den Topf vom Herd nehmen. Eine feuerfeste Auflaufform mit Butter ausfetten und 2/3 der Wirsingblätter hineinschichten. Jede Schicht leicht salzen. Darauf das angebratene Hackfleisch verteilen und zum Schluß die restlichen Wirsingblätter darauf legen.

**4** Den Backofen auf 200 Grad vorheizen. Die Sahne mit der Milch verquirlen und über den Auflauf gießen. Den Schinken in feine Würfel schneiden und darüberstreuen. Den Wirsingauflauf Im Backofen auf der mittleren Schiene 30 Minuten garen.

| Winterlich | |
|---|---|
| **Klassisches Rezept** 42 g Fett = | 14 |
| **PfundsKur Rezept** 21 g Fett = | 7 |

| Vorbereiten: | 30 Min. |
|---|---|
| Garen: | 30 Min. |

| | |
|---|---|
| 1 | kleiner Kopf Wirsing |
| 2 | Zwiebeln |
| 200 g | Knollensellerie |
| 10 g | Pflanzenfett |
| 250 g | Rinderhackfleisch |
| 0,2 l | Weißwein |
| | Salz, Pfeffer |
| | Thymian |
| | Muskat |
| 10 g | Butter |
| 0,1 l | Sahne |
| 0,2 l | Milch |
| 60 g | roher Schinken |
| | Petersilie |

# Klößchen mit Meerrettichsoße

*Mit dieser Hackfleischmasse lassen sich alle Arten von Hackfleischgerichten problemlos zubereiten. Kaufen Sie bei Ihrem Metzger magere Rinds- und Schweineschulter und lassen Sie sich das Fleisch frisch durch den Fleischwolf drehen.*

| Würzig | |
|---|---|

| Klassisches Rezept 27 g Fett = | 9 |
| PfundsKur Rezept 18 g Fett = | 6 |

| Vorbereiten: | 20 Min. |
|---|---|
| Garen: | 35 Min. |

| | |
|---|---|
| 1 ¹/₂ | Brötchen vom Vortag |
| 1 | Zwiebel |
| 10 g | Pflanzenfett |
| je 250 g | durchgedrehte Rinder- und Schweineschulter |
| 1 | Ei, Semmelbrösel |
| | Salz, Pfeffer |
| | Paprika |
| | Thymian |

**Soße:**

| | |
|---|---|
| 20 g | Mehl |
| ¹/₄ l | Fleischbrühe |
| ¹/₄ l | Milch |
| 2 EL | Meerrettich |
| | Zitronensaft |
| 1 TL | Zucker |
| | Salz, Pfeffer, Muskat |
| 30 g | Sahne |

**1** Die Brötchen würfeln und in 0,1 l lauwarmem Wasser einweichen. Dann gut ausdrücken. Die Zwiebel schälen und in feine Würfel schneiden. In einer Pfanne das Fett erhitzen und die Zwiebeln darin glasig dünsten. Dann abkühlen lassen.

**2** Hackfleisch, Zwiebeln, eingeweichte Brötchen und Ei in eine Schüssel geben. Mit Salz, Pfeffer, Paprika und Thymian würzen und gut vermengen. Wenn die Hackfleischmasse zu feucht ist, etwas Semmelbrösel zufügen. In den Kühlschrank stellen.

**3** Für die Soße das Mehl in einem Topf ohne Fett 2 Minuten hell anrösten. Den Topf vom Herd nehmen und das Mehl 2 Minuten abkühlen lassen. Die Fleischbrühe und die Milch mischen und zu dem Mehl gießen. Die Soße mit einem Schneebesen glattrühren. und unter ständigem Rühren mit einem flachen Holzkochlöffel zum Kochen bringen. Meerrettich und Zitronensaft zufügen. Mit Zucker, Salz, Pfeffer und Muskat würzen und ca. 5 Minuten köcheln lassen. Dann mit der Sahne abrunden und die Soße warmstellen.

**4** In einem großen Topf reichlich Salzwasser zum Kochen bringen. Mit nassen Händen 8 Klöße aus der Hackfleischmasse formen. Die Klöße in das kochende Wasser geben und darin ca. 10 Minuten bei schwacher Hitze köcheln lassen. Herausnehmen und die Klöße in der Meerettichsoße servieren.

# Curry-Kalbfleischbällchen

*Ein raffiniertes Essen, das Sie mit
verschiedenen Gemüsesorten wunderbar kombinieren können.
Das Kalbshackfleisch am besten beim Metzger frisch
aus der Kalbsschulter herstellen.*

**1** Die Frühlingszwiebeln putzen, waschen und in Röllchen schneiden. Den unteren Teil vierteln. Das Brötchen in Würfel schneiden und in 0,1 l lauwarmem Wasser einweichen. Dann gut ausdrücken.

**2** Hackfleisch, eingeweichtes Brötchen und Ei in eine Schüssel geben. Mit Salz, Pfeffer und Salbei abschmecken und gut vermengen. Wenn die Masse zu feucht ist, wenig Semmelbrösel hinzufügen. Aus der Hackfleischmasse mit feuchten Händen 20 Bällchen formen und diese in den Kühlschrank stellen.

**3** Die Frühligszwiebeln mit der Butter und der Gemüsebrühe in einen Topf geben und zugedeckt 5 Minuten dünsten. Das Mehl mit der Milch und dem Curry verrühren und vorsichtig unter die Frühlingszwiebeln rühren. Alles ca. 5 Minuten leicht köcheln lassen. Mit Sherry, Salz und Pfeffer abschmecken.

**4** Die Kalbfleischbällchen in die leicht kochende Soße geben und darin 3 Minuten zugedeckt garen. Die Sesamsamen in einer beschichteten Pfanne kurz anrösten. Die Kalbfleischbällchen vorsichtig umrühren und mit dem gerösteten Sesam bestreuen.

| Edel | | |
| --- | --- | --- |
| **Klassisches Rezept** *36 g Fett =* | | 12 |
| **PfundsKur Rezept** *18 g Fett =* | | 6 |
| **Vorbereiten:** | | **30 Min.** |
| **Garen:** | | **25 Min.** |

| | |
| --- | --- |
| *1 Bund* | *Frühlingszwiebeln* |
| *1* | *Brötchen vom Vortag* |
| *400 g* | *Kalbshackfleisch* |
| *1* | *Ei* |
| | *Semmelbrösel nach Bedarf* |
| | *Salz, Pfeffer* |
| | *Salbei* |
| *10 g* | *Butter* |
| *0,3 l* | *Gemüsebrühe* |
| *20 g* | *Mehl* |
| *0,2 l* | *Milch* |
| *2 EL* | *Currypulver* |
| *5 cl* | *Sherry* |
| *20 g* | *Sesamsamen* |

# Spargelragout mit Brätklößchen

*Ein wohlschmeckendes, zartes Ragout, das sich
auch als Resteverwertung von Spargel sehr gut eignet. Besonders edel
wird das Ragout, wenn Sie zum Schluß noch in dünne Scheiben
geschnittene Champignons in die heiße Soße geben.*

| Edel | |
|---|---|
| **Klassisches Rezept** *36 g Fett =* | 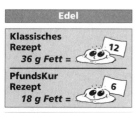 12 |
| **PfundsKur Rezept** *18 g Fett =* | 6 |

| Vorbereiten: | 30 Min. |
|---|---|
| Garen: | 30 Min. |

| | |
|---|---|
| *1* | *kleine Zwiebel* |
| *1* | *Scheibe Toastbrot* |
| *150 g* | *Kalbsbrät* |
| *1* | *Ei* |
| *500 g* | *Spargel* |
| | *Salz, Pfeffer* |
| | *Muskat* |
| *0,2 l* | *Milch* |
| *20 g* | *Mehl* |
| *50 g* | *Sahne* |
| | *Kerbel* |
| | *Worcestersoße* |
| *150 g* | *feine TK-Erbsen* |

1 Die Zwiebel schälen und fein würfeln. Das Toastbrot würfeln und in wenig kaltem Wasser einweichen. Dann ausdrücken und mit dem Kalbsbrät in eine Schüssel geben. Das Ei und die Zwiebel zufügen und alles zu einer geschmeidigen Masse verarbeiten.

2 Den Spargel waschen, schälen und in ca. 2 cm große Stücke schneiden. In einem Topf in 2 l Wasser zum Kochen bringen. Salz, Pfeffer und Muskat zufügen und die Spargelstücke darin ca. 10 Minuten bißfest garen. Mit einem Sieblöffel herausnehmen und beiseite stellen.

3 Inzwischen von der Brätmasse mit 2 Teelöffeln Nocken abstechen und diese zu Klößchen formen. Die Bratklößchen in das kochende Spargelwasser geben und darin ca. 5 Minuten köcheln lassen. Mit dem Sieblöffel herausnehmen und beiseite stellen.

4 Für die Soße 0,6 l von der Spargelbrühe abmessen und in einen Topf geben. Die Milch mit dem Mehl verquirlen, mit dem Schneebesen in die kochende Brühe rühren und 10 Minuten bei schwacher Hitze kochen.

5 Die Sahne in die Soße geben und mit dem Stabmixer aufschäumen. Mit Salz, Pfeffer, Muskat, Kerbel und Worcestersoße würzen. Die Erbsen in die Soße geben und 2 Minuten darin kochen lassen. Dann den Spargel und die Brätklößchen in die Soße geben.

# Schweinefleisch in Riesling

*Wo herrlicher Wein wächst, wird natürlich auch*
*das Schweinefleisch in Riesling zubereitet. Am besten eignet sich*
*die Schweineschulter dafür. Wer es etwas fetter mag, nimmt*
*dazu Schweinehals. Das sind pro Portion zwei Fettaugen mehr.*

**1** Das Gemüse waschen, schälen und in grobe Würfel bzw. Ringe schneiden. Die Zwiebeln schälen und in grobe Würfel schneiden. Das Schweinefleisch in mundgerechte Stücke schneiden und vom sichtbaren Fett befreien. Dann rundum kräftig mit Salz und Pfeffer einreiben.

**2** Den Backofen auf 220 Grad vorheizen. Den Riesling, das Gemüse, die Nelken und das Lorbeerblatt in einen Schmortopf geben. Das Fleisch darauf legen, den Topf mit dem Deckel verschließen und den Braten im Backofen 40 Minuten garen.

**3** Nach 40 Minuten den Deckel entfernen, alles kräftig umrühren und das Fleisch noch 20 Minuten offen schmoren lassen. Nach Belieben nochmals mit Salz und Pfeffer abschmecken. Nach Bedarf das Mehl mit dem Wein anrühren und die Soße damit andicken. Geeignete Beilagen sind Reis oder Kartoffeln.

| Herzhaft | |
|---|---|
| **Klassisches Rezept** 30 g Fett = | 10 |
| **PfundsKur Rezept** 9 g Fett = | 3 |

| **Vorbereiten:** | **10 Min.** |
|---|---|
| **Garen:** | **60 Min.** |

| | |
|---|---|
| 2 | Karotten |
| $^1/_4$ | Sellerieknolle |
| $^1/_2$ | Stange Lauch |
| 2 | Zwiebeln |
| 700 g | Schweineschulter |
| | Salz, Pfeffer |
| 3 | Nelken |
| 1 | Lorbeerblatt |
| 0,3 l | Riesling |
| 10 g | Mehl |
| 0,1 l | Riesling |

**Tip**

**Zum Schmoren eignet sich am besten ein schwerer Topf aus Gußeisen. Der Deckel sollte fest schließen, damit nicht zu viel Flüssigkeit verdampft und das Fleisch schön saftig bleibt. Wenn zu viel Flüssigkeit verdampft ist, sollten Sie, wenn Sie die letzten 20 Minuten offen schmoren, noch etwas Wein oder Brühe nachgießen.**

# Geschnetzeltes in Apfelwein

*Ein feines Rezept aus der rheinischen Küche, das auch*
*mit Apfelscheiben schmeckt. Das geschnetzelte*
*Fleisch niemals in der Soße mitkochen lassen. Denn das zarte*
*Schnitzelfleisch wird dadurch trocken.*

**Einfach und schnell**

**Klassisches Rezept**
18 g Fett = 6

**PfundsKur Rezept**
9 g Fett = 3

| Einweichen: | 8 Std. |
| Zubereiten: | 30 Min. |

| | |
|---|---|
| 100 g | Trockenpflaumen |
| 100 g | Trockenaprikosen |
| 500 g | Schweineschnitzel (Keule) |
| | Salz, Pfeffer |
| | Currypulver |
| 10 g | Öl |
| 5 g | Pflanzenfett |
| 2 | Zwiebeln |
| 1/4 l | Apfelwein (Most) |
| 1/4 l | Bratensoße |
| 60 g | Crème fraîche |
| 1 EL | Apfelmus |
| etwas | Senf nach Belieben |

1 Die Pflaumen und die Aprikosen waschen. In eine Schüssel geben und über Nacht in kaltem Wasser einweichen.

2 Die Schnitzel von Fett und Sehnen befreien und quer zur Faser in ca. 1 cm dicke Streifen schneiden. Dann das Fleisch mit Salz, Pfeffer und Curry würzen. In einer Schüssel mit dem Öl marinieren. Die Zwiebeln schälen, halbieren und in Scheiben schneiden. Die eingeweichten Trockenfrüchte in einem Sieb abtropfen lassen und zerkleinern.

3 In einem Topf das Fett erhitzen und die Zwiebeln darin anbraten. Mit dem Apfelwein und der Bratensoße ablöschen. (Eventuell 1/4 l Wasser und 1 Päckchen Bratensoße verwenden). Die zerkleinerten Trockenfrüchte in die Soße geben und darin ca. 10 Minuten köcheln lassen.

4 Eine große beschichtete Pfanne erhitzen und das marinierte Fleisch darin 2 Minuten kräftig anbraten. Dann das Fleisch in die Soße geben und alles mit der Crème fraîche und dem Apfelmus verfeinern. Nach Belieben mit etwas Senf abschmecken. Nicht mehr kochen lassen und sofort servieren.

**Gute Trockenfrüchte gibt es in sehr weicher Qualität. Hier genügt auch eine Einweichzeit von 60 Minuten. Nehmen Sie dazu warmes Wasser.**

Tip

# Gulasch vom Schwein

*Eine beliebte, schnelle Mahlzeit, die sich gut aufwärmen läßt.*
*Dafür kein Fleisch von der Keule verwenden, denn es wird zu trocken.*
*Am saftigsten wird das Gulasch mit Schweineschulter.*
*Kaufen Sie bei ihrem Metzger das Bugblatt.*

**1** Die Karotten waschen und schälen. Die Zwiebeln schälen. Beides in grobe Würfel schneiden. Das Fett in einem großen Topf erhitzen und die Karotten- und Zwiebelwürfel darin glasig werden lassen.

**2** Das Schweinefleisch vom sichtbaren Fett befreien. In mundgerechte Stücke schneiden und rundum kräftig mit Salz und Pfeffer einreiben. Die Fleischwürfel in den Topf zu den Zwiebeln geben und kräftig weiterbraten.

**3** Nach 5 Minuten die Fleischmischung mit Paprika bestreuen, kurz umrühren und sofort mit dem Essig ablöschen. Das Tomatenmark zufügen und 2 Minuten rösten. Das Mehl darüber stäuben. Die Fleischbrühe zugießen, die Soße glattrühren und das Gulasch unter ständigem Rühren zum Kochen bringen. Mit Majoran und Kümmel abschmecken und das Lorbeerblatt zufügen.

**4** Das Schweinegulasch bei schwacher Hitze 1 Stunde garen. Zum Schluß mit Rotwein und Schmand verfeinern.

| Würzig | | |
|---|---|---|
| **Klassisches Rezept** 24 g Fett = | | 8 |
| **PfundsKur Rezept** 12 g Fett = | | 4 |

| **Vorbereiten:** | **10 Min.** |
|---|---|
| **Garen:** | **60 Min.** |

| | |
|---|---|
| 2 | Karotten |
| 3 | Zwiebeln |
| 10 g | Pflanzenfett |
| 700 g | Schweineschulter |
| | Salz, Pfeffer |
| 2 EL | Paprikapulver, edelsüß |
| 1 EL | Weinessig |
| 2 EL | Tomatenmark |
| 10 g | Mehl |
| 0,6 l | kalte Fleischbrühe |
| | Majoran |
| | Kümmelpulver |
| 1 | Lorbeerblatt |
| 0,1 l | Rotwein |
| 50 g | Schmand |

**Wenn Sie dieses Gulasch zusammen mit einem Sauerkraut servieren, haben Sie ein köstlich schmeckendes Szegediner Gulasch.**

tip

# Italienische Schweineröllchen

*Ein schnelles Pfannengericht, das auch ohne Soße gut ist.
Dann verringert sich die Garzeit auf 5 Minuten. Die getrockneten
Tomaten erhalten Sie im Supermarkt, im Feinkostladen
oder auf den Wochenmärkten.*

**Schnelles Pfannengericht**

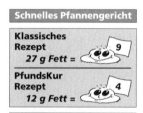

| Klassisches Rezept 27 g Fett = | 9 |
|---|---|
| PfundsKur Rezept 12 g Fett = | 4 |

| **Vorbereiten:** | **10 Min.** |
|---|---|
| **Garen:** | **15 Min.** |

| 100 g | getrocknete Tomaten in Öl |
|---|---|
| 30 g | Parmesan |
| 4 | Basilikumblättchen |
| 16 | Schweinerücken- schnitzel (à 40 g) |
| 4 | Scheiben magerer, roher Schinken |
| | Holzstäbchen |
| | Salz, Pfeffer |
| 10 g | Olivenöl |
| 1 Dose | Pizzatomaten |
| 1/4 | Brühwürfel |
| 0,1 l | Weißwein |
| | Zucker |

1 Die getrockneten Tomaten abtropfen lassen und fein hacken. Den Parmesan reiben. Die Basilikumblätter waschen, trockenschütteln und hacken. Tomaten, Parmesan und Basilikum mit dem Stabmixer oder in der Küchenmaschine pürieren.

2 Die Schnitzel auf die Arbeitsplatte legen und mit einem Fleischklopfer vorsichtig klopfen. Den Schinken jeweils in 4 Stücke schneiden. Diese auf die Schnitzel legen und leicht anklopfen. Mit der Tomatenpaste bestreichen. Das Fleisch aufrollen und immer 4 Röllchen auf einen Spieß stecken. Mit Salz und Pfeffer würzen.

3 Den Backofen auf 80 Grad vorheizen. Das Olivenöl in einer beschichteten Pfanne erhitzen und die Fleischröllchen darin auf jeder Seite ca. 2 Minuten anbraten. Herausnehmen und im Backofen warmstellen.

4 Die Pizzatomaten in die heiße Pfanne geben. Mit Salz und Pfeffer würzen und etwas einkochen lassen. Mit dem Wein und etwas Zucker nach Belieben abrunden. Die Fleischröllchen auf die Tomatensoße setzen und servieren.

**Sie können die Röllchen auch einzeln auf Zahnstocher stecken. Dann eignen sie sich besonders als Schmankerl am warmen Bufett.** Tip

# Hohenloher Möhrenfleisch

*Ein saftiges Gulasch aus magerem Schweinefleisch.*
*Der besondere Geschmack entsteht durch das Mitkochen von Karotten*
*und Äpfeln. Beide geben diesem Fleisch einen süßlich-würzigen*
*Geschmack, der noch mit ein wenig Curry verfeinert wird.*

**1** Fleisch in mundgerechte Stücke schneiden und rundum mit Salz und Pfeffer kräftig einreiben. Zwiebeln schälen und in Scheiben schneiden. In einem großen Topf das Fett erhitzen und die Zwiebelscheiben darin unter Rühren glasig anbraten.

**2** Das gewürzte Fleisch zu den heißen Zwiebeln in den Topf geben und kräftig weiterbraten. Nach 5 Minuten mit der Fleischbrühe ablöschen und alles 30 Minuten bei schwacher Hitze köcheln lassen.

**3** Inzwischen die Karotten waschen, schälen und in 1/2 cm dicke Scheiben schneiden. Den Apfel schälen, vierteln und vom Kerngehäuse befreien. Dann die Viertel in Scheiben schneiden.

**4** Karotten- und Apfelscheiben zum Fleisch in den Topf geben und noch 20 Minuten kochen lassen. Das Mehl mit dem Weißwein verrühren und damit das Fleischgericht binden. Mit Curry würzen und noch 5 Minuten kochen lassen. Inzwischen die Petersilie waschen, trockenschütteln und hacken. Dann das Möhrenfleisch damit bestreuen.

| Würzig | | |
|---|---|---|
| Klassisches Rezept 24 g Fett = | | 8 |
| PfundsKur Rezept 9 g Fett = | | 3 |

| Vorbereiten: | 10 Min. |
|---|---|
| Garen: | 60 Min. |

| | |
|---|---|
| 500 g | magere Schweine-schulter |
| | Salz, Pfeffer |
| 3 | Zwiebeln |
| 10 g | Pflanzenfett |
| 1/2 l | Fleischbrühe |
| 500 g | Karotten |
| 1 | kleiner Apfel |
| 10 g | Mehl |
| 0,1 l | Weißwein |
| | Currypulver |
| 1/2 Bund Petersilie | |

**Sie können das Schweinefleisch durch Kalb- oder Hähnchenfleisch ersetzen. Vom Hähnchen allerdings nur die Keulen verwenden und wie in Schritt 2 beschrieben verfahren. Die Garzeit beträgt 10 Minuten.**

# Rheinischer Schinkenpfannkuchen

*Diese Abwandlung des Speckpfannkuchens schmeckt vorzüglich.*
*Allerdings bleiben etliche Fettaugen erhalten. Deshalb unbedingt eine*
*beschichtete Pfanne verwenden. Die Menge ist als Hauptgang gedacht.*
*Ein frischer, knackiger Salat schmeckt dazu besonders gut.*

**Deftig und schnell**

**Klassisches Rezept**
**42 g Fett =** 14

**PfundsKur Rezept**
**24 g Fett =** 8

**Vorbereiten:** 30 Min.
**Garen:** 30 Min.

| | |
|---|---|
| 4 | Eier |
| 250 g | Mehl |
| 1/2 l | Milch |
| | Salz, Pfeffer |
| | Muskat |
| | Zucker |
| 100 g | gekochter, magerer Schinken |
| 100 g | roher, magerer Schinken |
| 150 g | Lauch |
| 1 Dose Pizzatomaten | |
| 50 g | Pflanzenfett |
| 1/2 Bund Petersilie | |

1 Eier mit Mehl und Milch zu einem glatten Pfannkuchenteig verrühren. Den Teig mit Salz, Pfeffer, Muskat und Zucker würzen.

2 Den Schinken in Streifen schneiden. Den Lauch putzen, waschen und in Ringe schneiden. Die Pizzatomaten in ein Sieb geben und darin abtropfen lassen.

3 Den Lauch in einem Topf in 10 g erhitztem Fett glasig dünsten. Nach 2 Minuten die Schinkenstreifen zugeben. Nach 1 Minute die Pizzatomaten untermischen. Dann den Topf vom Herd nehmen und beiseite stellen.

4 Eine beschichtete Pfanne erhitzen, 5 g Fett hineingeben und schmelzen lassen. Vom Pfannkuchenteig 1 Schöpfkelle in die Pfanne geben. Den Teig darin verteilen, so daß der Pfannenboden bedeckt ist. Von der Schinken-Gemüse-Mischung 1/4 darauf geben und flach verteilen, damit sich alles mit dem Teig verbindet. Den Pfannkuchen ca. 2 Minuten knusprig backen, dann wenden. Erneut 5 g Fett zugeben und den Pfannkuchen weitere 2 Minuten backen.

5 Inzwischen den Backofen auf 80 Grad vorheizen und den Pfannkuchen darin warmhalten. Aus dem restlichen Pfannkuchenteig und der Schinken-Gemüse-Mischung 3 weitere Pfannkuchen backen und warmhalten. Die Petersilie waschen, trockenschütteln und hacken. Die Pfannkuchen damit bestreuen.

# Lammbraten

*Dieses Lammgericht schmeckt auch ohne Knoblauch wunderbar.*
*Dafür Lammschulter oder Lammkeule nehmen. Bei der Lammkeule den*
*Mittelknochen vom Metzger herauslösen lassen*
*und alles sichtbare Fett abschneiden.*

**1** Karotten und Sellerie waschen und mit den Zwiebeln schälen und in grobe Würfel schneiden. Den Lauch putzen, waschen und in grobe Streifen schneiden. Fleisch rundum kräftig mit Salz, Pfeffer, Curry und Thymian einreiben. Backofen auf 220 Grad vorheizen.

**2** Gemüse, Zwiebeln und ¹/₂ l Wasser in einen Schmortopf geben. Fleisch darauf setzen und zugedeckt im heißen Ofen ca. 45 Minuten garen.

**3** Inzwischen die Kartoffeln waschen und mit der Schale im Schnellkochtopf ca. 20 Minuten garen. Herausnehmen, schälen und in einer Schüssel mit Salz, dem gehackten Rosmarin und dem Olivenöl vermischen.

**4** Den Lammbraten aus dem Topf nehmen und auf ein tiefes Backblech setzen. Die Soße beiseite stellen. Die Kartoffeln rund um das Fleisch legen und alles erneut im heißen Ofen noch 25 Minuten bräunen lassen. Dabei das Fleisch nach ca. 15 Minuten umdrehen.

**5** Inzwischen die Soße im Topf etwas ruhen lassen. Das Fett abschöpfen und mit Küchenpapier bis zum letzten Fettrest entfetten. Das Gemüse mit dem Stabmixer zerkleinern, so erhält die Soße genügend Bindung. Mit Salz und Pfeffer würzen. Falls die Soße noch zu flüssig ist, das Mehl mit dem Wein verrühren und die Soße damit andicken.

**Einfach und würzig**

**Klassisches Rezept**
30 g Fett = 🙂 **10**

**PfundsKur Rezept**
15 g Fett = 🙂 **5**

**Vorbereiten:** 10 Min.
**Garen:** 1 Std. 10 Min.

| | |
|---|---|
| 2 | Karotten |
| ¹/₄ | Knollensellerie |
| 2 | Zwiebeln |
| ¹/₂ | Stange Lauch |
| 800 g | Lammschulter oder Lammkeule |
| | Salz, Pfeffer |
| | Currypulver |
| | Thymian |
| 600 g | Kartoffeln |
| | frischer, gehackter Rosmarin |
| 1 EL | Olivenöl |
| 20 g | Mehl |
| 0,1 l | Rotwein nach Bedarf |

# Lammfilet mit Kräuterkruste

*Der Lammrücken wird durch die richtige Garmethode
zum saftigen und zarten Fleischgenuß. Lassen Sie sich den
Lammrücken filieren und bereiten Sie, eventuell am Vortag, mit den
Knochen eine leckere Soße zu (siehe Grundkochbuch).*

| Edel | | |
|---|---|---|

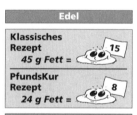

**Klassisches Rezept**
45 g Fett = 15

**PfundsKur Rezept**
24 g Fett = 8

| Vorbereiten: | 30 Min. |
|---|---|
| Garen: | 15 Min. |

| | |
|---|---|
| 600 g | *Lammrückenfilets* |
| | *Salz, Pfeffer* |
| 10 g | *Olivenöl* |
| 60 g | *Butter* |
| 1 | *Eigelb* |
| 1 EL | *Senf* |
| 1 1/2 EL | *Semmelbrösel* |
| | *Petersilie* |
| | *Rosmarin* |
| | *Thymian* |
| | *Estragon* |
| | *Muskat* |
| 1/2 | *Brötchen vom Vortag* |

**1** Die Lammrückenfilets salzen und pfeffern. Mit dem Olivenöl marinieren. Eine Pfanne erhitzen und die Filets darin rundum 4 Minuten anbraten. Die Filets beiseite stellen und abkühlen lassen.

**2** Die Butter in einem kleinen Topf zerlassen und so lange kochen, bis sie geklärt ist. Dabei darauf achten, daß sie nicht zu dunkel wird. Dann zum Abkühlen beiseite stellen.

**3** Die abgekühlte Butter mit dem Eigelb und dem Senf verrühren und mit den Semmelbröseln binden. Nicht zuviel Semmelbrösel verwenden, denn die Masse dickt noch etwas nach und soll streichfähig bleiben.

**4** Den Backofen auf 240 Grad vorheizen. Die Kräuter waschen, trockenschütteln, hacken und unter die Masse rühren. Mit Salz, Pfeffer und Muskat würzen. Das Brötchen in sehr feine Würfel schneiden und auf einen Teller geben. Die Lammrückenfilets mit der Kräutermasse bestreichen und in die Brötchenwürfel drücken.

**5** Die garnierten Filets auf ein Backblech oder in eine Auflaufform legen und auf der mittleren Schiene im heißen Ofen 15 Minuten backen. Die Lammrückenfilets aus dem Ofen nehmen, auf einer vorgewärmten Platte anrichten und sofort servieren.

# Irischer Lammeintopf

*Der klassische Eintopf Irish Stew
wird mit reichlich Weißkraut, Kartoffeln, Zwiebeln und
geräuchertem Bauchspeck zubereitet.
Am besten eignet sich dazu Lammschulter.*

**1** Das Lammfleisch in 2 cm große Würfel schneiden und das sichtbare Fett entfernen. Die Zwiebeln schälen und in Scheiben schneiden. Die Karotten waschen, schälen und in Scheiben schneiden. Den Weißkohl putzen, waschen und in Streifen schneiden. Die Kartoffeln waschen, schälen und würfeln.

**2** Einen großen Topf mit den Speckscheiben auslegen. Schichtweise Lammfleischwürfel, Zwiebel- und Karottenscheiben, Weißkohlstreifen und Kartoffelwürfel darauf legen. Jede Schicht mit Salz, Pfeffer, Muskat und Kümmelpulver bestreuen.

**3** In einem separaten Topf 1,2 l Wasser mit den Brühwürfeln zum Kochen bringen. Den Eintopf mit der heißen Brühe auffüllen, bis Fleisch und Gemüse bedeckt sind.

**4** Den Lammeintopf langsam zum Kochen bringen und zugedeckt 1 Stunde 30 Minuten köcheln lassen. Dabei nicht umrühren.

**5** Inzwischen die Petersilie abbrausen, trockenschütteln und fein hacken. Den gegarten Lammeintopf in eine Suppenterrine geben und mit der Petersilie bestreut servieren.

| Herzhaft | |
|---|---|
| **Klassisches Rezept** *36 g Fett =* | 12 |
| **PfundsKur Rezept** *12 g Fett =* | 4 |

| **Vorbereiten:** | **25 Min.** |
|---|---|
| **Garen:** | **1 Std. 3o Min.** |

| | |
|---|---|
| 600 g | magere Lammschulter |
| 4 | mittlere Zwiebeln |
| 2 | Karotten |
| 750 g | Weißkohl |
| 500 g | Kartoffeln |
| 60 g | geräucherter Bauchspeck in Scheiben |
| | Salz, Pfeffer |
| | Muskat |
| | Kümmelpulver |
| 2 | Brühwürfel |
| | Petersilie |

# Zitronen-Kräuter-Hähnchen

*Hähnchen ist in der schnellen Küche sehr beliebt. Dabei sollten Sie beachten, daß gefrorene Hähnchen vor der Zubereitung aufgetaut werden müssen. Das Auftauwasser stets wegschütten und sowohl Arbeitsfläche als auch die Schüssel anschließend gut reinigen.*

### Mediterran

**Klassisches Rezept**
42 g Fett = 14

**PfundsKur Rezept**
21 g Fett = 7

**Vorbereiten:** 10 Min.
**Garen:** 30 Min.

| | |
|---|---|
| 2 | Karotten |
| 150 g | grüne Bohnen (frisch oder TK) |
| 2 | Knoblauchzehen |
| 4 | Hähnchenkeulen |
| | Salz, Pfeffer |
| | Currypulver |
| | Petersilie |
| | Dill |
| | provenzalische Kräuter |
| 10 g | Öl |
| 1/4 l | Fleischbrühe |
| etwas | Zitronensaft |
| 1 Prise Zucker | |

1 Die Karotten waschen, schälen und in feine Stifte schneiden. Die Bohnen putzen, waschen und in 2 cm lange Stücke schneiden. Die Knoblauchzehen schälen und fein würfeln.

2 Die Hähnchenkeulen mit Salz, Pfeffer, Curry und der Kräutermischung würzen. In einer beschichteten Pfanne das Öl erhitzen und die Hähnchenkeulen darin bei mittlerer Hitze zugedeckt 15 Minuten braten. Dabei immer wieder wenden.

3 Backofen auf 80 Grad vorheizen. Hähnchenkeulen noch 10 Minuten offen bei starker Hitze bräunen lassen. Keulen aus der Pfanne nehmen und im Ofen warmstellen. Bratfett abgießen. Gemüse und Knoblauch in die Pfanne geben, kurz anbraten, mit der Fleischbrühe ablöschen und zugedeckt 5 Minuten leicht köcheln lassen.

4 Das Gemüse mit dem Zitronensaft und dem Zucker abschmecken und mit den Hähnchenkeulen servieren.

**Wenn Sie dieses Gericht mit Hähnchen- oder Putenschnitzeln zubereiten, sparen Sie pro Portion 2 Fettaugen, die sich sonst unter der Haut verstecken. Die Schnitzel nur 4 Minuten in einer offenen Pfanne braten.**

Tip

# Ente à l´Orange

*Ein Klassiker aus Frankreich, der normalerweise mit viel Butter zubereitet wird. Diese Ente wird mit wesentlich weniger Fett zubereitet und schmeckt trotzdem köstlich. Das Gericht ist viel zu lecker, um es nur an Weihnachten auszuprobieren.*

**1** Backofen auf 250 Grad vorheizen. Ente innen und außen mit Salz, Pfeffer, Salbei und Estragon einreiben. Zwiebel, Karotten und Sellerie schälen und würfeln. In einen Bräter 1/2 l Wasser geben. Ente mit der Brust nach oben hinein legen. Zwiebeln, Sellerie und Karotten rund um das Fleisch verteilen.

**2** Ente zugedeckt im Ofen 30 Minuten garen. Dann die Temperatur auf 180 Grad reduzieren und die Ente 20 Minuten weitergaren. Orangen waschen, 2 Orangen auspressen und den Saft beiseite stellen. Schale von 1/2 Orange dünn abschälen, in Streifen schneiden und beiseite legen. Von den übrigen Orangen die Filets herauslösen.

**3** Den Bräter aus dem Ofen nehmen, die Ente vorsichtig herausheben und mit der Brust nach oben auf ein Backblech setzen. Mit dem Orangenlikör übergießen. Den Ofen auf 220 Grad schalten und die Ente darin in 30 Minuten knusprig bräunen.

**4** Inzwischen den Bratensaft durch ein Sieb in einen Topf gießen, dabei etwas Gemüse mit durchdrücken. Die Soße kurz ruhen lassen, dann entfetten. Die Soße zum Kochen bringen und etwas einkochen. Orangensaft zufügen. Mit dem Essig abschmecken und mit dem Schmand und den Orangenfilets verfeinern. Die Ente aus dem Ofen nehmen und auf einer Platte anrichten. Mit der Soße überziehen und mit der Orangenschale verzieren.

| Klassisch | |
|---|---|
| **Klassisches Rezept** 45 g Fett = | 15 |
| **PfundsKur Rezept** 18 g Fett = | 6 |

| Vorbereiten: | 30 Min. |
|---|---|
| Garen: | 1 Std. 20 Min. |

| | |
|---|---|
| 2,2 kg | küchenfertige Ente |
| | Salz, Pfeffer |
| | Salbei |
| | Estragon |
| 1 | Zwiebel |
| 100 g | Karotten |
| 100 g | Sellerie |
| 4 unbehandelte Orangen | |
| 20 cl | Grand Marnier |
| 1 EL | Essig |
| 50 g | Schmand |

# Gefüllte Ente

*Wegen der Brötchenfüllung können Sie bei diesem Entenbraten auf eine Beilage verzichten. Durch die Garmethode im geschlossenen Bräter reduziert sich das Fett unter der Haut und die Ente muß nicht zuerst mit der Brust nach unten angebraten werden.*

| Beliebt | |
|---|---|
| **Klassisches Rezept** *42 g Fett =* | 14 |
| **PfundsKur Rezept** *18 g Fett =* | 6 |

| **Vorbereiten:** | **15 Min.** |
|---|---|
| **Garen:** | **1 Std 40 Min.** |

| | |
|---|---|
| 2,2 kg | küchenfertige Ente |
| | Salz, Pfeffer |
| | Salbei |
| | Estragon |
| 2 | Brötchen vom Vortag |
| 1 | Apfel |
| 1 | Ei |
| | Semmelbrösel nach Bedarf |
| 1 | Zwiebel |
| 100 g | Karotten |
| 100 g | Sellerie |
| | Zahnstocher oder Küchengarn |

1 Die Ente vom sichtbaren Fett befreien und waschen. Innen und außen kräftig mit Salz, Pfeffer, Salbei und Estragon einreiben. Die Brötchen in feine Scheiben schneiden und mit lauwarmem Wasser einweichen. Den Apfel schälen, vom Kerngehäuse befreien und in kleine Würfel schneiden.

2 Die eingeweichten Brötchen ausdrücken und mit dem Apfel und dem Ei zu einer Knödelmasse verarbeiten. Mit Salz und Pfeffer würzen und bei Bedarf mit etwas Semmelbröseln andicken. Die Zwiebel und das Gemüse schälen und in grobe Stücke schneiden. In einen Bräter 1/2 l Wasser geben.

3 Den Backofen auf 250 Grad vorheizen. Die Ente mit der Brötchenmasse nicht zu prall füllen. Mit Zahnstochern oder Küchengarn verschließen. Die Ente mit der Brust nach oben in den Bräter legen. Die vorbereiteten Gemüse- und Zwiebelstücke um das Fleisch verteilen.

4 Den Bräter mit dem Deckel verschließen und die Ente im vorgeheizten Backofen 30 Minuten garen. Danach die Temperatur auf 180 Grad zurückschalten und die Ente weitere 50 Minuten braten.

**5** Den Backofen auf 220 Grad schalten. Den Bräter aus dem Ofen nehmen. Die Ente vorsichtig herausheben und mit der Brust nach oben auf ein Backblech setzen. Wieder in den Backofen schieben und 20 Minuten knusprig bräunen. Ständiges Übergießen ist bei dieser Garmethode nicht nötig.

**6** Inzwischen den Bratensaft durch ein Haarsieb in einen Topf gießen, dabei das Gemüse mit durchdrücken. Etwas ruhen lassen und dann das Fett abschöpfen. Die Soße zum Kochen bringen, leicht einkochen lassen und mit Salz und Pfeffer abschmecken. Die Ente auf einer Platte anrichten, mit der Soße überziehen und die Füllung als Beilage dazu reichen.

# Kaninchen toskanische Art

*Ob Schwein, Wild oder Geflügel, Fleisch schmort in der Toskana
meist lange im Ofen. Dabei erhält der leckere Braten oft
eine Kräuterfüllung. Für dieses Rezept wird nur wenig Olivenöl
verwendet, und das Fett wird von der Soße abgeschöpft.*

| Südländisch | |
|---|---|

| Klassisches Rezept 24 g Fett = | 8 |
|---|---|
| PfundsKur Rezept 15 g Fett = | 5 |

| Vorbereiten: | 20 Min. |
|---|---|
| Garen: | 1 Std. 40 Min. |

| 2 | Zwiebeln |
|---|---|
| 4 | Knoblauchzehen |
| 1 | Karotte |
| 1/4 | Knollensellerie |
| 1 | kleines, küchenfertiges Kaninchen |
| | Salz, Pfeffer |
| | Rosmarin |
| | Salbei |
| | Lorbeer |
| 10 g | Olivenöl |

**1** Zwiebeln, Knoblauch, Karotte und Sellerie schälen und in grobe Würfel schneiden. Kaninchen waschen, trockentupfen und mit Salz und Pfeffer würzen. Rosmarin, Salbei und Lorbeer waschen, trockenschütteln und zerpflücken. Das Kaninchen damit füllen. Das Fleisch mit Olivenöl bestreichen.

**2** Den Backofen auf 220 Grad vorheizen. In einen Schmortopf 1/2 l Wasser gießen und das gefüllte Kaninchen hinein legen. Zwiebeln, Knoblauch, Karotten und Sellerie rund um das Fleisch legen. Den Schmortopf mit dem passenden Deckel verschließen und auf den Backofenboden stellen. Das Kaninchen im heißen Backofen 30 Minuten schmoren.

**3** Nach 30 Minuten die Temperatur auf 150 Grad zurückschalten und das Kaninchen weitere 30 Minuten schmoren. Zum Schluß den Deckel entfernen und das Fleisch noch 30–50 Minuten bräunen. Den Bratensaft in einem kleinen Topf beiseite stellen, entfetten und das Fleisch damit begießen.
▪ **Ergibt 6 Portionen.**

Die gesamte Schmorzeit richtet sich immer
nach der Größe des Bratens. Ein kleines Kaninchen
benötigt weniger Garzeit als ein größeres.

**Tip**

# Wildhasenragout mit Gemüse

*Beim Zubereiten des Ragouts nur ein Drittel des*
*Gemüses zur Herstellung der Soße verwenden. Das restliche*
*Gemüse kommt erst ganz zum Schluß*
*als Geschmacks- und Vitaminlieferant hinzu.*

**1** Die Hasenkeulen von Haut und Knochen befreien, in 2 cm große Würfel schneiden und mit Salz, Pfeffer, Paprika und Thymian würzen. Das Fleisch in den Kühlschrank stellen. Die Zwiebeln schälen und grob würfeln. Karotten und Sellerie schälen und grob würfeln. Den Bauchspeck fein würfeln.

**2** In einem Schmortopf das Fett erhitzen und darin je 1/3 Zwiebeln und Gemüse mit dem Speck anrösten. Das Tomatenmark unterrühren und weiterrösten. Wenn die Gemüse-Tomatenmark-Mischung am Topfboden leicht ansetzt, mit wenig Wasser ablöschen. Dabei die Kruste am Topfboden mit einem flachen Holzkochlöffel lösen. Diesen Vorgang 3mal wiederholen, damit die Soße später eine schöne dunkle Färbung erhält.

**3** Den Topf vom Herd nehmen. Die Soße mit dem Mehl bestäuben und gleich mit der Fleischbrühe auffüllen, glattrühren und unter ständigem Rühren mit dem Holzkochlöffel wieder zum Kochen bringen. Den Rotwein und die Fleischwürfel in den Topf legen. Salzen und pfeffern. Das Lorbeerblatt, die Wacholderbeeren und die Nelke hinzufügen. Das Fleisch in 30 Minuten weichkochen.

**4** Zum Schluß das restliche Gemüse in die Soße geben und noch einmal 10 Minuten kochen. Das Wildhasenragout mit dem Zucker, dem Essig und der Sahne abschmecken.

| Aromatisch | |
|---|---|
| **Klassisches Rezept** 24 g Fett = | 8 |
| **PfundsKur Rezept** 12 g Fett = | 4 |

| Vorbereiten: | 30 Min. |
|---|---|
| Garen: | 40 Min. |

| | |
|---|---|
| 2 | Wildhasenkeulen |
| | Salz, Pfeffer |
| | Paprikapulver |
| | Thymian |
| 2 | Zwiebeln |
| 2 | Karotten |
| 1/4 | Knollensellerie |
| 30 g | geräucherter Bauchspeck |
| 10 g | Pflanzenfett |
| 2 EL | Tomatenmark |
| 20 g | Mehl |
| 0,3 l | kalte Fleischbrühe |
| 0,1 l | Rotwein |
| 1 | Lorbeerblatt |
| 10 | Wacholderbeeren |
| 1 | Nelke |
| 1/2 TL | Zucker |
| 1 TL | Essig |
| 60 g | Sahne |

# Kalbsleber mit Rotweinzwiebeln

*Kalbsleber mit Zwiebeln ist eine klassische Verbindung
und in vielen Regionen beliebt.
Die Zwiebeln schmoren in Rotwein und die Leber
darf nur kurz gebraten werden.*

**Aromatisch**

**Klassisches
Rezept
24 g Fett =** 8

**PfundsKur
Rezept
15 g Fett =** 5

**Vorbereiten:** **10 Min.**
**Garen:** **35 Min.**

| | |
|---|---|
| 600 g | kleine Zwiebeln |
| 20 g | Öl |
| 0,3 l | Rotwein |
| | Zimt |
| 5 | Pimentkörner |
| 3 | Nelken |
| 1 | Lorbeerblatt |
| | Salz, Pfeffer |
| 600 g | Kalbsleberscheiben |
| | Mehl |
| 20 g | Öl |
| 2 EL | Gelee |
| | (Apfel oder Quitte) |

1 Die Zwiebeln schälen, halbieren und in Scheiben schneiden. In einem mittleren Topf das Öl erhitzen und die Zwiebeln darin glasig braten. Den Rotwein angießen. Zimt, Pimentkörner, Nelken und Lorbeerblatt zufügen. Salzen und pfeffern und die Zwiebeln bei schwacher Hitze 30 Minuten garen.

2 Inzwischen die Kalbsleber in 1 cm breite Streifen schneiden. Kurz vor Ende der Garzeit der Rotweinzwiebeln, die Leber salzen, pfeffern und in Mehl wenden.

3 Eine große beschichtete Pfanne erhitzen. Das Öl hineingießen und die Leber darin auf beiden Seiten ca. 2 Minuten anbraten.

4 Die Rotweinzwiebeln mit dem Gelee verfeinern. Die angebratenen Leberstreifen zu den Zwiebeln in den Topf geben und nicht mehr kochen lassen. Dazu paßt Reis.

**Verwenden Sie immer eine große Pfanne, damit das kurzgebratene Fleisch kein Wasser zieht. Bei großen Mengen lieber mehrmals frisch anbraten und im 80 Grad heißen Backofen warmstellen.**

Tip

# Saure Schweinenierchen

*Bei richtiger Zubereitung sind Nieren eine köstliche Delikatesse. Ganz wichtig dabei ist, zum Beispiel, die Nieren nicht in der Soße mitkochen zu lassen. Dadurch werden sie trocken und verlieren ihre kernige Struktur.*

**1** Die Nieren der Länge nach halbieren. Die harten weißen Sehnen und das Fett herausschneiden. Die Innereien in kaltem Wasser 30 Minuten wässern. Die Zwiebel schälen und in feine Würfel schneiden. Den Schnittlauch, waschen, trockenschütteln und in Röllchen schneiden.

**2** Die Bratensoße mit 0,15 l Wasser und dem Rotwein nach Packungsanweisung zubereiten. Die Soße mit Essig, Zucker und Senf abschmecken und zugedeckt im Ofen warmstellen.

**3** Die Nieren aus dem Wasser nehmen, trockentupfen und quer in nicht zu dünne Scheiben schneiden. Mit 10 g Öl marinieren.

**4** Eine große beschichtete Pfanne erhitzen, das restliche Öl hineingießen und die Zwiebelwürfel kurz darin glasig anbraten. Dann die Nierenscheiben in die Pfanne geben und 3 Minuten weiterbraten. Das Fleisch salzen und pfeffern und in die beiseite gestellte Bratensoße geben. Nicht mehr kochen lassen und sofort servieren.

| Herzhaft | | |
|---|---|---|
| **Klassisches Rezept** 24 g Fett = | | 8 |
| **PfundsKur Rezept** 12 g Fett = | | 4 |

| Vorbereiten: | 60 Min. |
|---|---|
| Garen: | 10 Min. |

| | |
|---|---|
| 600 g | Schweinenieren |
| 1 | Zwiebel |
| 1/2 Bund | Schnittlauch |
| 1 Pck. | Bratensoße |
| 0,1 l | Rotwein |
| 2 EL | Essig |
| | Zucker |
| | Senf |
| 20 g | Öl |
| | Salz, Pfeffer |

**Probieren Sie auf die gleiche Zubereitungsart Kalbs- oder Lammnieren. Besonders fein schmeckt dieses Gericht mit Balsamico-Essig. Auch passen Essiggurkenstreifen als Garnitur.**

# Fisch

*In der modernen, gesunden Ernährung nimmt Fisch einen wichtigen Platz ein und gewinnt immer mehr an Beliebtheit. Bei seiner Zubereitung sollte man darauf achten, daß er nicht zu lange gegart wird. Vor allem Fischfilets nur wenige Minuten braten oder dünsten, damit sie schön saftig bleiben. Hauptsächlich Süßwasserfische, wie Barsch, Forellen, Hecht und Zander werden gerne als Hauptzutat für ein köstliches Gericht gewählt. Forellen eignen sich zum Braten, Dünsten sowie zum Räuchern. Aus Hecht und Zander können Sie wunderbare Klößchen zubereiten.*

*Der beliebteste Zuchtfisch ist der Lachs. Er bietet, trotz hohem Fettanteil, einen vielseitigen Fischgenuß. Auch das Angebot an Salzwasserfischen auf unseren Märkten steigt. Man hat unter anderem die Auswahl zwischen Seelachs, Kabeljau, Goldbarsch, Seezunge, Scholle und vielen anderen. Vor allem Kabeljau mit seinem mageren und weißen Fleisch findet*

*in der Küche gerne Verwendung. Wer die Mühe mit
den Gräten scheut, sollte auf Seezunge zurückgreifen.
Goldbarsch zeichnet sich durch ein rosafarbenes, festes
Fleisch aus und wird meist als Filet angeboten. Die
etwas teure Scholle gehört, wie die Seezunge, zu den
Plattfischen und wird meist im Ganzen gebraten.*

# Seelachsfilet mit Gartengemüse

*Kurz gebratenes Seelachsfilet mit knackigem Gemüse schmeckt zu jeder Jahreszeit. Die Gemüsesorten können Sie, je nach Marktangebot und Geschmack, austauschen. Den Fisch vor dem Braten in Mehl wenden, dann wird er saftiger.*

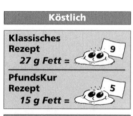

**Köstlich**

Klassisches Rezept
27 g Fett = 9

PfundsKur Rezept
15 g Fett = 5

| Vorbereiten: | 35 Min. |
| Garen: | 20 Min. |

| 600 g | Seelachsfilet |
|---|---|
| etwas | Zitronensaft |
| | Worcestersoße |
| | Bohnenkraut |
| | Majoran |
| | Salbei |
| | Petersilie |
| 2 | Zwiebeln |
| 4 | Frühlingszwiebeln |
| 200 g | Bohnen |
| 1 | Kohlrabi |
| 1/2 l | Gemüsebrühe |
| 20 g | Mehl |
| 0,1 l | Milch |
| | Salz,Pfeffer |
| | Muskat |
| 20 g | Schmand |
| Mehl zum Ausbacken | |
| 20 g | Olivenöl |

**1** Das Fischfilet waschen, trockentupfen und mit Zitronensaft und Worcestersoße marinieren. Die Kräuter waschen, trockenschütteln und fein hacken.

**2** Die Zwiebeln schälen und in feine Würfel schneiden. Die Frühlingszwiebeln putzen, waschen und in 2 cm große Stücke schneiden. Die Bohnen waschen, putzen und halbieren. Den Kohlrabi schälen, vierteln und in Scheiben schneiden.

**3** In einem großen Topf die Gemüsebrühe zum Kochen bringen. Zuerst die Zwiebelwürfel, dann das übrige Gemüse dazugeben. Die Kräuter zufügen und das Gemüse zugedeckt 5 Minuten köcheln lassen.

**4** Inzwischen das Mehl mit der Milch verrühren. Unter ständigem Rühren zu dem kochenden Gemüse geben. Mit Salz, Pfeffer und Muskat abschmecken und noch 3 Minuten köcheln lassen. Den Schmand darunterrühren und das Gemüse zugedeckt beiseite stellen und warmhalten.

**5** Das Seelachsfilet salzen und in Mehl wenden. Eine beschichtete Pfanne erhitzen. Das Öl in die heiße Pfanne geben und das Fischfilet auf jeder Seite 2 Minuten braten. Den Fisch auf dem Gemüse servieren.

# Seelachsfilet auf Lauchgemüse

*Natur gebratenes Seelachsfilet ist besonders mager und schmackhaft. Lassen Sie sich nicht von der dunklen Farbe dieses Filets verunsichern, es wird beim Braten heller. Gebratenen Fisch ohne Panade immer im Mehl wenden, dann bleibt er saftiger.*

**1** Das Seelachsfilet unter kaltem Wasser waschen und trockentupfen. Mit Zitronensaft und Worcestersoße marinieren.

**2** Den Lauch putzen, der Länge nach halbieren und unter fließendem Wasser gründlich waschen. Dann in Ringe schneiden. In einem großen Topf die Gemüsebrühe aufkochen lassen. Die Lauchringe dazugeben und zugedeckt 5 Minuten kochen lassen.

**3** Inzwischen das Mehl mit dem Weißwein verrühren und nach und nach zu dem kochenden Lauch rühren. Mit Senf, Salz, Pfeffer und Muskat abschmecken und noch 3 Minuten köcheln lassen. Mit Schmand verfeinern, zugedeckt beiseite stellen und warmhalten.

**4** Das Seelachsfilet salzen und in Mehl wenden. Eine beschichtete Pfanne erhitzen. Das Öl in die heiße Pfanne geben und das Fischfilet auf jeder Seite 2 Minuten braten. Den Fisch mit dem Lauchgemüse servieren.

| **Würzig und lecker** | |
|---|---|
| **Klassisches Rezept** 30 g Fett = | 10 |
| **PfundsKur Rezept** 12 g Fett = | 4 |

| **Vorbereiten:** | **20 Min.** |
|---|---|
| **Garen:** | **15 Min.** |

| | |
|---|---|
| 600 g | Seelachsfilet |
| etwas | Zitronensaft |
| | Worcestersoße |
| 400 g | Lauch |
| 1/2 l | Gemüsebrühe |
| 20 g | Mehl |
| 0,1 l | Weißwein |
| 1 TL | Senf |
| | Salz, Pfeffer |
| | Muskat |
| 20 g | Schmand |
| Mehl zum Ausbacken | |
| 20 g | Olivenöl |

**Mischen Sie das Mehl mit Pfeffer und Salz, und wenden Sie das Fischfilet darin. So sparen Sie nicht nur einen Arbeitschritt, sondern würzen auch viel gleichmäßiger.**

**Tip**

**147**

# Seelachsfilet mit Erbsenpüree

*Dieses Fischgericht wird Sie überraschen. Es kann das
ganze Jahr über mit Erbsen aus der Tiefkühltruhe zubereitet werden.
Das Erbsenpüree mit der Gemüsebrühe einfach etwas
verdünnen. Das ersetzt die Soße.*

| Interessant | | |
|---|---|---|
| **Klassisches Rezept** 39 g Fett = | | 13 |
| **PfundsKur Rezept** 18 g Fett = | | 6 |

| Vorbereiten: | 10 Min. |
|---|---|
| Garen: | 15 Min. |

| | |
|---|---|
| 600 g | Seelachsfilet |
| etwas | Zitronensaft |
| | Worcestersoße |
| 100 g | roher Schinken |
| 200 g | TK-Erbsen |
| 0,1 l | Gemüsebrühe |
| 20 g | Butter |
| 0,1 l | Milch |
| | Salz, Pfeffer |
| Mehl zum Ausbacken | |
| 20 g | Öl |

1 Das Seelachsfilet waschen, trockentupfen und mit Zitronensaft und Worcestersoße marinieren. Den Schinken in ca. 1 cm breite Streifen schneiden.

2 Die Erbsen mit der Gemüsebrühe in einem hohen Topf zum Kochen bringen und ca. 4 Minuten zugedeckt kochen lassen. Butter und Milch in den Topf geben und alles mit dem Stabmixer pürieren. Das Erbsenpüree mit Salz und Pfeffer abschmecken und zugedeckt beiseite stellen.

3 Das Selachsfilet salzen und in Mehl wenden. Eine beschichtete Pfanne erhitzen. Das Öl in die heiße Pfanne geben und das Fischfilet darin auf jeder Seite 2 Minuten braten. Den Schinken kroß mitbraten. Den Fisch und die Schinkenstreifen aus der Pfanne nehmen und mit dem Erbspüree anrichten.

**Gefrorenen Fisch nicht vorher auftauen lassen, sondern, wie oben beschrieben, zubereiten. Die Garzeit ist allerdings doppelt so lange.** Tip

# Seelachsfilet im Kartoffelmantel

*Nur eine halbe Stunde benötigen Sie für dieses Fischgericht,*
*für das Sie keine Beilage brauchen. Denn die ist gleich dabei. Während*
*der Fisch im Kartoffelmantel gart, können Sie einen Salat*
*zubereiten und dazu reichen.*

**1** Das Seelachsfilet waschen und mit Zitronensaft und Worcestersoße marinieren. Den Dill waschen, trockenschütteln, hacken und beiseite stellen.

**2** Die Kartoffeln waschen, schälen und grob raspeln. Mit Salz, Pfeffer und Muskat würzen. Die Zwiebel schälen, in fein würfeln und unter die Kartoffeln mischen.

**3** Den Backofen auf 180 Grad vorheizen. Das Fett in einer beschichteten Pfanne erhitzen. Aus der Kartoffelmasse 4 flache Kartoffelrösti mit 20 cm Ø formen und im heißen Fett nur auf einer Seite anbraten. Danach auf einen Teller gleiten lassen.

**4** Während das nächste Rösti brät, das erste mit der ungebratenen Seite nach oben auf ein Küchentuch legen. Darauf je 1 Fischfilet geben. Dieses salzen und mit Dill bestreuen. Das Küchentuch etwas anheben, dabei das Rösti über den Fisch klappen und wie bei einer Biskuitrolle vorsichtig einrollen. Dabei zügig arbeiten, damit das Rösti nicht am Tuch kleben bleibt.

**5** Die eingerollten Fischfilets auf ein Backblech setzen und im heißen Ofen auf der mittleren Schiene 10 Minuten backen.

| **Ungewöhnlich** | |
|---|---|
| **Klassisches Rezept** *21 g Fett =* | 7 |
| **PfundsKur Rezept** *12 g Fett =* | 4 |

| **Vorbereiten:** | **15 Min.** |
|---|---|
| **Garen:** | **10 Min.** |

| | |
|---|---|
| 4 | Seelachsfilets (à 150 g) |
| etwas | Zitronensaft |
| | Worcestersoße |
| | Dill |
| 800 g | Kartoffeln |
| | Salz, Pfeffer |
| | Muskat |
| 1 | Zwiebel |
| 40 g | Pflanzenfett |

# Kabeljaufilet mit Senfsoße

*Der beliebte Rezeptklassiker einmal anders: Dazu beim Fischhändler
bereits filetierten Fisch kaufen. Das spart Zeit und Mühe.
Das Kabeljaufilet gart sanft in der Soße, dadurch entsteht in der
Küche auch weniger Fischgeruch.*

**Bekannt und beliebt**

**Klassisches
Rezept
27 g Fett =** 9

**PfundsKur
Rezept
12 g Fett =** 4

**Vorbereiten:       15 Min.
Garen:             35 Min.**

| | |
|---|---|
| 600 g | Kabeljaufilet |
| etwas | Zitronensaft |
| | Worcestersoße |
| 20 g | Mehl |
| $1/4$ l | kalte Gemüsebrühe |
| 0,1 l | Milch |
| | Salz, Pfeffer |
| 1 TL | Currypulver |
| 40 g | kalte Butter |
| 100 g | Schmand |
| 2 EL | Dijon-Senf |
| | Dill |

1 Den Fisch unter kaltem Wasser waschen, trockentupfen und mit Zitronensaft und Worcestersoße marinieren.

2 Das Mehl ohne Fett in einem Topf 2 Minuten rösten, dann vom Herd nehmen und 2 Minuten abkühlen lassen. Die Gemüsebrühe und die Milch zu dem Mehl in den Topf gießen und alles mit einem Schneebesen glattrühren. Die Soße unter Rühren mit einem Holzkochlöffel zum Kochen bringen und ca. 5 Minuten köcheln lassen. Mit Salz, Pfeffer und Curry würzen.

3 Die kalte Butter stückchenweise mit dem Schneebesen unter die Soße schlagen. Den Schmand und den Senf unterrühren.

4 Backofen auf 200 Grad Oberhitze vorheizen. Die Fischfilets mit Salz und Pfeffer würzen. Etwas Senfsoße in eine feuerfeste Form gießen und die Fischfilets darauf legen. Die restliche Soße darüber geben.

5 Den Fisch im oberen Drittel des Backofens ca. 12 Minuten backen. Inzwischen den Dill waschen, trockenschütteln und hacken. Den Fisch damit bestreuen und servieren.

**Für diese Zubereitungsart eignen sich alle Sorten
Fischfilet. Der Dijon-Senf kann auch durch einen
anderen würzigen Senf ersetzt werden.** Tip

# Kabeljaufilet auf badische Art

*Auf diese leckere und unkomplizierte Art wird in Baden auch Hecht zubereitet. Der raffinierte Geschmack entsteht durch das Sardellenfilet und die Kapern. Es schmeckt aber auch ohne Sardellenfilet ausgezeichnet. Eine leichte, leckere Zubereitungsart.*

**1** Das Kabeljaufilet waschen und mit etwas Zitronensaft und Worcestersoße marinieren. Die Zwiebel schälen und in feine Würfel schneiden. Den Emmentaler reiben und mit den Semmelbröseln vermischen.

**2** Den Backofen auf 200 Grad Oberhitze vorheizen. Den Schmand in einem flachen Topf verteilen. Das Fischfilet salzen und pfeffern und auf den Schmand geben. Mit der Käse-Brösel-Mischung bestreuen. Den Fisch auf der mittleren Schiene im heißen Backofen 15 Minuten garen.

**3** Inzwischen das Sardellenfilet hacken. Den Ofen auf 80 Grad zurückschalten, den Fisch aus dem Topf nehmen und auf einem Teller im Backofen warmstellen. Den Topf auf die Herdplatte stellen, mit Gemüsebrühe und Weißwein auffüllen. Die Kapern und die Sardellen zufügen und die Soße mit Salz und Pfeffer abschmecken und noch 5 Minuten köcheln lassen.

**4** Wenn die Soße gebunden sein soll, die Speisestärke in kalter Milch glattrühren und unter ständigem Rühren zur Soße geben. Dann die Soße noch 1 Minute kochen lassen. Den Fisch mit der Soße servieren. Kartoffeln oder Weißbrot als Beilage dazu reichen.

| **Raffiniert** | | |
|---|---|---|
| **Klassisches Rezept** 27 g Fett = | | 9 |
| **PfundsKur Rezept** 12 g Fett = | | 4 |

| **Vorbereiten:** | **20 Min.** |
|---|---|
| **Garen:** | **25 Min.** |

| | |
|---|---|
| 600 g | Kabeljaufilet |
| etwas | Zitronensaft |
| | Worcestersoße |
| 1 | Zwiebel |
| 50 g | Emmentaler |
| 1 EL | Semmelbrösel |
| 100 g | Schmand |
| | Salz, Pfeffer |
| 1 | Sardellenfilet |
| 0,1 l | Gemüsebrühe |
| 0,1 l | Weißwein |
| 1 TL | Kapern |
| 1 EL | Speisestärke (nach Belieben) |
| etwas | kalte Milch (nach Belieben) |

# Rotbarschfilet mit Fenchel

*Fenchel ist ein ganz besonderes Gemüse. Zusammen mit Weißwein*
*und Tomatenwürfeln entfaltet sich ein bemerkenswerter*
*Geschmack. Im Sommer, wenn es überall aromatische Tomaten*
*gibt, sollten Sie unbedingt darauf zurückgreifen.*

**Raffiniert**

**Klassisches Rezept**
**30 g Fett =** 10

**PfundsKur Rezept**
**12 g Fett =** 4

| Vorbereiten: | 15 Min. |
| Garen: | 20 Min. |

| | |
|---|---|
| 600 g | Rotbarschfilet |
| etwas | Zitronensaft |
| | Worcestersoße |
| 2 | Fenchelknollen |
| 4 EL | Semmelbrösel |
| 1/4 l | Gemüsebrühe |
| | Salz, Pfeffer |
| 10 g | Mehl |
| 0,2 l | Weißwein |
| 1/2 | Dose Pizzatomaten |
| 1 EL | Crème fraîche |
| 1 EL | Senf |
| 20 g | Butter |

1 Das Rotbarschfilet waschen, trockentupfen und mit Zitronensaft und Worcestersoße marinieren. Den Fenchel waschen, das Grün abschneiden, den Strunk entfernen und alles in Streifen schneiden. Das Fenchelgrün hacken und unter die Semmelbrösel mischen.

2 In einem Topf die Brühe zum Kochen bringen. Die Fenchelstreifen zugeben und bei geschlossenem Topf 5 Minuten kochen lassen. Mit Salz und Pfeffer würzen.

3 Inzwischen das Mehl mit 0,1 l Weißwein verrühren. Die Mischung nach und nach unter das kochende Gemüse rühren und ca. 3 Minuten köcheln lassen. Die Pizzatomaten in einem Sieb gut abtropfen lassen und zum Fenchel geben. Zugedeckt beiseite stellen.

4 Den Backofen auf Grill oder 250 Grad Oberhitze einstellen. Das Rotbarschfilet salzen. Crème fraîche und Senf verrühren und das Rotbarschfilet damit bestreichen. Das Fischfilet vorsichtig in den Semmelbröseln wenden, dabei leicht andrücken und in eine Backform legen. Den restlichen Weißwein angießen. Den Fisch mit Butterstückchen belegen und auf der zweiten Schiene von oben 4–5 Minuten backen. Zusammen mit dem Fenchel servieren.

**Sie können den Fisch auch auf Alufolie garen. Die Folie jedoch oben nicht schließen, da sonst der Belag nicht knusprig wird.**

Tip

# Goldbarsch im Rieslingsud

*Wurzelgemüse, Riesling und frischer Fisch ergeben eine delikate Kombination, die bekömmlich und zugleich gesund ist. Dafür das Gemüse unbedingt fein schneiden. Wenn Sie Kabeljau oder Seelachs verwenden, sparen Sie zwei Fettaugen.*

**1** Fischfilet waschen, mit Zitronensaft und Worcestersoße marinieren. Zwiebel schälen und in feine Würfel schneiden. Lauch putzen, waschen und in feine Ringe schneiden. Sellerie und Karotte waschen, putzen, schälen und in Streifen schneiden.

**2** Den Backofen auf 80 Grad vorheizen. In einem flachen Topf die Zwiebelwürfel in der erhitzten Butter glasig dünsten. Mit der Gemüsebrühe ablöschen. Die Fischfilets salzen, pfeffern und dazu legen. Den Topf mit dem Deckel verschließen und den Fisch bei schwacher Hitze 5 Minuten garen.

**3** Die Fischfilets herausnehmen. Im Backofen warmstellen. Das klein geschnittene Gemüse und den Riesling zu dem Fischsud geben und alles 5 Minuten im geschlossenen Topf köcheln lassen.

**4** Inzwischen die Petersilie waschen, trockenschütteln und fein hacken. Den Knoblauch schälen. Das Gemüse mit Schmand und Knoblauch verfeinern. Mit Salz und Pfeffer würzen und alles mit Zucker abrunden. Den Fisch mit der Soße übergießen und mit Petersilie bestreuen.

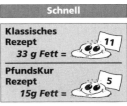

| Schnell | | |
|---|---|---|
| Klassisches Rezept 33 g Fett = | | 11 |
| PfundsKur Rezept 15g Fett = | | 5 |

| Vorbereiten: | 20 Min. |
|---|---|
| Garen: | 20 Min. |

| | |
|---|---|
| 600 g | Goldbarschfilet |
| etwas | Zitrone |
| | Worcestersoße |
| 1 | Zwiebel |
| 1 | kleine Stange Lauch |
| 100 g | Knollensellerie |
| 100 g | Karotte |
| 10 g | Butter |
| 1/4 l | Gemüsebrühe |
| | Salz, Pfeffer |
| 1/4 l | Riesling |
| | Petersilie |
| 1 | Knoblauchzehe |
| 100 g | Schmand |
| etwas | Zucker |

**Frische Kräuter geben ein würziges Aroma. Schnittlauch und Petersilie nicht gemeinsam verwenden, da beide Kräuter einen starken Eigengeschmack haben.**

Tip

# Schollenfilet mit Mixed Pickles

*Der Fisch erhält hier durch die würzigen Zutaten einen besonders intensiven Geschmack und ist sehr schnell zubereitet. Statt der Mixed Pickles einfach nur Essiggurken oder eingelegte Paprikaschoten für die Soße verwenden.*

**Herzhaft und schnell**

| Klassisches Rezept | 10 |
| 30 g Fett = | |

| PfundsKur Rezept | 4 |
| 12 g Fett = | |

| Vorbereiten: | 10 Min. |
| Garen: | 25 Min. |

| | |
|---|---|
| 600 g | Schollenfilet |
| etwas | Zitronensaft |
| | Worcestersoße |
| 1 | Zwiebel |
| 20 g | Olivenöl |
| 0,3 l | Gemüsebrühe |
| 15 g | Mehl |
| 0,1 l | Madeira oder Sherry |
| | Salz, Pfeffer |
| 200 g | Mixed Pickles |
| | Zucker |
| 50 g | Schmand |
| 1 EL | Kapern nach Belieben |

1 Das Fischfilet waschen, trocknen, in 2 cm breite Streifen schneiden und mit etwas Zitronensaft und Worcestersoße marinieren.

2 Zwiebel fein würfeln und in einem Topf in 10 g erhitztem Olivenöl glasig dünsten. Mit Gemüsebrühe ablöschen.

3 Inzwischen das Mehl mit dem Madeira oder Sherry gut verrühren. Die Mischung unter ständigem Rühren zu der kochenden Flüssigkeit in den Topf geben. Mit Salz und Pfeffer abschmecken und noch 3 Minuten köcheln lassen. Die Mixed Pickles etwas zerkleinern und zugeben. Die Soße zugedeckt beiseite stellen und warmhalten.

4 Das Schollenfilet salzen und pfeffern. In einer beschichteten Pfanne das restliche Öl erhitzen und die Fischstreifen auf jeder Seite ca. 1 Minute anbraten. Die Soße mit Zucker und Schmand verfeinern. Nach Belieben die Kapern unterrühren. Den Fisch auf Tellern anrichten. Die Soße darüber gießen.

Für dieses Gericht eignen sich auch andere Seefische. Je nach Stärke des Filets verlängert sich dabei die Bratzeit. Als Faustregel gilt: Die Stärke des Filets in cm entspricht der Bratzeit in Minuten. Also 2 cm dicke Filets müssen Sie 2 Minuten braten.

# Steinbuttfilet mit Weißweinsoße

*Steinbuttfilet einfach im Backofen ganz kurz mit Oberhitze oder unter dem Grill garen. Sie benötigen dazu lediglich einen Tropfen Öl. Das spart Fettaugen. Während der Fisch gart, können Sie die Weinsoße fertigstellen.*

1 Die Kräuter waschen, trockenschütteln und hacken. Das Fischfilet waschen, trockentupfen und mit Zitronensaft und Worcestersoße marinieren.

2 Die Zwiebel und den Knoblauch schälen und in feine Würfel schneiden. Zusammen mit dem Weißwein in einen Topf geben und so lange kochen lassen, bis die Flüssigkeit auf die Hälfte reduziert ist. Die Gemüsebrühe zugießen. Alles wieder zum Kochen bringen.

3 Den Backofen auf 250 Grad vorheizen. Inzwischen das Mehl mit etwas Wasser verrühren. Diese Mischung nach und nach unter die kochende Flüssigkeit rühren. Mit Salz und Pfeffer abschmecken und noch ca. 3 Minuten köcheln lassen. Die Weinsoße mit Schmand verfeinern. Zugedeckt warmstellen.

4 Das Steinbuttfilet salzen und pfeffern. Eine Form mit Öl ausfetten, den Fisch hineinlegen und mit Öl bestreichen. Im vorgeheizten Backofen oder Grill bei höchster Stufe 5 Minuten garen. Dann herausnehmen und auf Tellern anrichten. Die Weinsoße mit dem Stabmixer aufschäumen und über den Fisch gießen. Die Kräuter darüber streuen.

**Für einen Fischfond Fischabschnitte, Suppengemüse, Lorbeer, Wacholderbeeren und Pfefferkörner mit kaltem Wasser ansetzen. Zum Kochen bringen und salzen und pfeffern. Dann 30 Minuten köcheln.**

| Beliebt | | |
|---|---|---|
| **Klassisches Rezept** 30 g Fett = | | 10 |
| **PfundsKur Rezept** 9 g Fett = | | 3 |

| Vorbereiten: | 10 Min. |
|---|---|
| Garen: | 20 Min. |

| | frische Kräuter |
|---|---|
| 600 g | Steinbuttfilet ohne Haut |
| etwas | Zitronensaft |
| | Worcestersoße |
| 1 | Zwiebel |
| 1 | Knoblauchzehe |
| $^{1}/_{2}$ l | Weißwein |
| $^{1}/_{2}$ l | Gemüsebrühe oder Fischfond |
| 20 g | Mehl |
| | Salz, Pfeffer |
| 50 g | Schmand |
| | Olivenöl für die Form und zum Bestreichen |

**155**

# Kräuterforelle

*Forelle ist ein ganz besonders beliebter und zugleich fettarmer*
*Fisch, besonders edel ist die Schwarzwaldforelle mit ihrem feinen Fleisch.*
*Den Fisch vom Fischhändler immer ausnehmen und gleich*
*filetieren lassen. Das spart Zeit.*

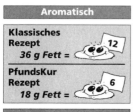

| **Aromatisch** | |
|---|---|
| **Klassisches Rezept** *36 g Fett =* | **12** |
| **PfundsKur Rezept** *18 g Fett =* | **6** |

| **Vorbereiten:** | **10 Min.** |
|---|---|
| **Garen:** | **35 Min.** |

| | |
|---|---|
| *800 g* | *Forellenfilet* |
| *etwas* | *Zitronensaft* |
| | *Worcestersoße* |
| *1 Bund* | *Kräuter* |
| *1 Bund* | *Frühlingszwiebeln* |
| *1* | *Knoblauchzehe* |
| *$^1/_4$ l* | *Weißwein* |
| *$^1/_2$ l* | *Gemüsebrühe* |
| *20 g* | *Mehl* |
| *20 g* | *Butter* |
| | *Salz, Pfeffer* |
| | *Muskat* |
| *50 g* | *Schmand* |
| *10 g* | *Olivenöl* |

1 Den Fisch waschen, trockentupfen und mit dem Zitronensaft und der Worcestersoße marinieren.

2 Die Kräuter abbrausen, trockenschütteln und fein hacken. Die Frühlingszwiebeln in Röllchen schneiden. Den Knoblauch schälen und fein würfeln. Zwiebelröllchen, Knoblauch und die Hälfte der Kräuter mit dem Weißwein in einen Topf geben und so lange kochen, bis die Flüssigkeit auf die Hälfte reduziert ist. Dann die Gemüsebrühe zugießen und alles wieder zum Kochen bringen.

3 Den Backofen auf Oberhitze 250 Grad vorheizen. Das Mehl mit der Butter verkneten. Diese Mischung nach und nach unter die kochenden Flüssigkeit rühren. Mit Salz, Pfeffer und Muskat abschmecken und noch 3 Minuten köcheln lassen. Mit Schmand verfeinern und zugedeckt beiseite stellen.

4 Das Forellenfilet salzen und pfeffern. Eine Form mit Öl fetten. Den Fisch im Backofen auf der zweiten Schiene von oben oder im Grill 5 Minuten garen. Inzwischen die Soße mit dem Stabmixer aufschäumen. Den Fisch aus dem Ofen nehmen und mit der Soße und den restlichen Kräutern bestreut servieren.

# Eglifilet mit Kräuterschaum

*Der Bodensee ist bekannt für seinen Fischreichtum. Besonders Barsche,*
*die dort auch Egli oder Bodenseekretzer genannt werden, findet man häufig*
*auf der Speisekarte. Aber auch mit der Forelle können Sie*
*diese badische Spezialität zubereiten.*

1 Das Fischfilet waschen, trockentupfen und mit Zitronensaft marinieren. Die Zwiebel schälen und in feine Würfel schneiden. Die Kräuter waschen, trocknen und fein hacken.

2 Die Zwiebelwürfel mit der Gemüsebrühe in einem Topf zum Kochen bringen und ca. 2 Minuten kochen lassen. Dann 2/3 der Kräuter in den Topf geben. Mit Salz, Pfeffer und Muskat abschmecken und 1 weitere Minute kochen lassen. Die Soße mit dem Stabmixer fein pürieren und dabei die Sahne zugießen. Dann zugedeckt beiseite stellen.

3 Die Eglifilets salzen und in Mehl wenden. Eine beschichtete Pfanne erhitzen. Das Öl in die heiße Pfanne geben. Die Fischfilets mit der Hautseite nach unten in das heiße Fett legen und 1 Minute braten, vorsichtig wenden und noch einmal 1 Minute braten.

4 Gebratene Fischfilets auf einen Teller oder eine Platte legen. Kräuterschaum mit dem Stabmixer nochmals aufschäumen und über die Filets gießen. Die Eglifilets mit den restlichen Kräutern bestreuen und servieren.

| Köstlich | | |
| --- | --- | --- |
| **Klassisches Rezept** *24 g Fett =* | | 8 |
| **PfundsKur Rezept** *15 g Fett =* | | 5 |

| **Vorbereiten:** | **20 Min.** |
| --- | --- |
| **Garen:** | **10 Min.** |

| 8 | *Eglifilets mit Haut (à 80 g)* |
| --- | --- |
| | *etwas Zitronensaft* |
| *1* | *Zwiebel* |
| | *reichlich frische, gemischte Kräuter* |
| *0,2 l* | *Gemüsebrühe* |
| | *Salz, Pfeffer* |
| | *Muskat* |
| *50 g* | *Sahne* |
| | *Mehl zum Ausbacken* |
| *30 g* | *Olivenöl* |

**Fisch filetieren:** Den Fisch mit einem scharfen Messer hinter den Kiemen und am Rücken entlang aufschneiden. Das Filet an den Gräten entlang abschneiden. Dabei bleiben an dem Filet am Kopfende noch einige Gräten zurück. Diese einfach auszupfen.

# Hechtklößchen auf Zucchinisoße

*Eine exquisite Fischspezialität für besondere Anlässe. Hechtklößchen sind
leicht herzustellen, man sollte nur beachten, daß sowohl Fisch,
als auch Sahne, Milch und das eingeweichte Brötchen eiskalt, ja sogar
leicht gefroren sein müssen.*

| Edel | | |
|---|---|---|
| **Klassisches Rezept** | | **11** |
| *33 g Fett =* | | |
| **PfundsKur Rezept** | | **5** |
| *15 g Fett =* | | |

| Vorbereiten: | 40 Min. |
|---|---|
| Garen: | 25 Min. |

| Klößchen: | |
|---|---|
| *300 g* | *Hechtfilet* |
| *1* | *altbackenes Brötchen* |
| *150 g* | *Sahne* |
| *0,1 l* | *Milch* |
| *1* | *Eiweiß* |
| | *Salz, Pfeffer* |

| Soße: | |
|---|---|
| *300 g* | *Zucchini* |
| *20 g* | *Mehl* |
| *0,1 l* | *Milch* |
| *0,1 l* | *Gemüsebrühe* |

1 Das Hechtfilet waschen, trockentupfen, in 1 cm große Würfel schneiden und in einem hohen, schmalen Gefäß für ca. 20 Minuten in das Tiefkühlfach stellen. Die Kruste vom Brötchen abreiben und das Brötchen in kleine, dünne Scheiben schneiden. Die Sahne mit der Milch etwas erwärmen, darin die Brötchenscheiben einweichen und ebenfalls 20 Minuten in das Tiefkühlfach stellen.

2 Den Fisch und die eingeweichten Brötchen aus dem Tiefkühlfach nehmen. Die Brötchen zum Fisch in das hohe Gefäß geben. Das Eiweiß zufügen und die Mischung mit Salz und Pfeffer würzen.

3 Die Fischmasse mit dem Stabmixer zu einem homogenen Brät verarbeiten. Dabei stets den Stabmixer von oben nach unten in die Masse drücken. Das Brät nicht zu lange bearbeiten, sonst wird es warm und gerinnt. Das Brät im Kühlschrank kaltstellen.

4 Inzwischen für die Soße die Zucchini waschen, die Enden abschneiden. Die ganze Frucht auf dem Gemüsehobel grob raspeln. Das Mehl mit der Milch gut verrühren. Die Zucchini in einem kleinen, hohen Topf mit der Gemüsebrühe zugedeckt 2 Minuten kochen lassen. Das angerührte Mehl unter ständigem Rühren zu den Zucchini geben, weitere 2 Mi-

nuten köcheln lassen und anschließend die Zucchini mit dem Stabmixer pürieren. Die Zucchinisoße mit Salz und Pfeffer würzen. Beiseite stellen und warmhalten.

**5** In einem großen Topf reichlich Salzwasser bis zum Siedepunkt erhitzen. Mit 2 Eßlöffeln aus der Fischmasse Nocken formen und diese direkt in das Salzwasser geben. Die Hechtklößchen 10 Minuten garziehen lassen, dann herausheben. Mit der Zucchinisoße servieren.

**Hechtklößchen können Sie problemlos vorgaren und dann bei Bedarf im Mikrowellenherd oder im Salzwasser wieder erwärmen.**

# Zanderklößchen mit Vanillesoße

*Sie haben richtig gelesen: Mit dieser ungewöhnlichen Kombination
werden Sie Ihre Gäste überraschen. Zander ist ein magerer
Süßwasserfisch mit edlem, zartem Fleisch und eignet sich besonders
gut zur Zubereitung von Klößchen.*

**Überraschende Delikatesse**

**Klassisches Rezept**
33 g Fett = 11

**PfundsKur Rezept**
15 g Fett = 5

**Vorbereiten:** 60 Min.
**Garen:** 25 Min.

| | |
|---|---|
| *Fischabfälle* | |
| *1 Bund Suppengemüse* | |
| *Salz, Pfeffer* | |
| *Lorbeerblatt* | |
| *10* | *Wacholderbeeren* |
| *300 g* | *Zanderfilet* |
| *1* | *altbackenes Brötchen* |
| *150 g* | *Sahne* |
| *0,1 l* | *Milch* |
| *2* | *Vanilleschoten* |
| *1* | *Eiweiß* |
| *20 g* | *Mehl* |
| *0,1 l* | *Milch* |
| *50 g* | *Crème fraîche* |

**1** Fischabschnitte mit Suppengemüse, Salz, Pfeffer, Lorbeer, Wacholderbeeren und 3/4 l Wasser in einem Topf 30 Minuten kochen lassen. Zanderfilet waschen, in 1 cm große Würfel schneiden und in einem hohen, schmalen Gefäß 20 Minuten in das Tiefkühlfach stellen. Kruste vom Brötchen abreiben. Brötchen in Scheiben schneiden. Sahne mit Milch lauwarm erwärmen. Brötchen darin einweichen und ebenso 20 Minuten in das Tiefkühlfach stellen.

**2** Vanilleschoten halbieren. Vanillemark auskratzen. Fisch und eingeweichte Brötchen aus dem Tiefkühlfach nehmen. Brötchen zum Fisch geben. Eiweiß zufügen. Salzen und pfeffern und die Mischung mit dem Stabmixer zu einem homogenen Brät verarbeiten. Fischbrät in den Kühlschrank stellen.

**3** Fischsud durch ein Haarsieb in einen Topf gießen. Mit Vanilleschoten versehen und so lange kochen, bis sich der Sud auf 1/2 l reduziert hat. Mehl mit Milch anrühren. Unter Rühren zum Sud geben, 2 Minuten köcheln. Vanilleschoten aus der Soße nehmen und Vanillemark zufügen. Soße mit dem Stabmixer pürieren. Salzen und pfeffern und mit Crème fraîche verfeinern. Zugedeckt warmhalten.

**4** In einem großen Topf Salzwasser bis zum Siedepunkt erhitzen. Mit 2 Eßlöffeln aus der Fischmasse Nocken formen. Klößchen im Salzwasser 10 Minuten ziehen lassen. Herausheben und mit der Vanillesoße servieren.

# Lachsfilet mit Lauchnudeln

*Für das raffinierte Gericht wird frischer Lachs mit Räucherlachs kombiniert. Den Lachs vom Fischhändler unbedingt in dünne Scheiben schneiden lassen. Statt Lachs können Sie auch Schollenfilet verwenden, das spart vier Fettaugen.*

**1** Die Lachsfilets waschen und trockentupfen. Eine Hälfte mit je 1 Räucherlachsscheibe belegen. Die andere Hälfte darüberklappen und leicht zusammendrücken.

**2** Den Lauch längs halbieren und gründlich waschen. Dann in feine Ringe schneiden. Die Petersilie waschen, trockenschütteln und fein hacken. Den Käse fein reiben.

**3** In einem Topf die Gemüsebrühe zum Kochen bringen. Die Lauchstreifen zugeben und zugedeckt 3 Minuten kochen lassen. Mit Salz und Pfeffer würzen.

**4** Inzwischen Salzwasser in einem großen Topf zum Kochen bringen und die Nudeln darin nach Packungsanweisung bißfest garen. Dann in ein Sieb schütten, mit heißem Wasser übergießen, abtropfen lassen und wieder zurück in den Topf geben. Die Nudeln mit dem Lauch, der Milch, dem geriebenen Käse und der Sahne mischen. Mit Salz und Pfeffer abschmecken und warmhalten.

**5** Eine beschichtete Pfanne erhitzen. Die Lachsfilets salzen, pfeffern und mit dem Öl bestreichen. Den Fisch auf jeder Seite ca. 2 Minuten braten. Herausnehmen und auf den Lauchnudeln servieren.

**Pfannen immer ohne Öl oder Fett erhitzen, damit das Fett nicht verbrennen kann. Viel Fett können Sie sparen, wenn Sie den Fisch mit Öl bestreichen.**

| Exquisit | | |
|---|---|---|
| **Klassisches Rezept** 42 g Fett = | | 14 |
| **PfundsKur Rezept** 27 g Fett = | | 9 |

| **Vorbereiten:** | **20 Min.** |
|---|---|
| **Garen:** | **15 Min.** |

| | |
|---|---|
| 4 | dünne Scheiben Lachsfilet (à 100 g) |
| 4 | Scheiben Räucherlachs (à 20 g) |
| 500 g | Lauch |
| 1/2 Bund | Petersilie |
| 60 g | Emmentaler |
| etwas | Gemüsebrühe |
| | Salz, Pfeffer |
| 200 g | Bandnudeln (2 mm breit) |
| 0,15 l | Milch |
| 50 g | Sahne |
| 5 g | Olivenöl |

# Lachs-Lasagne

*Eine köstliche Delikatesse, die leider, trotz Fetteinsparung,
immer noch sehr viele Fettaugen enthält. Aber sie ist eine Sünde wert.
Normalerweise müssen die Lasagneblätter nicht mehr vorgekocht
werden. Bei dieser Lachs-Lasagne ist es aber notwendig.*

| **Gut vorzubereiten** | |
|---|---|
| **Klassisches Rezept** *51 g Fett =* | **17** |
| **PfundsKur Rezept** *36 g Fett =* | **12** |

| **Vorbereiten:** | **30 Min.** |
|---|---|
| **Garen:** | **40 Min.** |

| | |
|---|---|
| *300 g* | *Lasagneblätter* |
| | *Salz, Pfeffer* |
| *1 kg* | *Blattspinat (ersatzweise 300 g TK-Spinat)* |
| *1* | *Zwiebel* |
| *35 g* | *Mehl* |
| *3/4 l* | *Milch* |
| | *Muskat* |
| | *Worcestersoße* |
| *500 g* | *Lachsfilet ohne Haut* |
| *200 g* | *Mozzarella* |
| *100 g* | *Parmesan* |

1 Lasagneblätter 4 Minuten in reichlich Salzwasser vorkochen, mit reichlich kaltem Wasser abkühlen und abtropfen lassen. Spinat waschen, von den dicken Stielen befreien und tropfnaß in einen großen Topf geben. Salzen und pfeffern und zugedeckt ca. 3 Minuten dünsten. Ab und zu umrühren.

2 Zwiebel schälen und in fein würfeln. Mehl ohne Fett in einem Topf 2 Minuten anrösten. Zwiebelwürfel zugeben und 1 Minute rösten. Topf vom Herd nehmen und die Mehl-Zwiebel-Mischung 2 Minuten abkühlen.

3 Milch zur Mehl-Zwiebel-Mischung in den Topf gießen und mit einem Schneebesen glatt rühren. Dann die Soße unter Rühren mit einem Holzkochlöffel 5 Minuten kochen lassen. Mit Salz, Pfeffer, Muskat und Worcestersoße abschmecken. Lachsfilets waschen und trockentupfen. Mozzarella grob und Parmesan fein reiben und mischen. Backofen auf 200 Grad vorheizen.

4 Die Zutaten abwechselnd in eine feuerfeste Form schichten. Zuerst den Boden mit etwas Soße bedecken. Darüber eine Schicht Lasagneblätter legen. Die Hälfte vom Spinat und etwas Käse darauf verteilen. Nach der zweiten Schicht Lasagneblätter und Soße die Lachsfilets einschichten. Den übrigen Spinat, dann Soße darüber geben und restlichen Käse darüber streuen. Die Lasagne im Ofen auf der unteren Schiene 25 Minuten backen.

# Meeresspaghetti

*Ein beliebtes Nudelgericht aus der italienischen Küche. Bei den Meeresfrüchten können Sie je nach Marktangebot variieren. Beliebt dazu sind auch alle Arten von Muscheln. Fehlt den frischen Tomaten das typische Aroma, verwenden Sie Pizzatomaten aus der Dose.*

**1** Die Tomaten häuten und in Würfel schneiden (siehe Tip Dicke Tomatensuppe Seite 82). Zwiebel und Knoblauch schälen und fein würfeln. Petersilie waschen, trockenschütteln und fein hacken.

**2** Feingewürfelte Zwiebel und Knoblauch in der erhitzten Butter glasig dünsten. Tomatenwürfel dazu geben und nach ca. 2 Minuten mit Cognac ablöschen. Wein und Brühe dazu geben. Tomatensoße mit Salz und Pfeffer abschmecken. Warmhalten, dabei nicht mehr kochen lassen.

**3** In einem großen Topf reichlich Salzwasser zum Kochen bringen. Die Spaghetti darin nach Packungsanleitung bißfest garen. Inzwischen die Fischfilets waschen, trockentupfen, in große Würfel schneiden und mit Zitronensaft und Worcestersoße würzen.

**4** Eine große, beschichtete Pfanne erhitzen, das Olivenöl hineingeben und den gewürzten Fisch mit den Shrimps 2 Minuten darin anbraten. Danach in die warme Soße geben. Die Spaghetti in einen Salatsieb abgießen, kurz mit heißem Wasser übergießen, abtropfen lassen und wieder zurück in den Topf geben. Die Soße mit den Shrimps und dem gewürfelten Fisch vorsichtig unter die Spaghetti heben. Mit Petersilie bestreuen und servieren.

**Italienisch**

**Klassisches Rezept**
30 g Fett = 10

**PfundsKur Rezept**
15 g Fett = 5

| Vorbereiten: | 20 Min. |
| Garen: | 15 Min. |

| | |
|---|---|
| 4 | Tomaten |
| 1 | kleine Zwiebel |
| 1 | Knoblauchzehe |
| | Petersilie |
| 1 EL | Butter |
| 2 cl | Cognac |
| 0,1 l | Weißwein |
| 0,2 l | Gemüsebrühe |
| | Salz, Pfeffer |
| 300 g | Spaghetti |
| 300 g | Fischfilet |
| etwas | Zitronensaft |
| | Worcestersoße |
| 10 g | Olivenöl |
| 100 g | Shrimps |

# Nudeln

*Zu den beliebtesten Speisen bei groß und klein gehören ohne Zweifel die Nudelgerichte. Bei der Zubereitung sollte man beachten, daß Nudeln stets in reichlich Salzwasser gekocht werden und daß das Salz erst zugefügt wird, wenn das Wasser sprudelnd kocht. Dann die Nudeln in das Wasser geben. Dabei die Temperatur nicht zurückschalten, sondern erst wenn die Nudeln kochen die Hitze reduzieren. Die Nudeln niemals zu lange garen, sondern immer bißfest servieren. Wenn beim Abbeißen kein weißer Kern zu sehen*

ist, sind sie gerade richtig. Es empfiehlt sich, Nudeln zuerst in ein Sieb abzuschütten, dann kurz mit heißem Wasser zu übergießen und gut abtropfen zu lassen, bevor man sie in einer vorgewärmten Schüssel mit einer Soße mischt. Werden sie ohne Soße serviert, kann man noch etwas Öl oder Butter untermischen. Wenn Gäste kommen, können Sie Nudeln auch vorkochen, mit kaltem Wasser abschrecken und nach Bedarf kurz in kochendem Wasser wieder erwärmen.

# Spaghetti Bolognese

*Dieser Nudelklassiker darf in Italien auf keinem Speiseplan fehlen. Das Orginalrezept von Ragout Bolognese (siehe Seite 169) ist bei Kindern nicht ganz so beliebt, da dabei auch Geflügelleber verarbeitet wird. Probieren Sie diese Variante, die auch Kinder mögen.*

**Beliebt und bewährt**

**Klassisches Rezept**
30 g Fett = **10**

**PfundsKur Rezept**
15 g Fett = **5**

| Vorbereiten: | 10 Min. |
| Garen: | 35 Min. |

| | |
|---|---|
| 2 | Zwiebeln |
| 2 | Knoblauchzehen |
| 10 g | Butter |
| 10 g | Olivenöl |
| je 200 g | durchgedrehte Rinder- und Schweineschulter |
| 150 g | Tomatenmark |
| 1/2 l | Fleischbrühe |
| 1 Dose | Pizzatomaten |
| | Salz, Pfeffer |
| | Paprikapulver, edelsüß |
| | Oregano |
| | Basilikum |
| 350 g | Spaghetti |
| 5 g | Öl |

1 Die Zwiebeln und die Knoblauchzehen schälen und in Würfel schneiden. Butter und Olivenöl in einem großen Topf erhitzen. Zwiebeln und Knoblauch darin dünsten.

2 Hackfleisch in den Topf geben und gut anbraten. Nach 5 Minuten das Tomatenmark unterrühren und kräftig weiter braten. Wenn die Masse sich am Topfboden ansetzt, etwas Wasser zugießen. Damit löst sich die Kruste und die Soße bekommt eine schöne, appetitliche Färbung.

3 Die Soße mit der Brühe und den Pizzatomaten ablöschen. Mit Salz, Pfeffer und Paprika würzen und mit Oregano und Basilikum fein abschmecken. Bei schwacher Hitze 20 Minuten leicht köcheln lassen, dabei den Topf nicht verschließen.

4 Inzwischen in einem großen Topf Salzwasser zum Kochen bringen. Die Spaghetti darin nach Packungsanleitung bißfest garen. Die gegarten Spaghetti in ein Sieb schütten, kurz mit heißem Wasser übergießen und abtropfen lassen. Die Spaghetti wieder zurück in den Topf geben. Das Öl untermischen und mit der Hackfleischsoße servieren.

**Verfeinern läßt sich diese Soße mit Schinkenwürfeln, Erbsen oder roten Paprikastückchen. Wer es schärfer mag, würzt noch mit scharfem Paprika oder Chilischoten nach.**

Tip

# Spaghetti Carbonara

*Den Namen „Spaghetti nach Art der Köhlerin" hat das deftige Nudelgericht durch den grob gemahlenen schwarzen Pfeffer erhalten. Er wird zum Schluß über die Nudeln gestreut. Durch Reduzierung von Eiern, Öl und Bauchspeck wird Fett gespart.*

**1** Den Knoblauch und die Zwiebel schälen und fein würfeln. Den Schinken und den Bauchspeck ebenso fein würfeln. In einem kleinen Topf die Butter erhitzen. Darin den Knoblauch, die Zwiebel, den Schinken und den Bauchspeck 5 Minuten anbraten. Mit der Milch ablöschen, 1 Minute köcheln lassen, dann die Herdplatte ausschalten.

**2** Die Petersilie waschen, trockenschütteln und fein hacken. Den Parmesan reiben. In einer Schüssel die Sahne mit den Eiern, der gehackten Petersilie und dem geriebenen Parmesan kräftig aufschlagen.

**3** In einem großen Topf Salzwasser zum Kochen bringen. Die Spaghetti darin nach Packungsanweisung bißfest garen. Danach in ein Sieb schütten und kurz mit heißem Wasser übergießen. Die Spaghetti abtropfen lassen, wieder zurück in den Topf geben und die heiße Milch-Schinken-Soße darüber gießen.

**4** Die verquirlte Eier-Sahne-Mischung über die Nudeln geben. Nicht mehr kochen lassen und nach Belieben salzen. Die Spaghetti in einer vorgewärmten Schüssel anrichten. Mit dem Pfeffer bestreuen und servieren.

**Herzhaft und beliebt**

Klassisches Rezept
**30 g Fett** = 10

PfundsKur Rezept
**21 g Fett** = 7

| Vorbereiten: | 20 Min. |
| Garen: | 20 Min. |

| | |
|---|---|
| *1* | *Knoblauchzehe* |
| *1* | *Zwiebel* |
| *50 g* | *roher Schinken* |
| *50 g* | *geräucherter Bauchspeck* |
| *5 g* | *Butter* |
| *0,1 l* | *Milch* |
| *1/2 Bund* | *Petersilie* |
| *60 g* | *Parmesan* |
| *50 g* | *Sahne* |
| *2* | *Eier* |
| *350 g* | *Spaghetti* |
| | *Salz* |
| | *grob gemahlener schwarzer Pfeffer* |

**Nudeln immer in reichlich Wasser kochen. Dieses vorher gut salzen. Nur wenn es leicht salzig ist, schmeckt das Gericht nachher gut.**

Tip

# Spaghetti Zigeuner Art

*Dieses Gericht aus der mediterranen Küche schmeckt besonders edel,
wenn Sie es mit Trüffelbutter verfeinern. Sie ist in Feinkostgeschäften
erhältlich. Die getrockneten Steinpilze geben aber auch einen
wunderbaren Geschmack.*

**Edel**

**Klassisches
Rezept
24 g Fett =** 8

**PfundsKur
Rezept
9 g Fett =** 3

**Vorbereiten:     60 Min.
Garen:              25 Min.**

| | |
|---|---|
| ca. 25 g | getrocknete Steinpilze |
| 1 gelbe | Paprikaschote |
| 1 rote | Paprikaschote |
| 1 | Zwiebel |
| 100 g | gekochter Schinken |
| 1 EL | Butter oder Trüffelbutter |
| | Salz, Pfeffer |
| 50 g | Sahne |
| 1/4 l | Milch |
| 350 g | Spaghetti |

1 Den Backofen auf 250 Grad vorheizen. Die Steinpilze mit heißem Wasser übergießen und 50 Minuten quellen lassen. Die Paprika vierteln, putzen und waschen. Mit der Schnittfläche nach unten auf ein Backblech legen und auf der obersten Schiene im Backofen ca. 8 Minuten rösten. Wenn die Haut Blasen wirft, herausnehmen und mit einem feuchten Tuch bedecken. Inzwischen die Zwiebel schälen und fein würfeln.

2 Paprikaviertel häuten. Eingeweichte Steinpilze zerkleinern. Schinken und Paprika in Streifen schneiden. In einem großen Topf die Butter erhitzen und die Zwiebeln darin andünsten. Schinken, Paprika und Steinpilze dazugeben. Mit Salz und Pfeffer würzen. Sahne und Milch zufügen und 1 Minute köcheln lassen, dann die Herdplatte ausschalten.

3 In einem großen Topf reichlich Salzwasser zum Kochen bringen. Die Spaghetti darin bißfest garen. Dies dauert je nach Sorte 6–8 Minuten. Die Spaghetti in ein Sieb schütten und kurz mit heißem Wasser übergießen. Abtropfen lassen und wieder zurück in den Topf geben. Die Spaghetti mit der Soße übergießen und sofort servieren.

**Dazu schmeckt frisch geriebener Parmesan. Er wird
zwar aus Magermilch hergestellt, ist aber sehr fett.
100 g enthalten deshalb ca. 8 Fettaugen.**

Tip

# Tagliatelle Bolognese „orginal"

*Das beliebte Nudelgericht ist nicht zu verwechseln mit der bei uns über alles geliebten Soße Bolognese. Das Ragout muß lange kochen und erhält durch die Geflügelleber eine ganz besondere Geschmacksnote.*

**1** Zwiebeln, Knoblauch und Karotten schälen und in Würfel schneiden. Geflügelleber zerkleinern. Den Bauchspeck und den Schinken in Würfel schneiden.

**2** In einem großen Topf 10 g Olivenöl erhitzen und die Zwiebel-, Knoblauch-, und Speckwürfel darin glasig dünsten. Nach ca. 5 Minuten das Tomatenmark zufügen und alles kräftig weiter braten. Wenn die Masse am Topfboden ansetzt, etwas Wasser zugießen. Damit löst sich die Kruste und die Soße bekommt eine schöne braune Farbe.

**3** Die Soße mit der Fleischbrühe ablöschen. Karotten- und Schinkenwürfel zufügen. Mit Salz, Pfeffer und Paprika abschmecken. Bei schwacher Hitze 20 Minuten köcheln lassen, dabei den Deckel weglassen, damit etwas Flüssigkeit verdampft. Die Geflügelleber zugeben und weitere 40 Minuten zugedeckt schmoren lassen. Das Mehl mit dem Rotwein verrühren und unter ständigem Rühren das Ragout damit binden. Dann noch 5 Minuten kochen lassen.

**4** In einem großen Topf reichlich Salzwasser zum Kochen bringen. Die Tagliatelle darin bißfest garen. Dies dauert höchstens 6 Minuten. Die gegarten Tagliatelle in ein Sieb schütten und kurz mit heißem Wasser übergießen. Abtropfen lassen und wieder zurück in den Topf geben. Restliches Öl darübergießen, vermengen und mit dem Ragout servieren.

| **Klassisch** | |
|---|---|
| **Klassisches Rezept** 30 g Fett = | 10 |
| **PfundsKur Rezept** 15 g Fett = | 5 |

| **Vorbereiten:** | **20 Min.** |
|---|---|
| **Garen:** | **1 Std. 30 Min.** |

| | |
|---|---|
| 2 | Zwiebeln |
| 2 | Knoblauchzehen |
| 2 | Karotten |
| 150 g | Geflügelleber |
| 50 g | geräucherter Bauchspeck |
| 100 g | gekochter Schinken |
| 15 g | Olivenöl |
| 100 g | Tomatenmark |
| $^1/_2$ l | Fleischbrühe |
| | Salz, Pfeffer |
| | Paprikapulver, edelsüß |
| 15 g | Mehl |
| 0,1 l | Rotwein |
| 350 g | Tagliatelle |

# Tagliatelle sizilianische Art

*Die feurige Nudelsoße ist im Nu zubereitet und erhält
durch Sardellen eine zusätzliche Würze. Garen Sie die
Paprikaschoten nur ganz kurz, dann
kommt der feine Geschmack besser zur Geltung.*

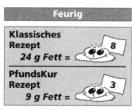

**Feurig**

**Klassisches
Rezept
24 g Fett =** 8

**PfundsKur
Rezept
9 g Fett =** 3

| Vorbereiten: | 30 Min. |
| Garen | 15 Min. |

| 2 | Knoblauchzehen |
|---|---|
| 1 | mittlere Zwiebel |
| je 1 | rote, gelbe und grüne Paprikaschote |
| 3 | Chilischoten |
| 4 | Sardellenfilets |
| 20 | Kapern |
| 50 g | Parmesan |
| 20 g | Olivenöl |
| 350 g | Bandnudeln |
| 0,2 l | Gemüsebrühe |
| | Salz, Pfeffer |
| | Basilikum |

1 Die Knoblauchzehen und die Zwiebel schälen und in feine Würfel schneiden. Die Paprika und Chilischoten halbieren, putzen und waschen. Dann in Streifen schneiden. Die Sardellenfilets kleinschneiden und zu den Kapern geben. Den Parmesan reiben.

2 In einer beschichteten Pfanne das Öl erhitzen. Die Zwiebel- und Knoblauchwürfel darin anbraten. Nach 2 Minuten die Paprikastreifen zugeben und weitere 2 Minuten braten. Zum Abkühlen beiseite stellen.

3 In einem Topf reichlich Salzwasser zum Kochen bringen und die Nudeln darin bißfest garen. Dann in ein Sieb schütten, kurz mit heißem Wasser übergießen, gut abtropfen lassen und wieder in den Topf geben.

4 Die Brühe, die Paprika, die Sardellenfilets und die Kapern zu den Nudeln geben. Mit Salz, Pfeffer und Basilikum verfeinern. Den Parmesan unterrühren und die Nudeln heiß servieren.

**Tagliatelle sind feine Bandnudeln, die aus Hartweizengrieß hergestellt werden und kein Fett enthalten. Eierteigwaren enthalten 1 Fettauge pro Portion.** Tip

# Kräuternudeln

*Im Sommer, wenn es viele frische Kräuter gibt, ist das ein
herrliches Gericht. Im Winter empfiehlt sich die Verwendung von
einer Kräutermischung aus der Tiefkühltruhe. Das Besondere
an diesem Rezept sind die Bohnen und der Spinat.*

**1** Die Bohnen waschen, putzen und zerkleinern. Den Blattspinat waschen und in Streifen schneiden. Die Zwiebel schälen und in feine Würfel schneiden. Die Kräuter waschen, trockenschütteln und grob hacken.

**2** In einem Topf die Butter erhitzen und die Zwiebelwürfel darin glasig dünsten. Die Bohnen dazugeben und die Gemüsebrühe angießen. Das Gemüse zugedeckt ca. 6 Minuten garen. Den Blattspinat und die Kräuter dazugeben und alles mit Salz und Pfeffer abschmecken. Dann beiseite stellen.

**3** Reichlich Salzwasser zum Kochen bringen und die Nudeln darin bißfest garen. Die Zitrone auspressen. Die Basilikumblätter waschen, trockenschütteln und in grobe Streifen schneiden. Die Nudeln in ein Sieb geben, kurz mit heißem Wasser übergießen, abtropfen lassen und wieder zurück in den Topf geben.

**4** Gemüse und Kräuter unter die Nudeln rühren. Mit dem Zitronensaft abschmecken und zum Schluß die Basilikumstreifen vorsichtig unterheben. Heiß servieren.

**Herzhaft**

**Klassisches
Rezept**
27 g Fett = 9

**PfundsKur
Rezept**
9 g Fett = 3

| Vorbereiten: | 30 Min. |
| Garen: | 15 Min. |

| | |
|---|---|
| 150 g | grüne Bohnen |
| 500 g | Blattspinat |
| 1 | kleine Zwiebel |
| | gemischte Kräuter |
| 20 g | Butter |
| 0,3 l | Gemüsebrühe |
| | Salz, Pfeffer |
| 350 g | Hörnchennudeln |
| ½ | Zitrone |
| 8 | Basilikumblätter |

**Tip**
Nudeln immer im offenen Topf mit viel Wasser kochen, da das Wasser sonst sehr schnell überkochen kann und die Nudeln kleben. Auch sollten Sie immer wieder umrühren und die Nudeln vom Herd nehmen, wenn sie noch Biß haben.

# Nudeln mit Zucchini

*Das schnelle, fleischlose Nudelgericht ist ohne großen
Aufwand zubereitet. Wichtig dabei ist, daß Sie die Zucchini nur
kurz garen, damit sie noch Biß haben, denn beim Warmhalten garen sie noch nach.*

**Vegetarisch**

**Klassisches
Rezept
    21 g Fett =** 7

**PfundsKur
Rezept
    9 g Fett =** 3

**Vorbereiten:        10 Min.**
**Garen:              20 Min.**

| | |
|---|---|
| 300 g | Zucchini |
| 50 g | Parmesan |
| | Salz; Pfeffer |
| 350 g | Bandnudeln |
| 10 g | Butter |
| 100 g | Milch |
| 50 g | Sahne |
| | Basilikum |

1 Die Zucchini waschen und die Enden entfernen. In Scheiben und danach in schmale, längliche Stifte schneiden. Bei großen Zucchini vor der Weiterverarbeitung die Kerne
entfernen. Den Parmesan reiben.

2 In einem großen Topf reichlich Salzwasser
zum Kochen bringen und die Nudeln
darin bißfest garen. In einem zweiten, großen
Topf die Butter erhitzen und die Zucchinistreifen darin 2 Minuten andünsten. Danach
mit der Milch und Sahne ablöschen. Mit Salz
und Pfeffer abschmecken und das Basilikum
zufügen. Kurz aufkochen lassen, danach die
Herdplatte ausschalten.

3 Die gegarten Nudeln in ein Sieb schütten
und kurz mit heißem Wasser übergießen,
abtropfen lassen und wieder zurück in den
Topf geben. Die Nudeln mit der Zucchinisoße
vermischen. Nochmals abschmecken und mit
Parmesan bestreut servieren.

**Verwenden Sie für dieses Gericht feine Bandnudeln
oder sogar Schnittnudeln. Das schmeckt besonders
gut. Es ist nicht notwendig in das Nudelwasser Öl zu
gießen. Wenn Sie die gegarten Nudeln mit heißem
Wasser abspülen und dann mit der Soße begießen,
klebt nichts zusammen.**

Tip

# Penne mit Knoblauchkarotten

*Frisch geraspelte Karotten, die kräftig mit Knoblauch aromatisiert werden, ergeben ein Nudelessen mit einem überraschenden Geschmack. Dafür grob geriebenen Gouda verwenden. Statt Penne passen auch Makkaroni sehr gut.*

**1** Knoblauchzehen und die Zwiebel schälen und in feine Würfel schneiden. Die Karotten waschen, schälen und mit einer groben Reibe raspeln. Die Petersilie waschen, trockenschütteln und hacken. Den Gouda reiben.

**2** In einem kleinen Topf die Butter erhitzen und Knoblauch, Zwiebel und Karotten darin andünsten. Mit der Milch ablöschen, 3 Minuten köcheln lassen und mit Salz, Pfeffer und Muskat würzen. Dann den Herd ausschalten.

**3** In einem großen Topf reichlich Salzwasser zum Kochen bringen. Die Penne darin bißfest garen. Dies dauert je nach Sorte 8–10 Minuten. Die gegarten Nudeln in ein Sieb schütten, kurz mit heißem Wasser übergießen und abtropfen lassen. Wieder zurück in den Topf geben und mit der heißen Karottensoße vermischen. Mit Gouda und Petersilie bestreuen und sofort servieren.

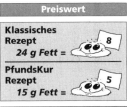

| | **Preiswert** | |
|---|---|---|
| **Klassisches Rezept** | 24 g Fett = | 8 |
| **PfundsKur Rezept** | 15 g Fett = | 5 |

| **Vorbereiten:** | **20 Min.** |
|---|---|
| **Garen:** | **20 Min.** |

| | |
|---|---|
| *5* | *Knoblauchzehen* |
| *1* | *Zwiebel* |
| *400 g* | *Karotten* |
| *¹/₂ Bund Petersilie* | |
| *100 g* | *Gouda* |
| *10 g* | *Butter* |
| *¹/₄ l* | *Milch* |
| | *Salz, Pfeffer* |
| | *Muskat* |
| *350 g* | *Penne* |

**Die Nudeln können Sie auch direkt in der Milch kochen. Beginnen Sie mit ¹/₂ l fettarmer Milch und gießen Sie während des Kochens nach Bedarf noch etwas Milch nach. Wenn die Makkaroni weich sind, sollte fast keine Flüssigkeit mehr vorhanden sein. Den Käse untermischen, fertig.**

# Farfalle mit Pilzragout

*Farfalle sehen wegen ihrer Schleifenform besonders
dekorativ auf dem Teller aus. Das Pilzragout ist mit Champignons und
Austernpilzen zubereitet. Auch alle anderen, auf dem
Markt erhältlichen Pilze, können dazu verwendet werden.*

**Italienische Spezialität**

**Klassisches Rezept**
21 g Fett = 7

**PfundsKur Rezept**
12 g Fett = 4

| Vorbereiten: | 10 Min. |
| Garen: | 20 Min. |

| | |
|---|---|
| 250 g | Champignons |
| 250 g | Austernpilze |
| 1/2 | Lauchstange |
| 50 g | Parmesan |
| 20 g | Butter zum Braten |
| 15 g | Mehl |
| 0,3 l | Milch |
| | Salz, Pfeffer |
| | Oregano |
| | Rosmarin |
| 350 g | Farfalle |
| 10 g | Butter |

1 Die Champignons 2mal in kaltem Wasser waschen und in einem Sieb abtropfen lassen. Die Austernpilze unter fließendem Wasser waschen, damit kein Sand mehr zwischen den Lamellen ist. Dann trockentupfen. Beide Pilzsorten in etwa gleich große Stücke schneiden. Den Lauch der Länge nach halbieren, unter fließendem Wasser waschen und in Ringe schneiden. Den Parmesan reiben.

2 In einer großen, beschichteten Pfanne die Butter erhitzen und den Lauch darin 2 Minuten anbraten. Danach die Pilze dazugeben. So lange bei starker Hitze weiter braten, bis die entstandene Flüssigkeit vollständig verdampft ist. Die Pilz-Lauch-Mischung mit Mehl bestäuben, mischen und die kalte Milch dazu gießen. Alles glatt rühren und 3 Minuten köcheln lassen. Mit Salz, Pfeffer, Oregano und Rosmarin nach Belieben abschmecken.

3 In einem Topf reichlich Salzwasser zum Kochen bringen und die Farfalle darin bißfest garen. Dann in ein Sieb schütten und mit heißem Wasser übergießen. Abtropfen lassen, zurück in den Topf geben und die Butter unterrühren. Das Pilzragout und die Nudeln getrennt servieren.

**Tip**
Statt Parmesan eignet sich auch der italienische Pecorino – ein würziger Hartkäse aus Schafsmilch.

# Hörnle mit Lachs und Erbsen

*Obwohl heutzutage fast ausschließlich Zuchtlachs angeboten wird, zählt der fette Edelfisch noch immer zu den besonderen Delikatessen. Lassen Sie sich den Lachs bei Ihrem Fischhändler bereits filetieren und enthäuten.*

**1** Den Dill waschen, trockenschütteln, fein hacken und beiseite stellen. Die Zwiebel und die Knoblauchzehe schälen und in feine Würfel schneiden. Die Butter in einem Topf erhitzen und beides darin glasig dünsten. Die unaufgetauten Erbsen dazugeben, 2 Minuten weiterdünsten und mit Sherry ablöschen.

**2** Sahne und Milch mit Mehl verrühren. Das vorgegarte Gemüse damit binden und ca. 2 Minuten kochen lassen. Danach mit Salz, Pfeffer und der Worcestersoße würzen und beiseite stellen.

**3** Reichlich Salzwasser zum Kochen bringen und die Hörnchenudeln darin bißfest garen. Inzwischen den Lachs in Würfel schneiden und unter die Erbsensoße heben. Die Soße mit dem Lachs aufkochen lassen, dann vom Herd nehmen.

**4** Die Nudeln in ein Sieb geben, mit heißem Wasser übergießen, abtropfen lassen und wieder zurück in den Topf geben. Die Soße über die Nudeln gießen, vorsichtig mischen und mit Dill bestreuen.

| Besonders edel | | |
|---|---|---|
| **Klassisches Rezept** **27 g Fett =** | | 9 |
| **PfundsKur Rezept** **18 g Fett =** | | 6 |

| **Vorbereiten:** | **30 Min.** |
|---|---|
| **Garen:** | **15 Min.** |

| | |
|---|---|
| *1 Bund* | *Dill* |
| *1* | *kleine Zwiebel* |
| *1* | *Knoblauchzehe* |
| *1 EL* | *Butter* |
| *100 g* | *TK-Erbsen* |
| *2 cl* | *Sherry* |
| *100 g* | *süße Sahne* |
| *0,1 l* | *Milch* |
| *10 g* | *Mehl* |
| | *Salz, Pfeffer* |
| | *Worcestersoße* |
| *350 g* | *Hörnchennudeln* |
| *200 g* | *frisches Lachsfilet* |

**Fischfilet darf nie zu lange gegart werden. Zarter, klein geschnittener Fisch ist in kurzer Zeit fertig und bleibt schön saftig.**

# Makkaroni mit Geflügelleber

*Dieses delikate Nudelgericht macht so richtig Appetit. Makkaroni werden mit würziger Geflügelleber kombiniert. Die Leber darf dabei nicht in der Soße mitkochen, sonst wird sie trocken. Verwenden Sie je nach Marktangebot Hähnchen-, Puten- oder Gänseleber.*

| Herzhaft | |
|---|---|
| **Klassisches Rezept** 36 g Fett = | 12 |
| **PfundsKur Rezept** 15 g Fett = | 5 |

| Vorbereiten: | 20 Min. |
|---|---|
| Garen: | 25 Min. |

| | |
|---|---|
| *1* | *Zwiebel* |
| *2* | *Knoblauchzehen* |
| *400 g* | *Geflügelleber* |
| *10 g* | *Butter* |
| *2 Dosen* | *Pizzatomaten* |
| *2* | *Rosmarinzweige* |
| | *etwas Fleisch-brühpaste* |
| *250 g* | *Makkaroni* |
| *20 g* | *Olivenöl* |
| | *Salz, Pfeffer* |
| *50 g* | *Parmesan* |

**1** Die Zwiebel und Knoblauchzehen schälen und in Würfel schneiden. Geflügelleber putzen, in 1,5 cm große Stücke schneiden.

**2** Die Butter in einem Topf erhitzen und die Zwiebel und den Knoblauch darin glasig werden lassen. Danach die Pizzatomaten zufügen. Rosmarinzweige und die Fleischbrühpaste zufügen. Dann die Soße 10 Minuten offen kochen lassen. Salzen und pfeffern.

**3** In einem großen Topf reichlich Salzwasser zum Kochen bringen und die Makkaroni darin bißfest garen. Inzwischen in einer beschichteten Pfanne 10 g Olivenöl erhitzen. Die Geflügelleber darin bei starker Hitze in ca. 2 Minuten anbraten. Dann die Leber zu der Tomatensoße geben, aber nicht mehr kochen lassen. Die Rosmarinzweige entfernen und alles nochmals abschmecken.

**4** Die gegarten Nudeln in ein Sieb schütten, kurz mit heißem Wasser übergießen, abtropfen lassen und wieder zurück in den Topf geben. Das restliche Olivenöl untermischen. Die Makkaroni zusammen mit der Geflügellebersoße servieren. Mit Parmesan bestreuen.

**Verfeinern Sie dieses Gericht mit 150 g Staudensellerie. Den Sellerie zusammen mit den Zwiebeln und dem Knoblauch, wie in Schritt 1 beschrieben, anbraten.** **Tip**

# Muschelnudeln mit Weißkohl

*Eine leckere italienische Spezialität. Dort wird dieses Gericht mit*
*Salsiccia, einer landestypischen Wurstspezialität, zubereitet.*
*Bei diesem Rezept wird Schweinemett oder eine grobe Mettwurst*
*verwendet und mit reichlich Paprikapulver gewürzt.*

**1** Den Weißkohl waschen, vom Strunk befreien und in Streifen schneiden oder hobeln. Den Kohlrabi schälen und in Streifen schneiden. Die Zwiebel schälen und würfeln.

**2** In einem mittleren Topf das Olivenöl erhitzen. Das Schweinemett und die Zwiebelwürfel darin 5 Minuten anbraten. Dabei die Masse mit einem Schneebesen zerkleinern. Mit Salz, Pfeffer und dem Paprikapulver würzen. Mit Fleischbrühe ablöschen. Weißkohl und Kohlrabi zugeben und das Gemüse zugedeckt ca. 8 Minuten garen. Die Pizzatomaten in den Topf geben und alles nochmals abschmecken. Dann warmhalten.

**3** In einem Topf reichlich Salzwasser zum Kochen bringen und die Nudeln darin bißfest garen. Inzwischen den Parmesan reiben.

**4** Die gegarten Nudeln in ein Sieb schütten und kurz mit heißem Wasser abbrausen, abtropfen lassen und wieder in den Topf geben. Die Butter unter die Nudeln mischen, dann in einer vorgewärmten Schüssel anrichten. Das Kohlgemüse mit Parmesan bestreuen und getrennt zu den Nudeln servieren.

**Geben Sie kein Öl in das Nudelkochwasser, das schwimmt nur auf der Oberfläche und wird beim Abgießen weggeschüttet. Besser Sie vermischen die heiß abgebrausten Nudeln mit wenig Öl oder Butter, dann kleben sie nicht zusammen.**

**Kräftig und lecker**

**Klassisches Rezept** 30 g Fett = **10**

**PfundsKur Rezept** 15 g Fett = **5**

| Vorbereiten: | 30 Min. |
|---|---|
| Garen: | 20 Min. |

| | |
|---|---|
| 200 g | Weißkohl |
| 1 kleine | Kohlrabiknolle |
| 1 | mittlere Zwiebel |
| 10 g | Olivenöl |
| 100 g | Schweinemett |
| | Salz, Pfeffer |
| 1 TL | Paprikapulver, edelsüß |
| 0,3 l | Fleischbrühe |
| ¹/₂ Dose | Pizzatomaten |
| 300 g | Muschelnudeln |
| 50 g | Parmesan |
| 10 g | Butter |

# Nudelauflauf mit Schinken

*Nudelaufläufe sind besonders bei Kindern außergewöhnlich beliebt.*
*Wenn Sie diesen Auflauf für Kinder zubereiten,*
*nur mit einem Hauch Rosmarin würzen und statt Schafskäse den*
*wesentlich milderen Mozzarella verwenden.*

**Beliebt**

**Klassisches Rezept**
27 g Fett = 9

**PfundsKur Rezept**
18 g Fett = 6

| Vorbereiten: | 40 Min. |
|---|---|
| Garen: | 35 Min. |

| | |
|---|---|
| *1* | *Rosmarinzweig* |
| *200 g* | *roher Schinken* |
| *10 g* | *Olivenöl* |
| *350 g* | *Schnittnudeln* |
| | *Salz , Pfeffer* |
| *100 g* | *Parmesan oder alter Gouda* |
| *100 g* | *saure Sahne (10% Fett)* |
| *60 g* | *Schmand* |
| *2* | *Eier* |
| *Butter für die Form* | |
| *1 Dose Pizzatomaten* | |
| *4* | *Tomaten* |
| *200 g* | *Schafskäse* |

1 Den Rosmarin waschen, trockenschütteln und fein hacken. Den Schinken fein würfeln. Beides in dem erhitzten Olivenöl in einer beschichteten Pfanne anbraten und abkühlen lassen. Die Nudeln in Salzwasser 2 Minuten kochen, dann mit kaltem Wasser abkühlen.

2 Den Käse reiben. Saure Sahne, Schmand und Eier mit einem Schneebesen gut verrühren. Schinken und Rosmarin unterrühren. Salzen und pfeffern. Zum Schluß den geriebenen Käse in die Soße geben. Die abgekühlten Nudeln in ein Salatsieb geben. Die Nudeln mit der Soße mischen.

3 Den Backofen auf 200 Grad vorheizen. Eine feuerfeste Form mit der Butter ausfetten. Die Hälfte der Nudelmasse einfüllen. Die Pizzatomaten in ein Haarsieb geben, abtropfen lassen und die Tomatenwürfel auf den Nudeln verteilen. Mit der restlichen Nudelmasse bedecken.

4 Die Tomaten waschen, den Stielansatz entfernen, dann die Tomaten in Scheiben schneiden. Den Schafskäse würfeln. Erst die Tomatenscheiben auf die Nudeln legen, dann die Käsewürfel gleichmäßig darüber streuen. Den Nudelauflauf auf der untersten Schiene im Backofen 35 Minuten überbacken.

# Lasagne mit Linsen

*Dieses Rezept aus Süditalien kommt wegen der Kombination von Nudeln mit Linsen dem Geschmack der Schwaben sehr entgegen. Sie können sowohl getrocknete Linsen, die zuvor gegart werden müssen, als auch Linsen aus der Dose dafür verwenden.*

1 Die Zwiebel schälen und in feine Würfel schneiden. Das Mehl ohne Fett in einem Topf 2 Minuten hell anrösten. Die Zwiebel dazugeben und noch 1 Minute mit dem Mehl rösten. Den Topf vom Herd nehmen und die Mischung 2 Minuten abkühlen lassen.

2 Die Milch zur Mehl-Zwiebel-Mischung gießen und alles mit dem Schneebesen glattrühren. Das Ganze unter ständigem Rühren mit einem flachen Holzkochlöffel zum Kochen bringen und noch 5 Minuten leicht köcheln lassen. Die Soße mit Salz, Pfeffer, Muskat und einem Spritzer Worcestersoße abschmecken. Eventuell mit einem Stabmixer schön cremig aufschlagen. Beiseite stellen.

3 Die Karotte waschen und schälen, die Knoblauchzehen schälen. Beides in feine Würfel schneiden und im erhitzten Olivenöl ca. 2 Minuten anbraten. Das Linsengemüse dazugeben und den Rotwein angießen. Mozzarella abtropfen lassen und grob reiben. Parmesan reiben. Beide Käsesorten mischen.

4 Den Backofen auf 220 Grad vorheizen. Zutaten in eine feuerfeste Form schichten. Dafür mit der weißen Soße beginnen, dann den Käse darüberstreuen. Die Lasagneblätter darauf legen und die Linsen darauf verteilen. Dann wieder 1 Lage Lasagneblätter einschichten und zum Schluß die Lasagne mit dem Käse bestreuen und im heißen Ofen auf der unteren Schiene 30 Minuten backen.

| **Raffiniert** | |
|---|---|
| Klassisches Rezept 27 g Fett = | 9 |
| PfundsKur Rezept 18 g Fett = | 6 |

| **Vorbereiten:** | **30 Min.** |
|---|---|
| **Garen:** | **40 Min.** |

| | |
|---|---|
| 1 | kleine Zwiebel |
| 25 g | Mehl |
| 1/2 l | kalte Milch |
| | Salz, Pfeffer |
| | Muskat |
| | Worcestersoße |
| 1 | Karotte |
| 3 | Knoblauchzehen |
| 10 g | Olivenöl |
| 1 Dose Linsen | |
| 0,1 l | Rotwein |
| 200 g | Mozzarella |
| 100 g | Parmesan |
| 300 g | Lasagneblätter |

# Bunter Nudelauflauf

*Bißfest gekochte bunte Nudeln mit Tomaten und Frühlingsquark ergeben einen frischen, köstlichen Auflauf. Das Ganze ist schnell zubereitet und sieht appetitlich aus. Der Auflauf eignet sich hervorragend zur Verwertung von übriggebliebenen Nudeln.*

**Farbenfroh**

**Klassisches Rezept**
*33 g Fett =* 11

**PfundsKur Rezept**
*18 g Fett =* 6

| Vorbereiten: | 20 Min. |
| Garen: | 45 Min. |

| | |
|---|---|
| *200 g* | *weiße Bandnudeln (4 mm breit)* |
| *200 g* | *grüne Bandnudeln (4 mm breit)* |
| | *Salz, Pfeffer* |
| *600 g* | *Tomaten* |
| *200 g* | *magerer, gekochter Schinken am Stück* |
| *2* | *Eier* |
| *0,2 l* | *Milch* |
| *200 g* | *Schmand* |
| *200 g* | *Frühlinsquark* |
| *1 Bund Schnittlauch* | |

1 Die beiden Bandnudelsorten getrennt in Salzwasser 3 Minuten kochen und dann mit reichlich kaltem Wasser wieder abkühlen. Die Tomaten oben kreuzförmig einritzen und den Stielansatz herausschneiden. Dann 10 Sekunden mit einem Drahtlöffel in kochendes Wasser halten. Danach lassen sich die Tomaten problemlos häuten.

2 Den Backofen auf 220 Grad vorheizen. Die Tomaten in Scheiben schneiden. Den Schinken würfeln. Die Eier mit der Milch und dem Schmand gut verrühren und mit Salz und Pfeffer würzen. Die abgekühlten Nudeln in einem Salatsieb abtropfen lassen.

3 Die beiden Nudelsorten in eine Auflaufform nebeneinander einschichten. Dabei in der Mitte für die Tomatenscheiben etwas Platz lassen. Zwischen Tomatenscheiben und Nudeln die Schinkenwürfel legen.

4 Die Eier-Schmand-Masse über den Nudeln und den Tomaten verteilen. Im Backofen auf der mittleren Schiene ca. 25 Minuten backen. Danach den Auflauf aus dem Ofen nehmen und den aufgerührten Frühlingsquark in kleinen Häufchen über dem Auflauf verteilen. Weitere 10 Minuten backen. Inzwischen den Schnittlauch waschen, trockenschütteln und in feine Röllchen schneiden. Den Auflauf vor dem Servieren damit bestreuen.

# Walliser Gratin

*Ein unkomplizierter, saftiger Nudelauflauf mit viel*
*Gemüse und Makkaroni nach Schweizer Vorbild, der groß und klein*
*gleichermaßen schmeckt. Nach Belieben können Sie einen*
*Blattsalat dazu reichen.*

**1** Die Makkaroni in Salzwasser 4 Minuten kochen. Dann mit reichlich Wasser wieder abkühlen. Den Knollensellerie waschen und schälen. Den Wirsing vom Strunk befreien und in Streifen schneiden. Die Zwiebeln schälen und in Streifen schneiden. Den Staudensellerie waschen und in Stücke schneiden. Den Schinken fein würfeln. Den Gruyère oder Bergkäse fein reiben.

**2** Das Gemüse in Salzwasser 2 Minuten kochen, dann in einem Sieb abtropfen lassen. Die Milch in einem Topf zum Kochen bringen. Mehl und Weißwein verrühren und damit die kochende Milch binden. 5 Minuten köcheln lassen und die Soße mit Salz, Pfeffer, Muskat und Worcestersoße abschmecken.

**3** Den Backofen auf 200 Grad vorheizen. Die abgekühlten Nudeln in ein Salatsieb geben. Die Zutaten in eine Backform schichten. Zuerst etwas Soße auf den Boden geben, dann die Nudeln, das Gemüse und etwas Käse abwechselnd einschichten. Zum Schluß die restliche Soße darüber gießen und den Auflauf mit dem Käse bestreuen. Das Gratin im Backofen auf der mittleren Schiene ca. 40 Minuten backen.

**Für Käseliebhaber**

Klassisches
Rezept
45 g Fett = 15

PfundsKur
Rezept
18 g Fett = 6

**Vorbereiten: 30 Min.**
**Garen: 45 Min.**

| | |
|---|---|
| 250 g | Makkaroni |
| | Salz, Pfeffer |
| 300 g | Knollensellerie |
| 300 g | Wirsing |
| 2 | Zwiebeln |
| 4 | Stengel Stauden-sellerie |
| 200 g | roher Schinken |
| 200 g | Gruyère oder Bergkäse |
| 3/4 l | Milch |
| 15 g | Mehl |
| 50 ml | Weißwein |
| | Muskat |
| | Worcestersoße |

**Aufläufe dieser Art sind besonders gute Resteverwerter. Varriieren Sie beim Gemüse mit all dem, was der Wochenmarkt gerade anbietet.** Tip

# Bandnudeln mit Huhn

*Ein raffiniertes Rezept, das durch die Geflügelsoße die besondere
Note erhält. Die Soße können Sie bereits am Vortag zubereiten.
Wenn Sie Geflügelknochen übrig haben, sollten Sie gleich
die doppelte Menge Soße kochen und einfrieren.*

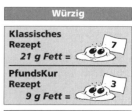

| **Würzig** | |
|---|---|
| **Klassisches Rezept** 21 g Fett = | 7 |
| **PfundsKur Rezept** 9 g Fett = | 3 |

| **Vorbereiten:** | **20 Min.** |
|---|---|
| **Garen:** | **40 Min.** |

| | |
|---|---|
| 4 | Hähnchenkeulen |
| 1 | Karotte |
| 1 | Zwiebel |
| 50 g | Sellerie |
| 10 g | Pflanzenfett |
| 50 g | Tomatenmark |
| 0,1 l | Weißwein |
| 1/2 l | Fleischbrühe |
| 5 | Wacholderbeeren |
| 5 | Pfefferkörner |
| | Salbei |
| | Salz, Pfeffer |
| 200 g | Brokkoli |
| 15 g | Speisestärke |
| 250 g | Bandnudeln |

1 Die Hähnchenkeulen von Haut und Knochen befreien. Fleisch kühlstellen. Karotte, Zwiebel und Sellerie waschen, ungeschält grob würfeln. In einem Topf das Fett erhitzen, Geflügelknochen und Haut darin anbraten.

2 Gemüse dazugeben, kurz mit anbraten. Das Tomatenmark unterrühren und kräftig anrösten. Sobald die Gemüse-Tomatenmark-Mischung ansetzt, immer wieder mit etwas Wasser ablöschen. Die Kruste am Topfboden mit einem flachen Holzkochlöffel lösen. Diesen Vorgang 3mal wiederholen. Wein und Brühe angießen. Wacholderbeeren, Pfefferkörner, Salbei, Salz und Pfeffer zufügen, offen 30 Minuten kochen lassen.

3 Brokkoli waschen, in Röschen teilen, in wenig Salzwasser bißfest garen. Die Soße durch ein Sieb streichen, wieder in den Topf geben und ruhen lassen. Fett abschöpfen, beiseite stellen. Die Soße bei starker Hitze auf ca. 0,3 l reduzieren, mit der in Wasser angerührten Speisestärke binden. Abschmecken.

4 In einem Topf reichlich Salzwasser aufkochen, die Nudeln darin bißfest garen. Das Fleisch in Stücke schneiden. Mit Salz und Pfeffer würzen und in 1 EL abgeschöpftem Fett in einer beschichteten Pfanne 2 Minuten anbraten. Brokkoli in die Soße geben. Nudeln in einem Sieb mit heißem Wasser übergießen, abtropfen lassen, zur Soße geben, mischen und mit dem gebratenen Fleisch servieren.

# Schinkenfleckerl

*Die Kombination von Weißkohl und Nudeln scheint zunächst zwar etwas ungewöhnlich. Doch diese herzhafte Spezialität aus Bayern werden Sie bestimmt immer wieder zubereiten, wenn Sie sie einmal getestet haben. Nehmen Sie fertigen Nudelteig vom Bäcker oder selbstgemachten.*

**1** Den Weißkohl waschen, vom Strunk befreien und in 2 cm breite Streifen schneiden. In Salzwasser 2 Minuten kochen, mit kaltem Wasser abschrecken und abtropfen lassen. Die Zwiebeln und die Knoblauchzehen schälen, Zwiebel in Streifen schneiden und Knoblauch fein würfeln.

**2** In einem mittleren Topf den Zucker so lange erhitzen, bis eine hellbraune Masse entsteht und er karamelisiert. Gleichzeitig mit der Fleischbrühe und dem Wein ablöschen. Die Zwiebelstreifen und die Knoblauchwürfel zugeben und die Soße zugedeckt 5 Minuten kochen lassen.

**3** Die Weißkohlstreifen und das Schmalz in den Topf geben und das Gemüse mit Salz, Pfeffer und Kümmel abschmecken. Den Kohl offen 20 Minuten köcheln lassen. Inzwischen den Nudelteig in Rauten schneiden. In einem Topf reichlich Salzwasser zum Kochen bringen und die Nudelrauten darin in ca. 2 Minuten bißfest garen. Dann in ein Sieb abgießen und mit kaltem Wasser abkühlen.

**4** Den Schinken, genau wie den Nudelteig, in Rauten schneiden. Den Schinken und die Nudeln zum Kraut in den Topf geben, vermischen, abschmecken und bei Bedarf noch etwas Fleischbrühe angießen. Mit Petersilie garnieren.

**Bayerisch**

**Klassisches Rezept**
42 g Fett = **14**

**PfundsKur Rezept**
12 g Fett = **4**

**Vorbereiten:** **20 Min.**
**Garen:** **40 Min.**

| | |
|---|---|
| 500 g | Weißkohl |
| | Salz, Pfeffer |
| 2 mittlere Zwiebeln | |
| 2 | Knoblauchzehen |
| 1 EL | Zucker |
| 0,2 l | Fleischbrühe |
| 0,1 l | Weißwein |
| 20 g | Schweineschmalz |
| | Kümmelpulver |
| 200 g | Nudelteig |
| 150 g | roher, magerer Schinken |
| | Petersilie |

# Kräutergnocchi mit Gorgonzolasoße

*Gnocchi können als Vorspeise, aber auch als Hauptgericht
serviert werden. Fast alle Käsesorten passen dazu. Besonders köstlich ist
dieses Rezept mit Gorgonzola. Die kleinen Klößchen lassen sich übrigens
wunderbar vorbereiten und portionsweise einfrieren.*

| Köstlich | |
|---|---|
| **Klassisches Rezept** 24 g Fett = | 8 |
| **PfundsKur Rezept** 15 g Fett = | 5 |

| Vorbereiten: | 40 Min. |
|---|---|
| Garen: | 20 Min. |

| | |
|---|---|
| 600 g | mehligkochende Kartoffeln |
| 1/2 | Ei |
| | Salz, Muskat |
| 60 g | Mehl |
| 120 g | Hartweizengrieß |
| 1 Bund | gemischte Kräuter (Basilikum, Salbei, Thymian, Petersilie) |

**Soße:**

| | |
|---|---|
| 1/4 l | Fleischbrühe |
| 1/4 l | Milch |
| 100 g | saure Sahne (10% Fett) |
| 10 g | Mehl |
| | Salz, Pfeffer |
| | Worcestersoße |
| 100 g | Gorgonzola |

1 Aus den Zutaten für die Gnocchi wie im Rezept „Gnocchi mit Lauch und Pilzen" beschrieben Gnocchi zubereiten (siehe Seite 115). Die gemischten Kräuter waschen, trockenschütteln und fein hacken. Dann zur Gnocchimasse geben.

2 Aus dem Teig auf einer bemehlten Arbeitsfläche mehrere 3 cm dicke Rollen formen. Diese in 2 cm lange Stücke teilen und mit bemehlten Händen zu ovalen Klößchen formen. Mit dem Gabelrücken ein Muster eindrücken. Die Gnocchi in reichlich Salzwasser etwa 2 Minuten kochen lassen. Herausnehmen und abtropfen lassen und in eine große ofenfeste Form geben.

3 Den Backofen auf 200 Grad Oberhitze vorheizen. Fleischbrühe und Milch zum Kochen bringen. Die saure Sahne mit dem Mehl verrühren und damit die kochende Flüssigkeit binden. 5 Minuten bei schwacher Hitze kochen lassen und mit Salz, Pfeffer sowie Worcestersoße abschmecken.

4 Den Gorgonzola würfeln, unter die Soße rühren und die Gorgonzolasoße über die Gnocchi gießen. Im Backofen auf der mittleren Schiene ca. 15 Minuten backen.

**Verwenden Sie bei der Herstellung von Gnocchi statt Hartweizengrieß, grobes Maismehl oder Polenta – eine farblich und geschmacklich interessante Variante.**

Tip

# Gnocchi mit Shrimps und Tomaten

*Gnocchi sind in der italienischen Küche unschlagbar und mittlerweile auch bei uns sehr beliebt. Es gibt viele Möglichkeiten die leckeren Klößchen zu servieren. Mit Shrimps und Tomaten sind sie jedoch besonders lecker.*

1 Aus Kartoffeln, Ei, Salz, Muskat, Mehl und Hartweizengrieß wie im Rezept „Gnocchi mit Lauch und Pilzen" (siehe Seite 115) beschrieben Gnocchi zubereiten. Das Kochwasser nicht wegschütten.

2 Für die Soße Karotte und Sellerie waschen und schälen. Zwiebel schälen. Karotte, Sellerie und Zwiebel in 1 cm große Würfel schneiden. Die Tomaten in grobe Würfel schneiden. Das Öl in einem Topf erhitzen. Karotte, Sellerie und Zwiebel darin 3 Minuten anbraten. Mit der Fleischbrühe ablöschen, die Tomaten zugeben und bei schwacher Hitze 30 Minuten kochen lassen. Mit Salz, Pfeffer und Worcestersoße würzen.

3 Die Kräuter waschen und fein hacken. Die Stiele in der Soße mitkochen. Die Pizzatomaten in einem Sieb abtropfen lassen. Die Flüssigkeit auffangen und zur Soße geben. Die Soße 30 Minuten kochen lassen. Danach mit dem Stabmixer pürieren und durch ein Haarsieb streichen. Mit etwas Zucker abrunden, dann warmstellen.

4 Das Gnocchiwasser erhitzen. In einer beschichteten Pfanne die Butter erhitzen und die Shrimps darin 1 Minute anbraten, dann die Pizzatomaten zugeben und mit Salz und Pfeffer würzen. Die Gnocchi wieder im Wasser erwärmen. Zuerst die Tomatensoße auf Teller geben, dann die Gnocchi darauf legen und in die Mitte die Shrimps geben.

**Für Feinschmecker**

| Klassisches Rezept 18 g Fett = | 6 |
|---|---|
| PfundsKur Rezept 6 g Fett = | 2 |

| Vorbereiten: | 40 Min. |
|---|---|
| Garen: | 20 Min. |

| | |
|---|---|
| 500 g | Kartoffeln (mehligkochend) |
| 1/2 | Ei |
| | Salz, Muskat |
| 50 g | Mehl |
| 100 g | Hartweizengrieß |
| 1 | Karotte |
| 50 g | Sellerie |
| 1 | Zwiebel |
| 300 g | Tomaten |
| 10 g | Öl |
| 1/2 l | Fleischbrühe |
| | Pfeffer |
| | Worcestersoße |
| 1 Bund | gemischte Kräuter |
| 1 Dose | Pizzatomaten |
| | Zucker |
| 10 g | Butter |
| 300 g | Shrimps |

**185**

# Exotische Gerichte

*Auf Reisen in andere Länder lernen wir interessante Gewürze und neue Gerichte kennen, die zum Nachkochen am heimischen Herd inspirieren. Sogenanntes Ethno-Food liegt im Trend! In dem folgenden Kapitel finden Sie eine Auswahl an beliebten exotischen Gerichten in PfundsKur-gerechter Form. Bei den Rezepten stehen eine unkomplizierte Zubereitung und die Verwendung von leicht zu beschaffenden Produkten im Vordergrund. Spezielle Zutaten für die asiatische Küche erhalten Sie in Asienläden und in den Spezialitätenecken gut sortierter Supermärkte. Curry ist eines der wichtigsten Gewürze der indischen Küche, wird aber auch für indonesische und chinesische Gerichte*

*verwendet. Tatsächlich handelt es sich dabei um eine Gewürzmischung, die meistens Koriander, Kreuzkümmel, Piment, Paprika, Ingwer, Pfeffer, Kardamom, Nelken, Bockshornkleesamen, Muskatblüte, Zimt und Cayennepfeffer enthält. Die Anteile der einzelnen Gewürze bestimmen die Schärfe und den Geschmack des Currypulvers.*
*Und noch ein Hinweis zu den Rezepten: Obwohl der Wok als Kochgerät Nummer eins der asiatischen Küche gilt, ist er für die Zubereitung der folgenden Gerichte nicht nötig. Dieselbe schonende Art der Zubereitung gelingt auch in einer großen, tiefen beschichteten Pfanne.*

# Mexikanische Gemüsepfanne

*Dieses ursprünglich texanische Nationalgericht stammt aus
Spanien und wurde im vergangenen Jahrhundert
auf dem offenen Feuer zubereitet. Es sollte immer heiß
gegessen werden.*

**Würzig**

**Klassisches
Rezept
  30 g Fett =** 10

**PfundsKur
Rezept
  15 g Fett =** 5

**Vorbereiten:       25 Min.
Garen:              30 Min.**

| | |
|---|---|
| 500 g | Rinder-geschnetzeltes (Hüfte) |
| 50 g | roher Schinken |
| 2 | Zwiebeln |
| 10 g | Öl |
| 1/4 l | Bratensoße |
| | Salz, Pfeffer |
| | Barbecuegewürz |
| 1 | rote Paprikaschote |
| 150 g | grüne Bohnen |
| 150 g | Maiskörner |
| 150 g | Kidney-Bohnen |
| 1 TL | Kurkuma oder Currypulver |

**1** Das Rindfleisch in dünne Streifen schneiden. Den Schinken in feine Würfel schneiden. Die Zwiebeln schälen und fein würfeln. In einem großen Topf das Öl erhitzen und das Fleisch mit den Zwiebeln und dem Schinken darin ca. 5 Minuten kräftig anbraten. Dann mit der Bratensoße ablöschen. Das Fleisch mit Salz, Pfeffer und Barbecuegewürz würzen und ca. 10 Minuten leicht köcheln lassen.

**2** Inzwischen die Paprikaschote putzen, waschen, vierteln und in Streifen schneiden. Die grünen Bohnen waschen und die Enden entfernen. Dann die Bohnen in Salzwasser ca. 3 Minuten garen (Tiefgekühlte Bohnen müssen ebenso vorgegart werden).

**3** Paprika, Bohnen, Maiskörner und Kidney-Bohnen zum Fleisch in den Topf geben. Nochmals 2 Minuten kochen lassen, danach die Gemüsepfanne mit Kurkuma oder Curry abschmecken und heiß servieren.

**Auch ohne selbstgemachte Bratensoße gelingt
die Gemüsepfanne. Bei Schritt 1
einfach nur mit Wasser ablöschen und ein
Päckchen Soßenpulver einrühren.** Tip

# Chili con Carne

*Den sehr beliebten und weit verbreiteten Eintopf*
*gibt es in vielen Variationen. Dieses Rezept ergibt einen*
*feurig-scharfen und sehr dicken Eintopf.*
*Die Garzeit ist für den Schnellkochtopf berechnet.*

**1** Das Rindfleisch in Würfel schneiden und mit Salz und Pfeffer bestreuen. Die Zwiebel in grobe Würfel schneiden und die Knoblauchzehen schälen und fein würfeln.

**2** Im Schnellkochtopf das Öl erhitzen und das Fleisch darin kräftig anbraten. Zwiebel und Knoblauch dazugeben und 2 Minuten weiter braten. Das Fleisch mit Kümmelpulver, Paprika und Chilipulver würzen und mit der Fleischbrühe ablöschen. Alles gut umrühren, den Topf mit dem Deckel verschließen und das Fleisch unter Druck 30 Minuten garen. Danach die Hitze reduzieren, beiseite stellen und warten, bis der Druck abgebaut ist.

**3** Inzwischen die Paprikaschote putzen, waschen, viertlen und in Streifen schneiden. Paprikastreifen, Pizzatomaten und Kidney-Bohnen zum Eintopf geben und alles offen noch ca. 15 Minuten leicht kochen lassen, dabei ab und zu umrühren. Nach Bedarf noch etwas Brühe zugießen. Duftreis ergänzt auf ideale Weise das Chili con Carne.

| | **Beliebt** |
|---|---|
| **Klassisches Rezept** *30 g Fett =* | **10** |
| **PfundsKur Rezept** *15 g Fett =* | **5** |

| **Vorbereiten:** | **20 Min.** |
|---|---|
| **Garen:** | **45 Min.** |

| | |
|---|---|
| *800 g* | *Rinderschulter* |
| | *Salz, Pfeffer* |
| *1* | *Zwiebel* |
| *2* | *Knoblauchzehen* |
| *20 g* | *Öl* |
| | *Kümmelpulver* |
| | *Paprikapulver, edelsüß* |
| *2 TL* | *Chilipulver* |
| *1/4 l* | *Fleischbrühe* |
| *1* | *rote Paprikaschote* |
| *1 Dose* | *Pizzatomaten* |
| *2 kleine Dosen Kidney-Bohnen* | |

**Im Sommer dafür 400 g frische Tomaten nehmen. Die Tomaten, wie im Tip zu Dicke Tomatensuppe Seite 82 beschrieben, enthäuten. Bei Verwendung von getrockneten Bohnen, diese am Vortag einweichen und zuerst 1 1/2 Stunden im Einweichwasser bei geringer Hitze und ohne Salz weich garen**

# Lamm-Curry Madras

*Ein würziges, nicht zu scharfes Ragout aus der Indischen Küche.
Der besondere Geschmack kommt durch die Zugabe von
Joghurt. Am besten Sie garen das Lamm-Curry in einer
beschichteten Pfanne mit hohem Rand.*

| Indische Spezialität | |
| --- | --- |
| Klassisches Rezept 30 g Fett = | 10 |
| PfundsKur Rezept 15 g Fett = | 5 |

| Vorbereiten: | 15 Min. |
| --- | --- |
| Garen: | 25 Min. |

| | |
| --- | --- |
| 500 g | magere, entbeinte Lammkeule |
| | Salz, Pfeffer |
| 2 | Zwiebeln |
| 2 | Knoblauchzehen |
| 20 g | Öl |
| 1 EL | Currypulver |
| 1/2 EL | Kurkuma |
| 1/2 TL | Koriander |
| 1/2 TL | Kreuzkümmel |
| 1/2 TL | Chilipulver |
| 2 EL | Tomatenmark |
| 200 g | Joghurt |

1 Das Lammfleisch in ca. 1 cm große Würfel schneiden und diese mit Salz und Pfeffer bestreuen. Die Zwiebeln und die Knoblauchzehen schälen und fein würfeln.

2 Eine große, tiefe Pfanne erhitzen. Das Öl hineingeben und die Zwiebel- und Knoblauchwürfel darin goldbraun anbraten, anschließend das gewürzte Fleisch in die Pfanne geben und alles ca. 5 Minuten rösten lassen, dabei die Hitze nicht reduzieren, sonst bildet sich zu viel Fleischsaft.

3 Das Fleisch mit Curry, Kurkuma, Koriander und Kreuzkümmel würzen. Tomatenmark und Joghurt zugeben und alle gut umrühren. Das Ragout zugedeckt bei schwacher Hitze 15 Minuten garen. Ist zu viel von der Flüssigkeit verdampft, bevor das Fleisch gar ist, noch etwas heißes Wasser zugießen.

**Zum Schluß noch gegarte Kartoffelscheiben und gegarte Bohnen zugeben. Dadurch können Sie die Beilagen sparen.**

Tip

# Linsen-Curry mit Krabben

*Hülsenfrüchte kommen bei uns viel zu selten auf den Tisch.*
*In diesem Rezept erhalten Sie durch die Kombination*
*der Gewürze und Früchte eine völlig neue Geschmacksnote. Das*
*Linsen-Curry beweist, wie attraktiv die asiatische Küche ist.*

**1** Die Linsen waschen und in 1 l Wasser ca. 50 Minuten garen. Nach 40 Minuten die beiden Gemüsebrühwürfel zugeben. Die Linsen abgießen, dabei 1/4 l von der Brühe auffangen und beiseite stellen.

**2** Die Frühlingszwiebeln waschen, putzen und in Ringe schneiden. Das Öl in einem großen Topf erhitzen. Die Zwiebelringe darin anrösten. Mit Curry und dem Mehl bestäuben und mit der abgekühlten Linsenbrühe, dem Essig und der Sojasoße ablöschen. Zu einer sämigen Soße kochen und 5 Minuten bei schwacher Hitze köcheln lassen.

**3** Den Apfel schälen, vierteln, vom Kerngehäuse befreien und würfeln. Die Ananas in kleine Stücke schneiden. Dann die Apfel- und Ananasstücke unter die Soße rühren.

**4** Die gekochten Linsen in die Soße geben. Mit Pfeffer und Salz abschmecken und die Krabben hinzufügen. Das Linsen-Curry sehr heiß servieren. Dazu paßt ein asiatischer Reis, etwa indischer Basmati-Reis.

**Asiatisch**

**Klassisches Rezept**
  12 g Fett = 4

**PfundsKur Rezept**
  6 g Fett = 2

**Vorbereiten:** 10 Min.
**Garen:** 1 Std. 10 Min.

| | |
|---|---|
| 200 g | Linsen |
| 2 | Gemüsebrühwürfel |
| 1 Bund | Frühlingszwiebeln |
| 1 EL | Sonnenblumenöl |
| 4 TL | Currypulver |
| 20 g | Mehl |
| 2 EL | Essig |
| 4 EL | Sojasoße |
| 1 | Apfel |
| 2 | Scheiben Ananas |
| | Salz, Pfeffer |
| 200 g | Krabben |

**Einen besonders raffinierten Geschmack bekommt das Linsen-Curry, wenn Sie 40 g frische, gewürfelte Ingwerwurzel zufügen.**
Tip

# Blumenkohl-Curry

*Diese besondere Gemüsespezialität stammt aus Indien. Die frischen
Tomaten sollten Sie stets häuten oder Sie verwenden Pizzatomaten,
wenn Sie Zeit sparen möchten. Mit den Chilischoten
vorsichtig sein, denn sie sind sehr scharf.*

| Vegetarisch | | |
|---|---|---|
| **Klassisches Rezept** 24 g Fett = | | 8 |
| **PfundsKur Rezept** 9 g Fett = | | 3 |

| Vorbereiten: | 30 Min. |
|---|---|
| Garen: | 15 Min. |

| 2 | Zwiebeln |
|---|---|
| 1 | frische Chilischote |
| etwas | Petersilie |
| 3 | Tomaten (oder 1 Dose Pizzatomaten) |
| 1 kg | Blumenkohl |
| 40 g | Öl |
| 1/2 TL | Senfkörner |
| 1/4 TL | Ingwerpulver |
| 1/2 TL | Kreuzkümmel |
| 1/2 TL | Kurkuma |
| 1 TL | Salz |
| | Zucker |

1 Die Zwiebeln schälen und fein würfeln. Die Chilischote putzen, waschen und kleinhacken. Die Petersilie waschen, trockenschütteln und fein hacken. Die Tomaten, wie im Rezept Crostini mit Tomaten (siehe Seite 34) beschrieben, enthäuten und ohne Kerne würfeln. Den Blumenkohl in kleine Röschen zerteilen, waschen und in einem Salatsieb abtropfen lassen.

2 In einem großen Topf das Öl erhitzen. Die Senfkörner einrühren und sofort Ingwerpulver, Kreuzkümmel und die Zwiebelwürfel hinzufügen. Unter ständigem Rühren 1 Minute lang rösten. Danach Kurkuma und Salz zugeben und weitere 3 Minuten rösten.

3 Die Blumenkohlröschen in den Topf geben und mit einem Holzkochlöffel so lange wenden, bis die Röschen gleichmäßig mit der Zwiebel-Gewürz-Mischung überzogen sind. Zum Schluß die Tomatenwürfel und die Chiliwürfel untermischen. Das Blumenkohl-Curry mit dem Zucker verfeinern. Noch 5 Minuten zugedeckt garen. Mit Petersilie bestreuen und sofort servieren.

**Bei der Garzeit von Blumenkohl nicht nach der Uhr
richten, sondern immer eine Garprobe machen.** **Tip**

# Gefüllte Auberginen

*Die gefüllten Auberginen sind nicht nur in der Türkei, sondern auch bei uns sehr beliebt und können kalt oder warm serviert werden. Die Auberginen saugen sehr viel Fett auf, deshalb ist eine beschichtete Pfanne besonders wichtig.*

**1** Die Auberginen waschen, die Enden entfernen und die Früchte halbieren. Das Fruchtfleisch knapp zur Hälfte mit einem Löffel herausschaben und zerkleinern. Die Zwiebeln und Knoblauchzehen schälen und in feine Würfel schneiden. Die Petersilie waschen, trockenschütteln und hacken.

**2** Die Auberginenhälften außen mehrmals tief einschneiden und in einer beschichteten Pfanne in 50 g erhitztem Öl rundum anbraten. Salzen und pfeffern.

**3** Mit dem restlichen Öl die Zwiebel- und Knoblauchwürfel goldgelb braten. Danach das zerkleinerte Auberginenfleisch und die Tomaten zugeben. Die Petersilie zufügen. Mit Salz, Pfeffer und Thymian würzen. Alles bei schwacher Hitze 15 Minuten garen. Den Backofen auf 220 Grad vorheizen.

**4** Die Auberginen in eine feuerfeste Form legen und mit der Auberginen-Tomaten-Mischung füllen. Im Backofen auf der mittleren Schiene 15 Minuten backen. Dazu passen Schafskäse und Oliven.

**Türkische Spezialität**

| Klassisches Rezept | |
|---|---|
| 42 g Fett = | 14 |

| PfundsKur Rezept | |
|---|---|
| 18 g Fett = | 6 |

| **Vorbereiten:** | **25 Min.** |
|---|---|
| **Garzen:** | **30 Min.** |

| | |
|---|---|
| 4 | kleine Auberginen |
| 4 | Zwiebeln |
| 2 | Knoblauchzehen |
| etwas | Petersilie |
| 70 g | Öl |
| | Salz, Pfeffer |
| 1 Dose | Pizzatomaten |
| | Thymian |

**Tip**

Die Auberginen saugen bei Beginn des Anbratens sehr viel Öl auf. Gießen Sie trotzdem nichts nach. Nach einiger Zeit stellen Sie fest, daß die angegebene Menge bei Verwendung einer beschichteten Pfanne ausreicht.

# Algerisches Lammragout

*Für dieses wunderbar duftende Lammgericht benötigen Sie Orangenblütenwasser. Es ist in Reformhäusern erhältlich. Die Garzeit gilt für den Schnellkochtopf. Das Lammfleisch sollten Sie vom sichtbaren Fett befreien.*

| Aromatisch | |
|---|---|
| **Klassisches Rezept** | |
| 30 g Fett = | 10 |
| **PfundsKur Rezept** | |
| 12 g Fett = | 4 |

| Vorbereiten | 15 Min. |
|---|---|
| Garen | 60 Min. |

| | |
|---|---|
| 250 g | Backpflaumen ohne Stein |
| 2 | Zwiebeln |
| 700 g | Lammschulter ohne Knochen |
| | Salz, Pfeffer |
| 20 g | Öl |
| 2 EL | Orangenblüten- wasser |
| 1 | Zimtstange |
| 100 g | Zucker |
| | nach Bedarf etwas kräftigen Rotwein |

**1** Die Backpflaumen in Wasser einweichen. Die Zwiebeln schälen und grob würfeln. Das Lammfleisch in Würfel schneiden, dabei das sichtbare Fett wegschneiden. Das Fleisch mit Salz und Pfeffer bestreuen. Im Schnellkochtopf das Öl erhitzen. Das Fleisch mit den Zwiebeln darin in 5 Minuten kräftig anbraten.

**2** Mit 0,3 l Wasser ablöschen und so lange rühren, bis am Topfboden nichts mehr ansetzt. Orangenblütenwasser, Zimtstange und Zucker zugeben. Den Schnellkochtopf schließen und das Fleisch 25 Minuten garen (2. Ring). Danach den Topf auf der ausgeschalteten Herdplatte stehen lassen.

**3** Wenn der Druck im Schnellkochtopf abgebaut ist, den Deckel öffnen. Die eingeweichten Pflaumen halbieren und unter das Lammfleisch rühren. Offen noch einmal ca. 10 Minuten bei kleiner Hitze kochen lassen und dabei immer wieder umrühren. Bei Bedarf mit etwas Rotwein abrunden.

**Dieses Gulasch schmeckt auch mit Schweinefleisch sehr gut. Die Backpflaumen harmonieren mit dem Fleisch wunderbar.**

Tip

# Kalbsgulasch Balkan-Art

*Bei diesem Gericht die Zucchinischeiben
immer extra anbraten und erst zum Schluß zufügen. Dadurch
wird das Gulasch auch nicht zu wässrig. Rind- oder Lammfleisch
eignen sich dafür ebenso.*

1 Das Kalbfleisch in Gulaschwürfel schneiden und mit Salz und Pfeffer bestreuen. Die Zwiebeln schälen und grob würfeln. In einem Schmortopf 10 g Öl erhitzen, und die Zwiebeln darin ca. 3 Minuten anbraten. Die Fleischwürfel dazugeben und Tomatenmark und Paprika untermischen. Diese Mischung noch ca. 5 Minuten weiterbraten.

2 Das Fleisch mit 0,3 l Wasser ablöschen und so lange rühren, bis am Topfboden nichts mehr ansetzt. Den Brühwürfel zugeben und das Fleisch bei schwacher Hitze ca. 40 Minuten kochen lassen. Dabei immer wieder umrühren.

3 Die Zucchini waschen, halbieren und in Scheiben schneiden. In einer beschichteten Pfanne in dem erhitzten, restlichen Öl kräftig anbraten und salzen und pfeffern. Dann beiseite stellen. Wenn das Fleisch weich ist, die gebratenen Zucchini in den Topf geben und noch 2 Minuten mitkochen lassen. Mit dem Schmand verfeinern.

| Deftig | |
| --- | --- |
| **Klassisches Rezept** 30 g Fett = | 10 |
| **PfundsKur Rezept** 18 g Fett = | 6 |

| Vorbereiten: | 15 Min. |
| --- | --- |
| Garen: | 55 Min. |

| | |
| --- | --- |
| 700 g | Kalbsschulter ohne Knochen |
| | Salz, Pfeffer |
| 2 | Zwiebeln |
| 40 g | Öl |
| 50 g | Tomatenmark |
| 1 TL | Paprikapulver, edelsüß |
| 1 | Brühwürfel |
| 2 | kleine Zucchini |
| 50 g | Schmand |

**Im Herbst werden auf unseren Märkten Okras oder Bamias angeboten. Diese lassen sich statt der Zucchini wunderbar verwenden.**
**Wenn Sie anstatt Schmand saure Sahne nehmen, sparen Sie nochmal Fett, aber unbedingt die Sahne vorher kräftig aufrühren, damit die Soße nicht so flockig wird.**

**195**

# Goldbarsch Peking-Art

*Lassen Sie sich von der langen Vorbereitungszeit bei diesem Gericht nicht abschrecken. Davon entfallen zwei Stunden für das Marinieren. Zubereitet ist es ganz schnell. Sie können alle Fischfilets mit festem Fleisch nach diesem Rezept verarbeiten.*

| Exotisch | | |
|---|---|---|
| **Klassisches Rezept** 18 g Fett = | | 6 |
| **PfundsKur Rezept** 9 g Fett = | | 3 |

**Vorbereiten: 2 Std. 10 Min.**
**Garen: 15 Min.**

| | |
|---|---|
| 600 g | Goldbarsch |

**Marinade:**

| | |
|---|---|
| 3 EL | Sojasoße |
| | Pfeffer |
| | Paprikapulver |
| | Currypulver |
| 1 | EL Öl |

**Gemüse:**

| | |
|---|---|
| 1 Bund | Frühlingszwiebeln |
| 1 | rote Paprikaschote |
| 150 g | Weißkohl |
| 1 | Knoblauchzehe |
| 20 g | Bauchspeck |
| 1 Dose | Mandarinenfilets |

**1** Den Fisch in 2 cm breite Streifen schneiden und in eine Schüssel geben. Aus der Sojasoße, dem Pfeffer, dem Paprika, dem Curry und dem Öl eine Marinade bereiten. Über die Fischstreifen gießen und diese darin 2 Stunden marinieren.

**2** Die Frühlingszwiebeln waschen. Das Grün entfernen und in Röllchen schneiden und beiseite stellen. Den Rest der Frühlingszwiebeln halbieren und die Wurzeln abschneiden.

**3** Paprika und Weißkohl putzen und in feine Streifen schneiden. Den Knoblauch schälen und hacken. Den Speck fein würfeln.

**4** Die Mandarinen in ein Sieb geben, den Saft auffangen und in einem Topf aufkochen lassen. Die Speisestärke mit dem Zitronensaft sowie 2 EL Wasser anrühren. Den kochenden Saft damit binden. Mandarinenfilets in die Soße geben und alles warmstellen.

**5** Eine Pfanne erhitzen und den Bauchspeck darin anrösten. Dann die halbierten Frühlingszwiebeln und den Weißkohl in die Pfanne geben und alles 5 Minuten schmoren lassen. Die Speck-Gemüse-Mischung mit dem Sherry, dem Honig und dem Essig mischen und zugießen. Mit Salz, Pfeffer und Sojasoße würzen. Dann in einen Topf umschütten und bei schwacher Hitze zugedeckt 5 Minuten köcheln lassen.

**6** Eine beschichtete Pfanne erhitzen und darin die Fischstreifen 2 Minuten anbraten. Die Paprikastreifen kurz mitgaren.

**7** Das Gemüse auf 4 Teller oder eine große Platte geben. Die Mandarinensoße rundum verteilen und die gegarten Fischfiletstreifen auf das Gemüse legen. Mit den grünen Zwiebelröllchen bestreuen.

**Dieses Gericht verträgt viele exotischen Gewürze. Wer möchte, kann die Marinade zusätzlich mit gemahlenem Kardamom und Koriander würzen und zur Gemüse-mischung feingehackten, frischen Ingwer geben. Zum Gemüse passen außerdem Sprossen jeder Art.**

| | |
|---|---|
| 2 TL | Speisestärke |
| 1 EL | Zitronensaft |
| 2 cl | Sherry |
| 2 EL | Honig |
| 2 EL | Essig |
| | Salz, Pfeffer |
| | Sojasoße |

# Indonesische Lauch-Nudeln

*Ein schnelles Gericht, das auch bei Kindern großen Anklang findet.*
*Alle Zutaten sind problemlos zu erhalten. Die Bami-Gewürz-Mischung*
*ist inzwischen auch in allen Supermärkten vorrätig.*
*Das beste Angebot finden Sie allerdings im Asienladen.*

**Beliebt**

**Klassisches Rezept**
    24 g Fett = 8

**PfundsKur Rezept**
    12 g Fett = 4

| Vorbereiten: | 15 Min. |
| --- | --- |
| Garen: | 30 Min. |

| | |
| --- | --- |
| *400 g* | *Lauch* |
| *1* | *Zwiebel* |
| *10 g* | *Öl* |
| *300 g* | *frisch durchgedrehte Rinderschulter* |
| *3 TL* | *Currypulver* |
| | *Salz, Pfeffer* |
| *50 g* | *Boemboe-Bami-Goreng (asiatische Gewürzmischung)* |
| *1/4 l* | *Gemüsebrühe* |
| *300 g* | *schmale Bandnudeln* |
| *2 EL* | *Tomatenketchup* |

1 Den Lauch halbieren, unter fließendem Wasser waschen und dann in feine Ringe schneiden. Die Zwiebel schälen und fein würfeln. Das Öl in einem großen Topf erhitzen und das Hackfleisch und die Zwiebelwürfel darin bei starker Hitze anbraten, dabei ständig umrühren. Nach 8 Minuten mit Curry, Salz und Pfeffer würzen und das Fleisch zugedeckt beiseite stellen, warmhalten. Bami-Goreng-Gewürz in 0,1 l Wasser einweichen.

2 Die Lauchringe mit der Gemüsebrühe und etwas Salz und Pfeffer in einem geschlossenen Topf 2 Minuten dünsten, dann beiseite stellen. Die Nudeln in reichlich Salzwasser bißfest garen, in ein Salatsieb geben, kurz mit heißem Wasser übergießen, abtropfen lassen und wieder zurück in den Topf geben.

3 Die Nudeln mit dem Fleisch und dem Lauch mischen und mit dem eingeweichten Bami-Goreng-Gewürz und dem Tomatenketchup abschmecken.

Statt 4 mm breiten Bandnudeln verwende ich für solche Gerichte immer gerne Tagliatelle. Nudeln nie nach der Uhr kochen, sondern immer nach Biß. Das heißt, testen Sie, ob die Nudeln noch einen weißen Kern haben, wenn dieser nicht mehr sichtbar ist, sind sie genau richtig.

Tip

# Nasi Goreng

*Nasi Goreng ist die bekannteste Mahlzeit aus Indonesien .*
*Der Name bedeutet „Gebackener Reis". Es kann mit verschiedenen*
*Fleischarten zubereitet werden. Das Nasi Goreng-*
*Gewürz erhalten Sie im Asienladen oder Supermarkt.*

1 Den Reis nach Packungsanleitung garen.
Das Nasi Goreng-Gewürz in 0,1 l Wasser
einweichen. Die Zwiebel und die Knoblauchzehen schälen und fein würfeln. Die
Chilischoten putzen, waschen und fein hak-
ken. Die Putenschnitzel gegen die Faser in ca.
1 cm breite Streifen schneiden.

2 Die Eier verquirlen und in einer beschich-
teten Pfanne in 10 g erhitztem Öl wie ein
Pfannkuchen ausbacken. Aufrollen und in
Streifen schneiden.

3 Das restliche Öl in einer großen beschichteten Pfanne erhitzen. Die Zwiebel- und
Knoblauchwürfel darin goldgelb anbraten.
Bei starker Hitze die Putenstreifen dazugeben
und 2 Minuten braten. Die Chilischoten zugeben und mit Salz und Pfeffer würzen.

4 Den Reis und das eingeweichte Nasi
Goreng-Gewürz zugeben und 2 Minuten
braten. Zum Schluß die eingelegten oder aufgetauten Shrimps und Eierstreifen untermischen und heiß in der Pfanne servieren.

**Indonesisch**

**Klassisches Rezept**
   18 g Fett = 6

**PfundsKur Rezept**
   9 g Fett = 3

| Vorbereiten: | 30 Min. |
| Garen: | 10 Min. |

| | |
|---|---|
| 250 g | Reis |
| 50 g | Boemboe-Nasi-Goreng (asiatische Gewürzmischung) |
| 1 | Zwiebel |
| 2 | Knoblauchzehen |
| 2 | Chilischoten |
| 300 g | Putenschnitzel |
| 2 | Eier |
| 20 g | Öl |
| | Salz, Pfeffer |
| 100 g | Shrimps in Lake oder TK |

**Tip**
Für Bami Goreng verwenden Sie statt Reis bißfest
gegarte feine Bandnudeln. Nach Belieben noch
verschiedenes Gemüse untermischen.

# Puten-Chop-Suey

*Diese Variante kommt aus Amerika und wird deshalb
auch häufig „Amerikanisches Chop-Suey" genannt. Statt Putenbrust
können Sie auch mageres Schweinefleisch aus der
Keule verwenden.*

| Berühmt |
|---|

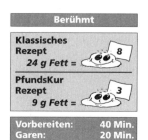

**Klassisches
Rezept
24 g Fett =** 8

**PfundsKur
Rezept
9 g Fett =** 3

| Vorbereiten: | 40 Min. |
|---|---|
| Garen: | 20 Min. |

| | |
|---|---|
| 6 | getrocknete chinesische Pilze |
| 1 | Zwiebel |
| 500 g | Putenbrust |
| 2 EL | Sojasoße |
| 1 EL | Speisestärke |
| 1 Scheibe frischen Ingwer | |
| 10 g | Glasnudeln |
| 2 Stangen Bambussprossen | |
| 30 g | Öl |
| 100 g | Mungo-Bohnenkeimlinge (Sojabohnensprossen) |
| | Salz, Pfeffer |
| | chinesische Würzmischung |
| $^1/_4$ l | Fleischbrühe |
| $^1/_2$ TL | Zucker |

**1** Die getrockneten Pilze in einem Gefäß mit heißem Wasser übergießen und dann zugedeckt beiseite stellen. Die Zwiebel schälen und in Ringe schneiden. Die Putenbrust gegen die Faser in 1 cm dünne Streifen schneiden. Den Backofen auf 80 Grad vorheizen. Aus Sojasoße, Speisestärke, 2 EL Wasser und dem Ingwer eine Marinade zubereiten. Die Zwiebelringe und das Fleisch darin einlegen.

**2** Die Glasnudeln im Salzwasser 4 Minuten kochen, gut abkühlen und in ein Haarsieb geben. Die Bambussprossen in Stifte schneiden. Die eingeweichten Pilze abtropfen lassen und zerkleinern.

**3** Eine große, beschichtete Pfanne ohne Fett stark erhitzen, 20 g Öl hineingeben und das Fleisch mit der Marinade darin 2 Minuten kräftig anbraten, dabei ständig umrühren. Das Fleisch aus der Pfanne nehmen und im Backofen warmstellen. Das restliche Öl erhitzen und bei starker Hitze die Mungo-Bohnenkeimlinge, die Pilze und die Bambussprossen darin anbraten. Gemüse nach Belieben mit Salz, Pfeffer und der chinesischen Gewürzmischung abschmecken und dann mit der Fleischbrühe ablöschen.

**4** Zum Schluß die Glasnudeln und das Putenfleisch unter das Gemüse rühren. Das Puten-Chop-Suey 1 Minute köcheln lassen. Mit dem Zucker abrunden und servieren.

# Rindfleisch mit Austernpilzen

*In der Chinesischen Küche ist diese Variante weit verbreitet.*
*Dieses Rezept ist leicht abgewandelt, damit die Austernpilze besser zur*
*Geltung kommen. Kaufen Sie das Fleisch am Stück, damit Sie es dann*
*selbst gegen die Faser in Streifen schneiden können.*

**1** Die Zwiebel schälen und in Ringe schneiden. Das Rindfleisch gegen die Faser in 1 cm breite Streifen schneiden. Die Austernpilze unter fließendem Wasser waschen, trockentupfen und zerkleinern. Den Backofen auf 80 Grad vorheizen.

**2** In einer großen, beschichteten Pfanne 10 g Öl erhitzen und das Fleisch darin 2 Minuten kräftig anbraten. Dann im Backofen warmstellen. Die Austernpilze mit Mehl bestäuben und ebenfalls in 10 g erhitztem Öl 4 Minuten kräftig anbraten, dann im heißen Backofen warmstellen.

**3** Die Zwiebelringe im restlichen Öl anbraten. Nach 2 Minuten mit der Sojasoße, dem Sherry und der Fleischbrühe ablöschen. Die Soße noch 1 Minute kochen lassen und mit etwas Zucker würzen.

**4** Die Speisestärke mit etwas kaltem Wasser anrühren und damit unter ständigem Rühren die Soße binden. Das Fleisch und die Pilze aus dem Ofen nehmen, in die nicht mehr kochende Soße geben, kurz umrühren und sofort servieren.

**Chinesische Spezialität**

| Klassisches Rezept 24 g Fett = | 8 |
| PfundsKur Rezept 9 g Fett = | 3 |

| Vorbereiten: | 20 Min. |
| Garen: | 15 Min. |

| | |
|---|---|
| 1 | Zwiebel |
| 500 g | Roastbeef oder Rinderfilet |
| 400 g | Austernpilze |
| 30 g | Öl |
| 10 g | Mehl |
| | Salz, Pfeffer |
| 2 EL | Sojasoße |
| 1 EL | Sherry |
| 1/4 l | Fleischbrühe |
| 1 TL | Zucker |
| 1 EL | Speisestärke |

**Wenn angerührte Speisestärke einige Zeit steht, wird sie fest und bildet eine harte Schicht am Boden. Sie läßt sich aber wieder leicht aufkratzen und ohne Klumpen verrühren.**

Tip

**201**

# Shrimps-Rindfleisch-Salat

*Diesen erfrischenden Salat nach asiatischem Vorbild sollten Sie zubereiten, wenn Sie gegartes Rindfleisch übrig haben.*
*Wenn Sie das Fleisch extra dafür kochen müssen, verlängert sich die Vorbereitungszeit um 30 Minuten.*

**Kalte Köstlichkeit**

Klassisches
Rezept
**30 g Fett =** 10

PfundsKur
Rezept
**6 g Fett =** 2

**Zubereiten:** **35 Min.**

| | |
|---|---|
| 100 g | gekochtes Rindfleisch |
| 100 g | Shrimps (in Salzlake oder tiefgekühlt) |
| 1 | Salatgurke |
| 1 TL | Salz |
| 150 g | Bambussprossen |
| 10 g | Öl |
| 2 EL | Essig |
| 1 EL | Sherry |
| | Salz, Pfeffer |
| | Zucker |
| 2 EL | Öl |
| 2 EL | Pinienkerne |
| 1 TL | Sesamsamen |

1 Rindfleisch im Schnellkochtopf 30 Minuten kochen, dann abkühlen lassen und anschließend das Fleisch in mundgerechte Scheiben schneiden. Die Shrimps abtropfen lassen oder auftauen.

2 Die Salatgurke waschen, halbieren und in Scheiben schneiden. In eine Schüssel geben, mit 1 TL Salz bestreuen, vermischen und 10 Minuten ziehen lassen. Die Bambussprossen abtropfen lassen und etwas zerkleinern. Die Gurkenscheiben auf einem Haarsieb abtropfen lassen und in einer beschichteten Pfanne in dem erhitzten Öl 2 Minuten anbraten. Die Bambussprossen zugeben und alles 1 Minute weiter braten.

3 Alle Zutaten vermischen und in den Kühlschrank stellen. Aus Essig, Sherry, 1 EL Wasser, Salz, Pfeffer und Zucker ein Dressing zubereiten. Zum Schluß das Öl unterrühren und das Dressing unter den Salat mischen. Mit Pinienkernen und Sesamsamen bestreuen und servieren.

**Wenn Ihnen diese Geschmacksrichtung gefällt, können Sie weitere Varianten ausprobieren. Paprikastreifen, Weißkohl oder auch Eissalat schmecken in diesem Salat vorzüglich.** Tip

# Bigosch

*Bigosch ist ein deftiger Eintopf aus Osteuropa. Es gibt, wie immer bei klassischen Spezialitäten, dafür viele unterschiedliche Zubereitungsarten. In dieser Rezept-Variante werden Weißkohl und Knoblauchwurst verwendet.*

1 Schweinefleisch in Gulaschwürfel schneiden und mit Salz und Pfeffer bestreuen. Die Zwiebeln und Knoblauchzehen schälen und fein würfeln. Den Schinken fein würfeln. Den Weißkohl waschen und putzen und ohne Strunk in Streifen schneiden. Den Backofen auf 220 Grad vorheizen.

2 In einem Schmortopf das Öl erhitzen, und die Zwiebel- und Knoblauchwürfel darin 3 Minuten anbraten. Das gewürzte Fleisch dazugeben und 5 Minuten weiterbraten. Mit den Pizzatomaten und 1/2 l Wasser ablöschen und so lange rühren, bis am Topfboden nichts mehr ansetzt. Den Brühwürfel zugeben und die Weißkohlstreifen untermischen. Kümmel, Majoran und Lorbeer zufügen und den Eintopf zugedeckt im Backofen bei 220 Grad garen. Dabei den Schmortopf direkt auf den Backofenboden stellen.

3 Die Knoblauchwurst und die geputzten Champignons in Scheiben schneiden. Nach 30 Minuten den Schmortopf aus dem Backofen nehmen. Die Wurst- und Champignonscheiben zum Eintopf geben, den Weißwein angießen und 1mal umrühren. Den Eintopf weitere 30 Minuten im Backofen schmoren lassen. Zu Bigosch sollten Sie unbedingt frisches Bauernbrot servieren.

**Bigosch kann auch mit Hirsch- oder Rehgulasch zubereitet werden. Statt Weißkohl wird auch Sauerkraut verwendet.** Tip

| | Herzhaft und deftig | |
|---|---|---|
| Klassisches Rezept | 30 g Fett = | 10 |
| PfundsKur Rezept | 18 g Fett = | 6 |

| Vorbereiten: | 30 Min. |
|---|---|
| Garen: | 1 Std. 30 Min. |

| 500 g | Schweineschulter |
|---|---|
| | Salz, Pfeffer |
| 3 | Zwiebeln |
| 2 | Knoblauchzehen |
| 50 g | roher Schinken |
| 500 g | Weißkohl |
| 20 g | Öl |
| 1/2 Dose | Pizzatomaten |
| 1 | Brühwürfel |
| | Kümmelpulver |
| | Majoran |
| | Lorbeerblatt |
| 100 g | geräucherte Knoblauchwurst |
| 100 g | Champignons |
| 1/4 l | Weißwein |

# Kuchen

*Kaum zu glauben, aber doch möglich: Auch bei leckeren Kuchen lassen sich Fettaugen einsparen, ohne dabei den guten Geschmack einzubüßen!*
*Wichtigstes Prinzip dabei ist: Verzichten Sie auf Kuchen mit Mürbeteigboden und auf Rührkuchen. Fettärmer und ebenso köstlich sind Quark- und Hefeteige sowie Biskuits. Eine weitere Möglichkeit, Fettaugen einzusparen besteht darin, wann immer möglich, Backpapier statt Fett für die Backformen zu verwenden. Wenn Sie dennoch einmal eine Form einfetten müssen, nehmen Sie dafür wenig neutrales Öl. Übrigens sollten Sie Backformen, genau wie Pfannen,*

*niemals mit Spülmittel oder in der Spülmaschine säubern, sonst löst sich der Kuchen schlecht aus der Form. Berücksichtigen Sie beim Einstellen von Zeiten und Temperaturen, daß Backofen unterschiedlich stark heizen. Von daher sind alle in dem folgendem Kapitel angegebenen Zeiten und Temperaturen nur Zirka-Werte. Verlassen Sie sich auf Ihre Erfahrung und testen Sie die Kuchen ein paar Minuten vor Ende der angegebenen Backzeit. Alle Backzeiten beziehen sich auf den vorgeheizten Ofen. Es sei denn, es wird ausdrücklich darauf hingewiesen, daß der Kuchen in den kalten Backofen geschoben wird.*

# Biskuit-Tortenboden

*Ein Biskuitboden ist die ideale Grundlage für einen fettarmen PfundsKur-Kuchen. Verwenden Sie immer zwei Drittel Mehl und ein Drittel Speisestärke. Das macht den Biskuit schön locker. In zwei Hälften geschnitten, ist dieser Biskuit Grundlage für zwei Obstkuchen oder eine Torte.*

**Klassisches Grundrezept**

**Klassisches Rezept**
   3 g Fett =

**PfundsKur Rezept**
   3 g Fett =

| Vorbereiten: | 20 Min. |
| Backen: | 25 Min. |

| | |
|---|---|
| 4 | Eier |
| 110 g | Zucker |
| 1 | Pck. Vanillezucker |
| 1 | Prise Salz |
| 80 g | Mehl |
| 40 g | Speisestärke |

**1** Achten Sie vor der Zubereitung darauf, daß die Schüssel und der Schneebesen fettfrei sind. Die Eier trennen. Die Eiweiße mit dem Handrührgerät zu steifem Schnee schlagen, 40 g Zucker unterrühren, 1 Minute weiterschlagen und kalt stellen.

**2** In einer großen Schüssel die Eigelbe mit dem restlichen Zucker, dem Vanillezucker, dem Salz und 4 EL lauwarmem Wasser verrühren. Etwa 6 Minuten auf höchster Stufe mit dem Handrührgerät cremig aufschlagen.

**3** Den Backofen auf 175 Grad vorheizen. Den Eischnee auf die Eigelbmasse geben. Zum Schluß Mehl und Speisestärke darüber sieben und alles vorsichtig mit einem Schneebesen vermengen.

**4** Eine Springform von 30 cm Ø mit Backpapier auslegen. Den Teig daraufgeben und im Backofen auf der mittleren Schiene in 25 Minuten goldgelb backen. Den Biskuit 10 Minuten abkühlen lassen, aus der Form lösen und auf einem Kuchengitter vollständig abkühlen lassen.
■ **Ergibt 12 Stücke.**

**Für eine Biskuitrolle den Teig auf einem mit Backpapier ausgelegten Backblech ca. 10 Minuten backen. Heiß auf ein mit Zucker bestreutes Küchentuch stürzen, aufrollen und abkühlen lassen. Wieder aufrollen, nach Belieben bestreichen und erneut zusammenrollen.**

Tip

# Tortenboden ohne Eigelb

*Ein Obstkuchen ist immer beliebt. Frische Früchte können mit Obst aus der Dose zu Mehrfruchtkuchen kombiniert werden. Dieser Kuchenboden, der durch das fehlende Eigelb etwas fester ist, eignet sich besonders gut für einen Belag aus saftigen Früchten.*

1 Die Margarine bei schwacher Hitze zerlassen. Die Eiweiße zu steifem Schnee schlagen. Den Zucker unterrühren.

2 Unter ständigem Rühren die noch warme Margarine zum Eiweiß geben. Nun zum Aromatisieren die abgeriebene Zitronenschale hinzufügen.

3 Den Backofen auf 200 Grad vorheizen. Das Mehl mit dem Backpulver und dem Salz vermischen. Alles über die Eiweißmasse sieben und vorsichtig unterrühren.

4 Den Teig in eine leicht geölte Backform von 30 cm Ø gießen und im heißen Backofen auf der mittleren Schiene bei 200 Grad etwa 30 Minuten backen.

▓ **Ergibt 12 Stücke.**

**Biskuitvariante**

**Klassisches Rezept**
12 g Fett = 4

**PfundsKur Rezept**
6 g Fett = 2

| Vorbereiten: | 20 Min. |
|---|---|
| Backen: | 30 Min. |

| | |
|---|---|
| 60 g | Margarine |
| 5 | Eiweiß (125 g) |
| 110 g | Zucker |
| 50 g | Magerquark |
| | abgeriebene Schale von $^1/_2$ Zitrone |
| 150 g | Mehl |
| 1 TL | Backpulver |
| 1 | Prise Salz |
| | Öl für die Form |

**Dieser Teig eignet sich auch sehr gut für einen Blechkuchen. Nehmen Sie für ein Backblech die doppelte Menge und verwenden Sie dabei Backpapier, das spart die Reinigung.**

Tip

# Apfelkuchen mit Streuseln

*Aus Äpfeln lassen sich das ganze Jahr über köstliche Kuchen backen. Dabei können Sie Fett bei Boden und den Streuseln einsparen, ohne auf Genuß verzichten zu müssen! Nach diesem Rezept können Sie einen Blechkuchen zubereiten, wenn Sie zusätzlich die Hälfte mehr an Zutaten nehmen.*

**Klassisch**

**Klassisches Rezept**
24 g Fett = 8

**PfundsKur Rezept**
12 g Fett = 4

| Vorbereiten: | 40 Min. |
| Backen: | 45 Min. |

| **Teig:** | |
|---|---|
| 200 g | Mehl |
| 80 g | Zucker |
| 1 Pck. | Vanillezucker |
| 70 g | Butter |
| 1 Prise | Salz |
| $^1/_2$ | abgeriebene Zitronenschale |
| 1 | Ei |
| 55 g | Magerquark |

| **Belag:** | |
|---|---|
| 1 kg | Apfelwürfel |
| 15 g | Semmelbrösel |

1 Mehl, Zucker, Vanillezucker, Butter, Salz, Zitronenschale, Ei und Magerquark schnell zu einem Mürbeteig kneten und im Kühlschrank 30 Minuten ruhen lassen.

2 Die Äpfel schälen, halbieren und das Kerngehäuse herausschneiden. Das Fruchtfleisch würfeln. Eine Form von etwa 30 cm Ø mit Öl ausfetten. Den Mürbeteig auf einem bemehlten Brett ausrollen, in die Kuchenform legen und einen Rand hochziehen. Den Boden mit einer Gabel mehrmals einstechen, mit Semmelbröseln bestreuen und mit den Äpfelstückchen belegen.

3 Die Butter in einem kleinen Topf zunächst erwärmen, dann wieder erkalten lassen. Anschließend in die flüssige, aber abgekühlte Butter vorsichtig die Milch einrühren.

4 Den Ofen auf 200 Grad vorheizen. Das Mehl, die Semmelbrösel, das Zimtpulver, den Zucker und den Vanillezucker in einer Schüssel vermischen. Dann die Milch-Butter-

Mischung nach und nach dazugießen und dabei mit Hilfe einer Gabel Streusel aus dem Teig herstellen.

**5** Die Streusel über den Äpfeln auf dem Kuchen verteilen. Den Apfelkuchen auf die mittlere Schiene in den vorgeheizten Backofen schieben und 45 Minuten backen. Aus dem Ofen nehmen und den noch heißen Kuchen mit dem Vanillezucker bestreuen.
■ **Ergibt 12 Stücke.**

Noch saftiger wird der Kuchen, mit einem Guß. Dafür 100 g Joghurt und 100 g Sauerrahm mit 1 Eßlöffel Zucker und 1 Teelöffel Speisestärke vermischen und unter die Äpfel rühren.

| *Streusel:* | |
| --- | --- |
| *70 g* | *Butter* |
| *4 EL* | *Milch* |
| *200 g* | *Mehl* |
| *$^1/_2$ TL* | *Zimt* |
| *100 g* | *Zucker* |
| *1 Pck.* | *Vanillezucker zum Bestreuen* |
| *$^1/_2$ EL* | *Öl für die Form* |
| *Mehl für die Arbeitsfläche* | |

# Apfelstrudel

*Dieser Apfelstrudel schmeckt besonders gut, wenn Sie statt der Rosinen
getrocknete Aprikosen untermischen. Eine weitere Variante
ist der Blaubeerstrudel. Die Füllung besteht dann aus 400 g
Blaubeeren und einer gewürfelten Banane.*

**Bekannt und beliebt**

**Klassisches
Rezept
  9 g Fett =** 3

**PfundsKur
Rezept
  6 g Fett =** 2

**Vorbereiten: 1 Std. 15 Min.
Backen:              45 Min.**

| Teig: | |
|---|---|
| 250 g | Mehl |
| 30 g | Öl |
| 10 g | Zucker |
| 1 | Eier |
| 1 Prise | Salz |

| Füllung: | |
|---|---|
| 100 g | getrocknete Aprikosen |
| 750 g | Apfelwürfel |
| 2 TL | Zimt |
| 40 g | Zucker |
| 50 g | gehobelte Mandeln |
| Mehl für die Arbeitsfläche | |
| Ei zum Bestreichen | |

**1** Mehl, Öl, Zucker, Ei, Salz und 0,1 l Wasser mit den Knethaken des Handrührgeräts vermischen. Anschließend den Teig mit den Händen weiterkneten, bis er schön geschmeidig ist. Zu einer Kugel formen, mit Mehl bestäuben und in Klarsichtfolie wickeln. Bei Zimmertemperatur 30 Minuten ruhen lassen.

**2** Inzwischen die Aprikosen fein würfeln. Aprikosen und Apfelwürfel mit 0,1 l Wasser, Zimt und Zucker in einem Topf 3 Minuten offen garen. Zum Abkühlen beiseite stellen.

**3** Den Teig in 2 Hälften teilen und auf einer bemehlten Arbeitsfläche dünn ausrollen. Mit bemehlten Händen unter den Teig fassen und diesen vorsichtig noch dünner ausziehen. Auf ein bemehltes Küchentuch legen. Den Backofen auf 220 Grad vorheizen.

**4** Die Mandeln unter die Apfelmasse heben und die Füllung auf dem Teig verteilen, dabei darauf achten, daß der Rand frei bleibt. Den Teig mit Hilfe des Küchentuches aufrollen und mit der Nahtstelle nach unten auf ein mit Backpapier ausgelegtes Blech legen. Das restliche Ei verquirlen und den Strudel damit bestreichen. Auf der zweiten Schiene von unten 45 Minuten backen.

■ **Ergibt 12 Stücke.**

**Sie können diesen Teig auch auf einem bereits bemehlten Küchentuch ausrollen. Darunter noch ein feuchtes Tuch legen, damit nichts rutscht.**

Tip

# Hildes Apfelkuchen

*Einen freundschaftlichen Rezepte-Tip habe ich hier
fettreduziert abgewandelt. Das Ergebnis: Ein fruchtiger,
bekömmlicher Apfelkuchen. Sie sollten ihn bereits
am Vortag backen.*

**1** Zucker, Quark, Salz und Ei mit einem Schneebesen glatt rühren. Nach und nach das Öl unter die Quarkmasse rühren. Mehl und Backpulver vermischen und gleichmäßig unterrühren. Den Teig kräftig kneten, bis er nicht mehr klebt. Zugedeckt ruhen lassen.

**2** Aus Apfelsaft, Puddingpulver und Zucker einen Vanillepudding kochen und etwas abkühlen lassen. Inzwischen Äpfel waschen, schälen, vierteln und vom Kerngehäuse befreien. In den lauwarmen Pudding raspeln. Den Ofen auf 170 Grad vorheizen. Eine Springform von 32 cm Ø mit Öl fetten. Den Quarkteig auf einem bemehlten Brett ausrollen, in die Kuchenform legen und einen Rand hochziehen. Teigboden mit einer Gabel mehrmals einstechen, mit der Apfelmasse füllen.

**3** Den Kuchen in den vorgeheizten Ofen auf die mittlere Schiene stellen und 1 Stunde 10 Minuten backen (Bei Umluft nur 1 Stunde). In der Form abkühlen lassen. Am nächsten Tag den Kuchen aus der Form nehmen. Sahne steif schlagen und mit Zimt und Vanillezucker abschmecken. Eventuell mit Sahnesteif festigen. Die Zimtsahne dünn auf den Apfelkuchen streichen.

▧ **Ergibt 12 Stücke.**

**Statt Apfelsaft können Sie auch Weißwein oder Apfelmost für den Belag verwenden, dann benötigen Sie allerdings 200 g Zucker.**

**Tip**

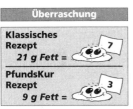

| Überraschung | |
|---|---|
| **Klassisches Rezept** *21 g Fett =* | 7 |
| **PfundsKur Rezept** *9 g Fett =* | 3 |

| Vorbereiten: | 20 Min. |
|---|---|
| Backen: | 1 Std 10 Min. |

| *Teig:* | |
|---|---|
| *80 g* | *Zucker* |
| *150 g* | *Magerquark* |
| *1* | *Prise Salz* |
| *1* | *Ei* |
| *5 EL* | *Öl* |
| *250 g* | *Mehl* |
| *1 Pck.* | *Backpulver* |

| *Belag:* | |
|---|---|
| *³/₄ l* | *Apfelsaft* |
| *2 Pck.* | *Vanillepudding-pulver* |
| *120 g* | *Zucker* |
| *1 kg* | *Äpfel* |
| | *Öl für die Form* |
| | *Mehl für die Arbeitsfläche* |
| *150 g* | *Sahne* |
| | *Zimt, Vanillezucker* |

# Birnenkuchen

*Ein Kuchen, für den Sie problemlos Birnen aus der Dose verwenden können. Bei frischen Birnen verlängert sich die Vorbereitungszeit, da diese erst geschält, halbiert und vom Kerngehäuse befreit und 5 Minuten in Zuckerwasser gegart werden müssen.*

**Fruchtig**

**Klassisches Rezept**
**18 g Fett =**  6

**PfundsKur Rezept**
**9 g Fett =** 3

| Vorbereiten: | 30 Min. |
| Backen: | 50 Min. |

| 75 g | Magerquark |
|---|---|
| 120 g | Zucker |
| 1 Pck. | Vanillezucker |
| 3 | Eier |
| 40 g | Öl |
| 3 EL | Milch |
| 1 | unbehandelte Zitrone |
| 200 g | Mehl |
| 1 Prise Salz | |
| Öl für die Form | |
| Mehl für die Arbeitsfläche | |
| 2 | Dosen Birnen |
| 1/4 l | Sekt oder Weißwein |
| 1 Pck. | Vanillepudding-Pulver |
| 200 g | Sauerrahm |

1 Quark, 40 g Zucker, Vanillezucker und 1 Ei verrühren. Nach und nach das Öl und die Milch zugeben. Die Zitrone abreiben. Das Mehl, die Zitronenschale und das Salz unter die Quarkmischung arbeiten. Zu einem geschmeidigen Teig kneten und 10 Minuten ruhen lassen.

2 Eine Form von 32 cm Ø mit Öl ausfetten. Ofen auf 180 Grad vorheizen. Den Teig auf einem bemehlten Brett ausrollen, in die Form legen, den Rand hochziehen. Mit einer Gabel mehrmals einstechen, im vorgeheizten Ofen 15 Minuten backen.

3 Die Birnenhälften in einem Haarsieb abtropfen lassen, dabei 1/4 l Birnensaft auffangen und mit dem Sekt und dem Puddingpulver nach Packungsanleitung einen Vanillepudding herstellen. Die Birnenhälften auf dem vorgebackenen Teig verteilen, den Pudding darübergießen, den Kuchen auf der mittleren Schiene weitere 25 Minuten backen.

4 Inzwischen die restlichen Eier trennen. Die Eigelbe mit dem Sauerrahm und dem restlichen Zucker verrühren. Eiweiß zu steifem Schnee schlagen und vorsichtig unter die Masse heben. Den Kuchen aus dem Backofen nehmen, mit der Masse bestreichen und nochmals 20 Minuten backen. In der Form abkühlen lassen.
■ **Ergibt 12 Stücke.**

# Lustiger Birnenkuchen

*Ein Kuchen, der seinen Namen den in Williamsbirnenschnaps eingelegten Früchten verdankt. Wenn Kinder mitessen, sollten Sie statt Schnaps Zitronensaft verwenden. Der Kuchen wird besonders locker, wenn Sie den Teig mit dem Stabmixer aufrühren.*

**1** Butter, Zucker, Ei und Milch in einer Rührschüssel verrühren und mit den Quirlen des elektrischen Handrührgeräts 5 Minuten schaumig rühren. Das Salz zugeben. Nach und nach das Mehl und das Backpulver unterrühren. Mit dem ausgeschalteten Rührgerät die Zitronenschale und die Rosinen unter den Teig arbeiten.

**2** Den Backofen auf 180 Grad vorheizen. Die Birnen schälen, entkernen und in Scheiben schneiden. Mit Puderzucker und dem Schnaps marinieren.

**3** Inzwischen eine Springform mit einem Ø von 28 cm mit Öl fetten. Den Teig hineinfüllen und die marinierten Birnenscheiben darauf verteilen. Den Birnenkuchen auf der mittleren Schiene im vorgeheizten Backofen 60 Minuten backen.

■ **Ergibt 12 Stücke.**

| Schnell | | |
|---|---|---|
| **Klassisches Rezept** 15 g Fett = | | 5 |
| **PfundsKur Rezept** 6 g Fett = | | 2 |

| Vorbereiten: | 30 Min. |
|---|---|
| Backen: | 60 Min. |

| **Teig:** | |
|---|---|
| 50 g | Butter |
| 150 g | Zucker |
| 1 | Ei |
| 1/4 l | Milch |
| 1 Prise Salz | |
| 300 g | Mehl |
| 1 Pck. | Backpulver |
| | abgeriebene Schale von 1 Zitrone |
| 125 g | Rosinen |

| **Belag:** | |
|---|---|
| 1 kg | Birnen |
| 1 EL | Puderzucker |
| 4 cl | Williamsbirnen- schnaps |
| 10 g | Öl |

**Dieser Kuchen läßt sich auch mit Äpfeln zubereiten. Marinieren Sie dann die Früchte mit Rum und verwenden Sie 2 Eßlöffel Puderzucker, wenn die Äpfel sehr säuerlich sind.**

Tip

# Frischkäsetorte mit Sauerkirschen

*Diese Torte erhält ihren unnachahmlichen Geschmack durch die Verwendung von Frischkäse. Allerdings sparen Sie dabei gegenüber Schlagsahne nicht viel Fett ein. Wenn Sie keine frischen Kirschen bekommen, verwenden Sie statt dessen ein Glas Schattenmorellen.*

**Exquisit**

| Klassisches Rezept 18 g Fett = | 6 |
| PfundsKur Rezept 12 g Fett = | 4 |

| Vorbereiten und Backen: | 50 Min. |
| Kühlen: | 3 Std. |

| 1 | Biskuitboden (Grundrezept siehe Seite 206) |
| 1 kg | Sauerkirschen |
| 100 g | Zucker |
| | etwas Kirschsaft (oder Apfelsaft) |
| 50 g | Speisestärke |
| 4 Blatt | Gelatine |
| 1 | unbehandelte Zitrone |
| 600 g | Frischkäse (40% Fett) |
| 80 g | Puderzucker |
| 3 EL | Kirschwasser |
| 200 g | Sahne |

**1** Den Biskuit wie im Grundrezept beschrieben herstellen, halbieren und 1 Hälfte davon einfrieren. Die Kirschen waschen und entsteinen, mit dem Zucker mischen und ca. 20 Minuten stehen lassen. Anschließend in einem Sieb abtropfen lassen, die Flüssigkeit dabei auffangen. Diese mit Kirschsaft auf 0,3 l auffüllen. Davon 5 EL abmessen und die Speisestärke damit anrühren. Die restliche Flüssigkeit mit den Kirschen zum Kochen bringen und mit der angerührten Speisestärke binden. 1 Minute kochen lassen und zum Abkühlen beiseite stellen.

**2** Die Blattgelatine in kaltem Wasser einzeln einweichen. Die Hälfte der Zitrone abreiben, dann die ganze Frucht auspressen. Den Zitronensaft in einem kleinen Topf erwärmen. Die eingeweichten und gut ausgedrückten Gelatineblätter darin auflösen. Den Frischkäse mit der abgeriebenen Zitronenschale, dem Puderzucker und dem Kirschwasser kräftig verrühren. Den Zitronensaft mit der eingeweichten Gelatine unterrühren. Die Sahne steif schlagen und vorsichtig unter die Frischkäsemasse heben.

**3** Biskuitboden in eine passende Springform setzen. Zuerst eine dünne Schicht Frischkäsemasse einfüllen und glattstreichen, dann das abgekühlte Kirschkompott darüber verteilen, mit der restlichen Käsemasse bedecken. Die Torte 3 Stunden kühlen.
▓ **Ergibt 16 Stücke.**

# Käsesahnetorte

*Eine Käsesahnetorte mit wenig Sahne und viel Quark. Dadurch wird die Torte schön fruchtig und saftig. Diese Sahnetorte können Sie mit verschiedenen Früchten verfeinern. Sehr gut eignen sich Mandarinen oder Pfirsiche.*

**1** Den Biskuit wie im Grundrezept beschrieben zubereiten und auskühlen lassen. Die Blattgelatine in kaltem Wasser einzeln einweichen. Die halbe Zitrone abreiben und dann die ganze Frucht auspressen. Den Zitronensaft in einem kleinen Topf erwärmen. Die eingeweichten und ausgedrückten Gelatineblätter im warmen Zitronensaft auflösen.

**2** Den Quark mit der abgeriebenen Zitronenschale, dem Puderzucker und dem Honig kräftig verrühren. Den Zitronensaft mit der aufgelösten Gelatine unterrühren. Die Sahne steif schlagen und gründlich unter den Quark rühren. Zum Schluß die Eiweiße zu Schnee schlagen und vorsichtig unter die Quarkmasse heben.

**3** Den Biskuit mit einem großen Messer, oder mit einem Faden quer in eine dickere und eine dünnere Hälfte im Verhältnis 2/3 zu 1/3 teilen. Um den dickeren Boden einen Tortenrand legen. Die Quarkmasse gleichmäßig darauf streichen. Den dünneren Biskuit in 16 Tortenstücke teilen und auf die Quarkmasse legen. Die Torte ca. 2 Stunden in den Kühlschrank stellen. Vor dem Servieren mit Puderzucker bestreuen.

▒ **Ergibt 16 Stücke.**

| **Bekannt und beliebt** | | |
|---|---|---|
| Klassisches Rezept 18 g Fett = | | 6 |
| PfundsKur Rezept 9 g Fett = | | 3 |

| **Vorbereiten und Backen:** | **50 Min.** |
|---|---|
| **Kühlen:** | **2 Std.** |

| 1 | Biskuitboden (Grundrezept siehe Seite 206) |
|---|---|
| 6 Blatt | Gelatine |
| 1 | unbehandelte Zitrone |
| 500 g | Magerquark |
| 100 g | Puderzucker |
| 2 EL | Honig |
| 200 g | Sahne |
| 3 | Eiweiß |

# Joghurt-Beeren-Torte

*Eine erfrischende Torte, die man am besten im Frühsommer serviert,
wenn auf den Märkten frische Beeren angeboten werden.
Ich bereite sie am liebsten mit Himbeeren oder im Spätsommer
mit Brombeeren zu.*

**Sommertorte**

**Klassisches
Rezept
12 g Fett =** 4

**PfundsKur
Rezept
6 g Fett =** 2

| Vorbereiten und Backen: | 50 Min. |
| Kühlen: | 1 Std. 30 Min. |

| | |
|---|---|
| *1* | *Biskuitboden (Grundrezept siehe Seite 206)* |
| *10 Blatt* | *Gelatine* |
| *600 g* | *Joghurt* |
| *80 g* | *Puderzucker* |
| *200 g* | *Sahne* |
| *0,1 l* | *Milch* |
| *500 g* | *beliebige Beeren* |
| *0,2 l* | *Weißwein* |
| *0,2 l* | *Fruchtsaft* |
| | *etwas Zucker nach Geschmack* |
| *3 Pck.* | *roter Tortenguß* |

1 Den Biskuit wie im Grundrezept beschrieben zubereiten und auskühlen lassen. Dann in 2 Hälften teilen und 1 Hälfte davon einfrieren. In einer großen Schüssel mit kaltem Wasser die Gelatineblätter einzeln einweichen.

2 Den Joghurt mit 40 g Puderzucker gut verrühren. Die Sahne mit dem restlichen Puderzucker steif schlagen und vorsichtig unter die Joghurtmasse heben. Die Milch erhitzen und die ausgedrückte Blattgelatine darin auflösen. Etwas abkühlen lassen und dann zügig unter die Joghurtmasse rühren. Einen Tortenring fest um den Tortenboden legen, die Joghurtmasse einfüllen und die Torte 1 Stunde in den Kühlschrank stellen.

3 Die Beeren waschen, verlesen und auf die Joghurtmasse legen. Aus dem Weißwein, dem Fruchtsaft und 0,1 l Wasser den Tortenguß nach Packungsanleitung zubereiten. Den Guß über die Beeren verteilen und abkühlen lassen. Nach etwa 30 Minuten Kühlzeit ist die Torte zum Servieren bereit.
■ **Ergibt 16 Stücke.**

**Außerhalb der Beerensaison verwende ich für diese Torte Früchte aus der Tiefkühltruhe. Legen Sie diese gefroren auf die Joghurtmasse. Servieren Sie die Torte jedoch erst nach einer Stunde, damit die Beeren auftauen können.**

Tip

# Brombeer-Quark-Torte

*Brombeeren sind im Spätsommer ein Genuß.*
*Die Früchte sind süß und lassen sich auch sehr gut mit*
*Äpfeln kombinieren. Eine Torte, die Sie schon*
*am Vortag herstellen können.*

**1** Den Biskuit wie im Grundrezept beschrieben herstellen, auskühlen lassen. Den Tortenboden in 2 Hälften teilen und 1 Hälfte davon einfrieren. Die Brombeeren verlesen und waschen. 600 g Beeren mit dem Zucker, dem Johannisbeersaft und 0,1 l Wasser zum Kochen bringen. Das Puddingpulver mit 5 EL Wasser anrühren und das Brombeerkompott damit binden. Kurz aufkochen und zum Abkühlen beiseite stellen.

**2** Die Blattgelatine in kaltem Wasser einzeln einweichen. Magerquark und Puderzucker glatt rühren. Die Milch erwärmen und die eingeweichte und ausgedrückte Blattgelatine darin auflösen. Die Sahne steif schlagen. Zuerst die Milch mit der Blattgelatine unter den Quark rühren, zum Schluß die Sahne vorsichtig unterheben.

**3** Den Biskuit in eine passende Springform legen und das Brombeerkompott gleichmäßig darauf verteilen. Dann die Quarkmasse darüber streichen. Die Brombeerquark-Torte 3 Stunden im Kühlschrank kaltstellen. Nach 1 Stunde die Torte mit den restlichen Brombeeren garnieren.

**■ Ergibt 16 Stücke.**

**Erfrischend und lecker**

| Klassisches Rezept | |
|---|---|
| **18 g Fett =** | 6 |

| PfundsKur Rezept | |
|---|---|
| **6 g Fett =** | 2 |

**Vorbereiten und Backen: 1 Std. 20 Min.**
**Kühlen: 3 Std.**

| | |
|---|---|
| *1* | Biskuitboden (Grundrezept siehe Seite 206) |
| *800 g* | Brombeeren |
| *150 g* | Zucker |
| *0,1 l* | Johannisbeersaft |
| *1 Pck.* | Vanillepudding-Pulver |
| *4 Blatt* | Gelatine |
| *250 g* | Magerquark |
| *50 g* | Puderzucker |
| *0,1 l* | Milch |
| *200 g* | Sahne |

**Wenn Sie diese Torte mit Brombeeren und Äpfeln zubereiten möchten, so nehmen Sie für das Brombeerkompott nur 300 g Brombeeren und raspeln noch 300 g Äpfel dazu.**

**Tip**

# Erdbeertarte

*Normalerweise ist die Grundlage einer Tarte ein Mürbe- oder Blätterteig,
der viel Fett enthält. Mit einem fettärmeren Quarkboden können
Sie jedoch eine ebenso feine Tarte backen. Der Teig ist zwar etwas
weniger mürbe, aber lecker und gut bekömmlich.*

**Sommertraum**

**Klassisches Rezept** 18 g Fett = 6

**PfundsKur Rezept** 6 g Fett = 2

| Vorbereiten und Backen: | 40 Min. |
| Kühlen: | 60 Min. |

**Teig:**

| 70 g | Magerquark |
| 60 g | Zucker |
| 1 Pck. | Vanillezucker |
| 1 | Ei |
| 60 g | Butter |
| 1 | unbehandelte Zitrone |
| 180 g | Mehl |
| 1 TL | Backpulver |
| 1 Prise | Salz |
| Öl für die Form | |
| Mehl für die Arbeitsfläche | |

**1** Für den Teig in einer Rührschüssel den Magerquark, den Zucker, den Vanillezucker und das Ei verrühren. Nach und nach die Butter zugeben. Die Zitrone abreiben. Das Mehl mit dem Backpulver vermischen und dann mit dem Salz sowie der abgeriebenen Zitronenschale unter die Quarkmischung arbeiten. Alles zu einem geschmeidigen Teig kneten und diesen unbedingt mindestens 10 Minuten ruhen lassen.

**2** Eine Form von 32 cm Ø mit Öl ausfetten. Den Ofen auf 180 Grad vorheizen. Den Teig auf einem bemehlten Brett ausrollen, in die Kuchenform legen und den Rand hochziehen. Mit einer Gabel den Teigboden mehrmals einstechen und im vorgeheizten Backofen 15 Minuten backen. Zum Abkühlen auf ein Kuchengitter legen.

**3** Die Erdbeeren waschen und entkelchen. Große Früchte halbieren. Die Blattgelatine einzeln in kaltem Wasser einweichen. 100 g Joghurt mit Zucker und Vanillezucker in einem Töpfchen vorsichtig erwärmen. Den restlichen Joghurt mit der Erdbeerkonfitüre süßen. Die Blattgelatine ausdrücken und im warmen Joghurt auflösen. Dann in den übrigen, gesüßten Joghurt rühren.

**4** Den ausgekühlten Tarteboden auf eine Tortenplatte legen und mit einem Tortenring versehen. Die Erdbeer-Joghurt-Masse daraufgießen und mit den Erdbeeren belegen. Die Tarte mindestens 1 Stunde im Kühlschrank kaltstellen.
▪ **Ergibt 12 Stücke.**

Nach diesem Rezept können Sie auch genauso gut 12 Erdbeer-Tartlettes backen. Und statt der Erdbeeren natürlich auch andere Beeren Ihrer Wahl verwenden.

**Tip**

| *Belag:* | |
|---|---|
| *700 g* | *Erdbeeren* |
| *6 Blatt* | *Gelatine* |
| *400 g* | *Joghurt* |
| *60 g* | *Zucker* |
| *1 Pck.* | *Vanillezucker* |
| *1 EL* | *Erdbeerkonfitüre* |

# Schwedischer Kirschkuchen

*Dieses Rezept stammt aus dem Hause des Grafen Bernadotte und wird normalerweise mit Mürbeteig zubereitet. Durch die Zubereitung mit Quarkteig halbiert sich jedoch fast der Fettgehalt. Der Kuchen schmeckt lauwarm am besten.*

**Schnell**

**Klassisches Rezept**
18 g Fett =

**PfundsKur Rezept**
12 g Fett =

| Vorbereiten: | 30 Min. |
| Backen: | 35 Min. |

| | |
|---|---|
| 80 g | Magerquark |
| 130 g | Zucker |
| 2 Pck. | Vanillezucker |
| 2 | Eier |
| 40 g | Öl |
| 3 EL | Milch |
| 1 | unbehandelte Zitrone |
| 1 | Prise Salz |
| 220 g | Mehl |
| 1 TL | Backpulver |
| | Öl für die Form |
| | Mehl für die Arbeitsfläche |
| 1 Glas | Schattenmorellen |
| 400 g | saure Sahne |
| 1 TL | Speisestärke |

**1** In einer Rührschüssel Magerquark, 70 g Zucker, 1 Pck. Vanillezucker und 1 Ei verrühren. Nach und nach das Öl und die Milch zugeben. Die unbehandelte Zitrone abreiben. Das Mehl mit dem Backpulver vermischen, dann mit dem Salz und der abgeriebenen Zitronenschale unter die Quarkmischung arbeiten. Zu einem geschmeidigen Teig kneten und 10 Minuten ruhen lassen.

**2** Eine Form von 32 cm Ø mit Öl ausfetten. Den Ofen auf 180 Grad vorheizen. Den Teig auf einem bemehlten Brett ausrollen, in die Kuchenform legen und den Rand hochziehen. Mit einer Gabel den Teigboden mehrmals einstechen und im vorgeheizten Ofen ca.15 Minuten vorbacken.

**3** Die Kirschen in einem Haarsieb abtropfen lassen und auf dem vorgebackenen Teigboden verteilen. Aus saurer Sahne, restlichem Zucker, dem übrigen Ei sowie der Speisestärke einen Guß zubereiten und über die Kirschen gießen. Die Backofentemperatur auf 200 Grad erhöhen und den Kuchen darin auf der mittleren Schiene 20 Minuten backen. Noch warm mit dem restlichen Vanillezucker bestreuen.

▧ **Ergibt 12 Stücke.**

**Dieser Kuchen eignet sich auch besonders gut als Blechkuchen. Nehmen Sie dafür einfach die doppelte Menge der Zutaten.** **Tip**

# Stachelbeertorte

*Stachelbeeren werden im Frühsommer reif und präsentieren sich
hier in einer herrlichen Torte. Wir ersetzen den
Mürbeteig durch einen Biskuitboden. Statt mit Stachelbeeren können
Sie diesen Kuchen auch mit 1 kg Rhabarber zubereiten.*

1 Den Biskuit wie im Grundrezept beschrieben herstellen und auskühlen lassen. Dann in 2 Hälften teilen und 1 Hälfte davon einfrieren. Stachelbeeren waschen, Stielchen abzupfen und 100 g Beeren beiseite legen.

2 Weißwein und 0,1 l Wasser mischen. 0,1 l davon abmessen und mit dem Puddingpulver verrühren. Die restliche Flüssigkeit mit den Stachelbeeren und 120 g Zucker etwa 5 Minuten dünsten. Dann mit dem angerührten Puddingpulver binden. Kurz aufkochen und zum Abkühlen beiseite stellen.

3 Die beseite gestellten Stachelbeeren ganz klein schneiden. Die Zitrone abreiben. Eiweiß mit restlichem Zucker und Zitronenschale ganz steif schlagen. 1/3 davon in einen Spritzbeutel füllen. Die Stachelbeeren dazugeben und unter den restlichen Eischnee mischen. Den Biskuitboden mit der lauwarmen Stachelbeermasse bedecken.

4 Den Backofen auf 250 Grad Oberhitze einstellen. Den Eischnee über den Stachelbeeren verteilen und glatt streichen. Mit dem Eischnee im Spritzbeutel am Rand Tupfen auf die Torte spritzen und die Torte seitlich mit Mandelblättchen verzieren. Die Torte auf der mittleren Schiene im Ofen kurz backen, bis der Eischnee leicht Farbe angenommen hat.
■ **Ergibt 12 Stücke.**

**Raffiniert**

**Klassisches Rezept**
**18 g Fett =** 6

**PfundsKur Rezept**
**6 g Fett =** 2

| Vorbereiten und Backen: | 60 Min. |
|---|---|
| Überbacken: | 2–3 Min. |

| | |
|---|---|
| 1 | Biskuitboden (Grundrezept siehe Seite 206) |
| 800 g | Stachelbeeren |
| 1/4 l | Weißwein |
| 0,1 l | Wasser |
| 2 Pck. | Vanillepudding-Pulver |
| 360 g | Zucker |
| 1/2 | unbehandelte Zitrone |
| 4 | Eiweiß |
| 50 g | Mandelblättchen |

# Träubleskuchen

*Das ganze Jahr über ein beliebter Kuchen, der sowohl mit frischen,*
*als auch mit tiefgefrorenen Johannisbeeren schmeckt.*
*Tiefgefrorene Früchte dürfen Sie nicht vorher auftauen lassen,*
*sonst bildet sich zu viel Feuchtigkeit.*

**Herzhaft**

**Klassisches Rezept**
**15 g Fett =** 5

**PfundsKur Rezept**
**9 g Fett =** 3

| Vorbereiten: | 40 Min. |
| --- | --- |
| Backen: | 40 Min. |

| | |
| --- | --- |
| 200 g | Mehl |
| 1 TL | Backpulver |
| 150 g | Zucker |
| 80 g | Butter |
| 4 EL | Milch |
| 1 Prise | Salz |
| 3 | Eigelb |
| abgeriebene Schale von | |
| ¹/₂ unbehandelten Zitrone | |
| Öl für die Form | |
| Mehl für die Arbeitsfläche | |
| etwas Semmelbrösel | |
| 5 | Eiweiß |
| 2 TL | Speisestärke |
| 500 g | Johannisbeeren |

1 Aus Mehl, Backpulver, 70 g Zucker, Butter, Milch, Salz, Eigelben und Zitronenschale rasch einen Mürbeteig kneten, im Kühlschrank 30 Minuten ruhen lassen. Den Ofen auf 200 Grad vorheizen.

2 Eine Springform von 32 cm Ø mit wenig Öl ausfetten. Den Mürbeteig auf einem bemehlten Brett ausrollen, in die Form legen und den Rand hochziehen. Mit einer Gabel den Teigboden mehrmals einstechen, mit Semmelbrösel bestreuen und im vorgeheizten Backofen auf der unteren Schiene ca. 15 Minuten goldgelb vorbacken. Herausnehmen und auskühlen lassen.

3 Inzwischen die Eiweiße steif schlagen, den restlichen Zucker und die Speisestärke hinzufügen und noch weitere 5 Minuten weiterschlagen. Die Johannisbeeren waschen, mit einer Gabel von den Rispen streifen und vorsichtig unter die Eiweißmasse heben.

4 Die Eischnee-Johannisbeer-Masse mit den Früchten auf den vorgebackenen Boden geben und den Kuchen auf der mittleren Schiene etwa 20 Minuten bei 150 Grad leicht goldgelb backen.
■ **Ergibt 12 Stücke.**

Nehmen Sie eine beschichtete Backform, dann brauchen Sie diese nur ganz sparsam mit Öl oder Butter auszufetten. **Tip**

# Aprikosenkuchen mit Guß

*Dieser Aprikosenkuchen wird durch den Quark-Ei-Guß besonders
saftig. Wenn es keine frischen Aprikosen gibt, können Sie
auch Früchte aus der Dose verwenden. Dieser Kuchen
läßt sich auch mit Äpfeln zubereiten.*

**1** In einer Rührschüssel 100 g Magerquark, 50 g Zucker, 1 Pck. Vanillezucker und 1 Ei verrühren. Nach und nach das Öl und die Milch zugeben. Das Mehl mit dem Backpulver mischen und unter die Quarkcreme geben. Zu einem geschmeidigen Teig verarbeiten und ruhen lassen.

**2** Die Aprikosen waschen, halbieren und entsteinen. Eine Form von 32 cm Ø mit Öl ausfetten. Den Backofen auf 200 Grad vorheizen. Den Teig auf einem bemehlten Brett ausrollen, in die Kuchenform legen und den Rand hochziehen. Mit einer Gabel den Teig mehrmals einstechen und mit den Früchten belegen. 50 g Zucker und Zimt mischen und darüber streuen.

**3** Den Kuchen im vorgeheizten Backofen auf der mittleren Schiene 20 Minuten backen. Inzwischen den restlichen Zucker, die übrigen Eier, die saure Sahne und das zweite Pck. Vanillezucker für den Guß verrühren. Den Kuchen damit überziehen und nochmals 25 Minuten backen.
**▪ Ergibt 12 Stücke.**

| Saftig | | |
|---|---|---|
| **Klassisches Rezept** 21 g Fett = | |  7 |
| **PfundsKur Rezept** 9 g Fett = | | 3 |

| **Vorbereiten:** | **20 Min.** |
|---|---|
| **Backen:** | **45 Min.** |

| | |
|---|---|
| 350 g | Magerquark |
| 200 g | Zucker |
| 2 Pck. | Vanillezucker |
| 4 | Eier |
| 50 g | Öl |
| 4 EL | Milch |
| 1 Prise | Salz |
| 250 g | Mehl |
| 1 Pck. | Backpulver |
| 1 kg | Aprikosen |
| Öl für die Form | |
| Mehl für die Arbeitsfläche | |
| 1 TL | Zimtpulver |
| 100 g | saure Sahne |

**Wenn ich diesen Kuchen aus Äpfeln
herstelle, verfeinere ich alles noch mit
100 g Rosinen.**

# Pfirsichrolle

*Eine Biskuitrolle ist das ganze Jahr über immer ein erfrischend leichter Genuß. Bekömmlicher wird sie, wenn Sie für die Füllung etwas weniger Sahne nehmen. Diese Füllung wird mit Pfirsichwürfeln aus der Dose verfeinert.*

| Lecker | |
|---|---|
| Klassisches Rezept | |
| 18 g Fett = | 6 |
| PfundsKur Rezept | |
| 6 g Fett = | 2 |

| Backen: | 20 Min. |
| Kühlen: | 2 Std. |

| | |
|---|---|
| 1 | Biskuitboden (Grundrezept siehe Seite 206) |
| | etwas Zucker |
| 4 Blatt Gelatine | |
| 1 | unbehandelte Zitrone |
| 1 Dose Pfirsiche | |
| 500 g | Magerquark |
| 70 g | Puderzucker |
| 2 EL | Honig |
| 100 g | Sahne |
| Puderzucker zum Bestäuben | |

**1** Den Biskuit wie im Grundrezept beschrieben zubereiten. Den Teig allerdings auf ein mit Backpapier ausgelegtes Blech streichen und nur ca. 10 Minuten backen. Dann auf ein mit Zucker bestreutes Küchentuch legen, das Backpapier entfernen, die Teigplatte aufrollen und auskühlen lassen. Die Blattgelatine in kaltem Wasser einzeln einweichen. Die halbe Zitrone abreiben und dann die ganze Frucht auspressen. Den Zitronensaft in einem kleinen Topf erwärmen und die eingeweichte Gelatine im warmen Zitronensaft auflösen.

**2** Die Pfirsiche aus der Dose abtropfen lassen und in kleine Würfel schneiden. Den Quark mit der abgeriebenen Zitronenschale, dem Puderzucker und dem Honig kräftig verrühren. Den Zitronensaft mit der eingeweichten Gelatine unterrühren. Die Sahne steif schlagen, vorsichtig unter die Quarkmasse ziehen und die Pfirsichwürfel unterheben.

**3** Den ausgekühlten Biskuit langsam aus dem Küchentuch rollen, mit der Quark-Pfirsich-Masse bestreichen, wieder aufrollen und 2 Stunden kühlstellen. Die Pfirsichrolle vor dem Servieren in Scheiben schneiden und mit Puderzucker bestäuben.

▓ **Ergibt 16 Stücke**.

Probieren Sie auch eine Variante mit Sauerkirschen. Sie sollten dann allerdings die Sahne mit 100 g Puderzucker süßen. **Tip**

# Zwetschgenkuchen mit Streuseln

*Ein einfacher, sehr beliebter Kuchen, der sowohl mit frischen,*
*als auch mit tiefgekühlten Zwetschgen schmeckt. Die Zwetschge ist*
*eine besonders fruchtige Pflaumenart, die ab Ende*
*August in köstlicher Qualität, vor allem in Baden angeboten wird.*

**1** Aus 200 g Mehl, 100 g Zucker, 1 Pck. Vanillezucker, 70 g Butter, dem Magerquark, Salz, abgeriebener Zitronenschale und dem Ei rasch einen Mürbeteig kneten. Diesen im Kühlschrank 30 Minuten ruhen lassen.

**2** Eine Springform mit einem Ø von 30 cm mit wenig Öl ausfetten. Den Mürbeteig auf einem bemehlten Brett ausrollen, in die Form legen und den Rand hochziehen. Mit einer Gabel den Teigboden mehrmals einstechen, diesen mit Semmelbröseln bestreuen und mit den Früchten belegen.

**3** Die restliche Butter zunächst erwärmen, dann wieder erkalten lassen. In die flüssige, abgekühlte Butter dann vorsichtig die Milch einrühren. Restliches Mehl, Zimt, Zucker und Vanillezucker in einer Schüssel vermischen. Die Milch-Fett-Mischung nach und nach dazugießen. Dabei mit Hilfe einer Gabel Streusel herstellen. Den Backofen auf 200 Grad vorheizen.

**4** Die Streusel über die Zwetschgen verteilen. Den Kuchen auf der mittleren Schiene im vorgeheizten Ofen 45 Minuten backen (bei Umluft nur 40 Minuten). Den noch heißen Kuchen mit Vanillezucker bestreuen.

■ **Ergibt 12 Stücke**

**Wenn Sie tiefgekühlte Zwetschgen verwenden, diese gefroren auf den Kuchenboden legen und den Kuchen 8 Minuten länger backen.** *Tip*

**Saftig und süß**

**Klassisches Rezept**
**21 g Fett =** 7

**PfundsKur Rezept**
**12 g Fett =** 4

| Vorbereiten: | 40 Min. |
|---|---|
| Backen: | 45 Min. |

| | |
|---|---|
| 400 g | Mehl |
| 200 g | Zucker |
| 2 Pck. | Vanillezucker |
| 140 g | Butter |
| 55 g | Magerquark |
| 1 Prise Salz | |
| abgeriebene Schale von 1/2 unbehandelten Zitrone | |
| 1 | Ei |
| Öl für die Form | |
| Mehl für die Arbeitsfläche | |
| 750 g | entsteinte Zwetschgen |
| 15 g | Semmelbrösel |
| 4 EL | kalte Milch |
| 1/2 TL | Zimtpulver |

# Rotwein-Pflaumenkuchen

*Diesen saftigen Kuchen sollten Sie in einer Springform backen.*
*In Rotwein getränkte Semmelbrösel geben dem Pflaumenkuchen*
*geschmacklich einen besonderen Pfiff. Pflaumenzeit*
*ist ab Ende August bis Mitte September.*

| Herbstlich | | |
|---|---|---|

**Klassisches Rezept** — **18 g Fett =** 6

**PfundsKur Rezept** — **12 g Fett =** 4

| Vorbereiten: | 40 Min. |
|---|---|
| Backen: | 50 Min. |

| | |
|---|---|
| 1 kg | Pflaumen |
| 120 g | weiche Butter |
| 200 g | Zucker |
| 250 g | Semmelbrösel |
| 1/8 l | Rotwein |
| Öl für die Form | |
| 3 | Eier |
| abgeriebene Schale von 1/2 unbehandelten Zitrone | |
| 1 TL | Backpulver |
| Puderzucker zum Bestreuen | |

**1** Die Pflaumen waschen und entsteinen. Butter und Zucker so lange schaumig rühren, bis sich der Zucker fast gelöst hat. Semmelbrösel in dem Rotwein tränken.

**2** Eine Springform von 32 cm Ø mit Öl ausfetten. Die Eier trennen. Die Eigelbe, die abgeriebene Zitronenschale, das Backpulver und die eingeweichten Semmelbrösel unter die Butter-Zucker-Mischung rühren. Eiweiße zu steifem Schnee schlagen und vorsichtig unter den Bröselteig heben.

**3** Den Backofen auf 180 Grad vorheizen. In die vorbereitete Springform 1/3 der Teigmasse geben. Die entsteinten Pflaumen darauf verteilen und mit der restlichen Masse bedecken. Die Oberfläche glattstreichen und den Kuchen im vorgeheizten Ofen auf der unteren Schiene 45 Minuten backen.

**4** Den Kuchen nach dem Backen 1 Stunde in der Form ruhen lassen. Aus der Springform nehmen und mit Puderzucker bestreuen.
■ **Ergibt 12 Stücke.**

**Wenn Sie tiefgefrorene Zwetschgen oder Pflaumen verwenden, lassen Sie diese nur leicht antauen, bevor Sie den Kuchen damit belegen. Dieser Kuchen schmeckt auch mit Süßkirschen.** Tip

# Kleckselkuchen

*Der Klecksel-Kuchen ist eine böhmische Spezialität. Hefekuchen schmeckt*
*frisch am besten. Reste sollten Sie deshalb noch am selben Tag einfrieren.*
*Wenn Sie keine Mohnmühle haben, verwenden Sie einfach*
*Backmohn aus dem Supermarkt.*

**1** 400 g Mehl in eine große Schüssel geben und in die Mitte eine Mulde drücken. Die Hefe hineinbröckeln und mit 40 g Zucker, der lauwarmen Milch und etwas Mehl zu einem Vorteig verrühren. Mit einem Tuch bedecken und 15 Minuten an einem warmen Ort gehen lassen.

**2** Inzwischen aus dem Quark, den Eigelben, Speisestärke, 50 g Zucker und der abgeriebenen Zitronenschale die Quarkcreme herstellen. Aus dem restlichen Mehl, 75 g zerlassener Butter und dem restlichen Zucker Streusel herstellen.

**3** Nun die restliche Butter, das warme Ei und das Salz zum Vorteig geben und diesen mit allem Mehl in der Schüssel kräftig kneten. Den Teig erneut mit dem Tuch bedecken und 20 Minuten gehen lassen.

**4** Den Teig nochmals durchkneten, auf einem bemehlten Blech ausrollen und das gefettete Backblech damit auslegen. Den Backofen auf 180 Grad vorheizen. Den Teigboden abwechselnd mit „Kleckseln" aus Quarkcreme, Backmohn, Konfitüre und Pflaumenmus belegen. Die Streusel gleichmäßig darüber streuen. Den Kleckselkuchen im Backofen auf der unteren Schiene ca. 30 Minuten backen.

**▨ Ergibt 20 Stücke.**

**Böhmischer Blechkuchen**

| **Klassisches Rezept** 15 g Fett = | 5 |
| **PfundsKur Rezept** 12 g Fett = | 4 |

| **Vorbereiten:** | **55 Min.** |
| **Backen:** | **30 Min.** |

| | |
|---|---|
| 550 g | Mehl |
| 1/2 | Würfel Hefe |
| 165 g | Zucker |
| 3 EL | lauwarme Milch |
| 250 g | Quark |
| 2 | Eigelb |
| 1 EL | Speisestärke |
| abgeriebene Schale von 1 unbehandelten Zitrone | |
| 175 g | Butter |
| 1 | Ei (in warmes Wasser legen) |
| 1 Prise Salz | |
| Mehl für die Arbeitsfläche | |
| Öl für die Form | |
| 1/2 Glas Pflaumenmus | |
| 1/2 Glas Erdbeerkonfitüre | |
| 200 g | Backmohn |

# Schneller Butterkuchen

*Wie der Name schon sagt, kann natürlich ein Butterkuchen nicht ganz fettarm sein. Dieser genial einfache Kuchen schmeckt sehr lecker. Fett können Sie beim Guß durch die Verwendung von saurer Sahne sparen.*

**Einfach**

**Klassisches Rezept**
18 g Fett = 6

**PfundsKur Rezept**
12 g Fett = 4

| Vorbereiten: | 20 Min. |
| Backen: | 20 Min. |

| | |
|---|---|
| 1 | unbehandelte Zitrone |
| 200 g | Sahne |
| 2 Pck. | Vanillezucker |
| 360 g | Zucker |
| 3 | Eier |
| 350 g | Mehl |
| 1 Pck. | Backpulver |
| 1 Prise | Salz |
| 70 g | Butter |
| 60 g | saure Sahne |
| 4 EL | Milch |
| 100 g | gehobelte Mandeln |

1 Den Backofen auf 200 Grad vorheizen. Die Zitrone abreiben. Die Sahne, 1 Pck. Vanillezucker, 180 g Zucker, und die Eier mit einem Schneebesen gut verrühren.

2 Mehl, Backpulver, Salz und die abgeriebene Zitronenschale vermischen und unter ständigem Rühren zu der Ei-Sahne-Masse geben. Ein Backblech mit Backpapier auslegen und die Masse darauf streichen. Den Butterkuchen auf der mittleren Schiene im vorgeheizten Backofen 10 Minuten backen.

3 Inzwischen für den Guß die Butter bei mäßiger Hitze zerlassen. Die saure Sahne, den restlichen Zucker und das zweite Pck. Vanillezucker sowie die Milch und die Mandeln dazugeben und gut verrühren. Den Kuchen aus dem Ofen nehmen, den Guß gleichmäßig darüber streichen und den Kuchen anschließend auf der zweiten Schiene von oben im Backofen nochmals 10 Minuten backen.

■ **Ergibt 20 Stücke.**

**Tip**
Diesen Butterkuchen können Sie sehr gut einfrieren. Lassen Sie den Kuchen zuerst auskühlen, schneiden ihn dann in Stücke und frieren Sie diese einzeln verpackt ein. Vor dem Verzehr 10 Minuten bei 150 Grad aufbacken.

# Eierschecke mit Quark

*Ein leckerer Kuchen aus der sächsischen Küche. Der Unterschied zum klassischen Käsekuchen besteht im Teig: Für Eierschecke wird ein Hefeteig zubereitet. Außerdem wird sie auf dem tiefen Backofenblech gebacken. Ein Kuchen, den Sie übrigens problemlos einfrieren können.*

**1** Für den Teig das Mehl in eine große Schüssel geben und in die Mitte eine Mulde drücken. Die Hefe hineinbröckeln, mit 40 g Zucker, 3 EL lauwarmem Wasser und etwas Mehl zu einem Vorteig verrühren. Mit einem Tuch bedecken und 15 Minuten an einem warmen Ort gehen lassen.

**2** Inzwischen für den Belag 50 g Butter mit dem Quark, 100 g Zucker und 3 Eiern zu einer glatten Creme verrühren. Die Zitronenschale zugeben.

**3** Zum Vorteig 50 g Butter, 1 Ei und 1 Prise Salz geben, den Teig kräftig kneten. Erneut mit dem Tuch bedecken und nochmals 20 Minuten gehen lassen.

**4** Für den Guß 70 g Butter etwas schmelzen lassen. Die restlichen Eier trennen. Die zerlassene Butter, Eigelbe und übrigen Zucker 5 Minuten schaumig rühren. Eiweiße und 1 Prise Salz zu einem festen Schnee aufschlagen, unter die Eigelbmasse heben.

**5** Backofen auf 200 Grad vorheizen. Backblech fetten. Teig nochmals durchkneten, auf einem bemehlten Brett ausrollen, in das Backblech legen. Quarkcreme auf den Teig streichen, Rosinen darüberstreuen. Eierguß daraufgeben und glattstreichen. Auf der unteren Schiene 40 Minuten backen. Die fertige Eierschecke mit Puderzucker bestreuen.

■ **Ergibt 20 Stücke.**

| Klassisch |
|---|

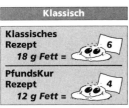

| Klassisches Rezept |
|---|
| **18 g Fett =** 6 |
| **PfundsKur Rezept** |
| **12 g Fett =** 4 |

| Vorbereiten: | 40 Min. |
|---|---|
| Backen: | 40 Min. |

| |
|---|
| *500 g Mehl* |
| *1 Würfel Hefe* |
| *220 g Zucker* |
| *170 g Butter* |
| *8 Eier* |
| *2 Prisen Salz* |
| *750 g Magerquark* |
| *abgeriebene Schale von 1 unbehandelten Zitrone* |
| *100 g Rosinen* |
| *Butter für das Blech* |
| *Mehl für die Arbeitsfläche* |
| *Puderzucker* |

# Desserts

*Ein Dessert ist immer ein glanzvoller Abschluß eines guten Menüs. Mit Fett wird dabei leider meist überhaupt nicht gespart! Dabei ist es leicht möglich, köstliche und raffinierte Süßspeisen ohne hohe Fettmengen zuzubereiten.*

*Besonders schnell sind Desserts aus frischen Früchten der Saison gemacht, wie die folgenden Beispiele zeigen. Probieren Sie einmal den Exotischen Fruchtsalat mit Pistazien oder die Melonenkugeln mit Himbeeren oder den Orangen-Grapefruit-Salat, den Beerensalat, den Zwetschgen- oder Traubensalat und den Mango-Ananas-Salat. Obstsalate gelingen übrigens am besten, wenn Sie die klein geschnittenen Früchte mit Läuterzucker marinieren. Für Läuterzucker 100 g Zucker mit 0,2 l Wasser bzw. 0,1 l Wasser und 0,1 l Wein zum Kochen bringen. 2 Minuten sprudelnd kochen und dann abkühlen lassen.*

*Eine andere fettarme Nachspeise neben Obstsalat ist Pudding.*
*Bestreuen Sie den noch heißen Pudding auf der Oberfläche*
*mit Puderzucker, dann bildet sich keine Haut.*
*Auch in der PfundsKur-Küche kommen Sahne-Fans nicht zu*
*kurz: Schlagen Sie Sahne immer gut gekühlt zunächst auf*
*niedrigster und dann auf höherer Stufe. So wird sie besonders*
*luftig und schaumig und bekommt mehr Volumen. Mit*
*Puderzucker gesüßt, hält Sahne übrigens länger steif.*

# Karamelcreme

*Der klassische spanische Nachtisch darf auch hier nicht fehlen.*
*Füllen Sie die Creme unbedingt portionsweise in Souffléförmchen.*
*Wenn Sie keine Förmchen haben, nehmen Sie statt dessen*
*einfach ofenfeste Kaffeetassen.*

**Spanische Spezialität**

**Klassisches Rezept** **24 g Fett =** 8

**PfundsKur Rezept** **12 g Fett =** 4

**Vorbereiten: 1 Std. 20 Min.**
**Kühlen:** **2 Std.**

| | |
|---|---|
| 40 g | Zucker |
| 10 g | Butter |
| 0,4 l | Milch |
| 6 | Eier |
| 40 g | Zucker |
| 1 Prise Salz | |

**1** 4 EL Wasser bereitstellen. Zucker und Butter schmelzen lassen, bis die Masse hell- bis mittelgelb ist und leicht karamelisiert. Sofort mit dem Wasser ablöschen und so lange kochen lassen, bis flüssiges Karamel entstanden ist. 4 Souffléförmchen damit ausgießen und den Karamel darin schwenken. Die vorbereiteten Förmchen beiseite stellen.

**2** Die Milch erhitzen, nicht kochen lassen. Die Eier mit dem Zucker 4 Minuten lang mit dem Handrührgerät schaumig rühren. Das Salz zugeben. Nach und nach die heiße Milch mit einem Schneebesen unter die Eiermasse rühren. Diese Flüssigkeit langsam in die vorbereiteten Förmchen gießen. Nicht bis zum Rand auffüllen, da die Eiermasse beim Garen aufgeht.

**3** Den Ofen auf 120 Grad vorheizen. Die Förmchen in eine Auflaufform oder ein tiefes Ofenblech setzen. Das Gefäß bis 2 cm unter den Rand der Förmchen mit heißem Wasser füllen und vorsichtig in den heißen Ofen stellen. Die Creme in ca. 30 Minuten stocken lassen. Das Wasser darf auf keinen Fall kochen, sonst wird die Creme löchrig. Vor dem Herausnehmen testen, ob die Ei-Milch-Masse gestockt ist.

**4** Die Karamelcreme mindestens 2 Stunden kaltstellen. Zum Servieren die Creme am Rand mit einem spitzen Messer von den Förmchen lösen und auf einen Teller stürzen.

# Cappuccino-Amaretto-Creme

*Eine leckere Creme, die sich sehr schnell zubereiten läßt.*
*Griechischer Joghurt ist fest in der Konsistenz und eignet sich*
*wunderbar für dieses Dessert. Sie erhalten ihn in griechischen Geschäften.*
*Mascarpone enthält im Vergleich dazu viel zu viel Fett.*

**1** Alle Zutaten, bis auf die Kekse, in einer großen Schüssel verrühren und mit dem Handrührgerät 4 Minuten kräftig aufschlagen.

**2** Die Hälfte der Creme portionsweise in Schälchen füllen. Dann die Kekse darauf legen und mit der anderen Hälfte der Creme bedecken. Die Cappuccino-Amaretto-Creme nach Belieben mit Kakao bestreuen.

**Einfach und schnell**

**Klassisches Rezept**
42 g Fett = 14

**PfundsKur Rezept**
18 g Fett = 6

**Vorbereiten:** 10 Min.
**Kühlen:** 30 Min.

| | |
|---|---|
| 250 g | griechischer Joghurt |
| 250 g | Magerquark |
| 100 g | Mascarpone |
| 1 EL | Zucker |
| 1 Pck. | Vanillinzucker |
| 1 Tütchen | Cappuccino-Kaffee-Pulver |
| 1 EL | Amarettolikör |
| 30 g | Amaretti-Kekse |
| | Kakao nach Belieben |

**Diese Creme können Sie auch, ähnlich wie Tiramisu, in eine große, flache Form geben. Nach einem halben Tag sind die Kekse schön durchgezogen und die Creme läßt sich gut portionieren.**
**Wenn Sie keinen griechischen Joghurt erhalten, dann sollten Sie Naturjoghurt (3,5% Fett) in einem Haarsieb abtropfen lassen.**

# Vanillecreme mit Orangensoße

*Diese köstliche Creme ist einfach zuzubereiten und dazu passen Fruchtsoßen für jeden Geschmack. Wenn Sie die Soße für Kinder kochen, sollten Sie den Likör weglassen. Der Orangengeschmack kann durch die Zugabe von abgeriebener Orangenschale verstärkt werden.*

| Weihnachtlich | | |
|---|---|---|
| **Klassisches Rezept** 21 g Fett = | | 7 |
| **PfundsKur Rezept** 12 g Fett = | | 4 |

| Vorbereiten: | 20 Min. |
|---|---|
| Kühlen: | 60 Min. |

**Creme:**

| | |
|---|---|
| 100 g | Rosinen |
| 1 | unbehandelte Zitrone |
| 0,6 l | Milch |
| 1 | Vanilleschote |
| 60 g | Speisestärke |
| 100 g | Zucker |
| 2 | Eier |
| 100 g | Sahne |

**Soße:**

| | |
|---|---|
| 2 | Orangen |
| 40 g | Zucker |
| 1 TL | Cointreau (Orangenlikör) |

**1** Die Rosinen in lauwarmem Wasser einweichen. Die Zitrone abreiben. $1/2$ l Milch zum Kochen bringen. Die Vanilleschote der Länge nach aufschlitzen. Mit dem Messerrücken das Vanillemark aus der Schote schaben und zur Milch geben.

**2** Die Speisestärke in der restlichen Milch auflösen und unter ständigem Rühren mit dem Schneebesen in die schwach köchelnde Milch einrühren. Den Zucker hinzufügen und 1mal aufkochen lassen. Den Topf vom Herd nehmen und den Inhalt etwas abkühlen lassen. Die Zitronenschale unterrühren.

**3** Die Eier trennen. Die Eigelbe unter ständigem Rühren zur Creme geben. Die eingeweichten Rosinen in einem Sieb abtropfen lassen und ebenfalls unter die Creme rühren. Die Sahne steif schlagen und unter die abgekühlte Creme rühren. Eiweiße zu steifem Schnee schlagen und zum Schluß vorsichtig unterheben. In Schälchen füllen, kaltstellen.

**4** Für die Soße die Orangen und die abgeriebene Zitrone auspressen. Den Zucker bei starker Hitze karamelisieren lassen. Wenn er mittelbraun ist, mit dem Saft ablöschen und etwas einkochen lassen. Die Soße mit dem Cointreau verfeinern und erkalten lassen. Vor dem Servieren über die Vanillecreme in den Schälchen geben.

# Aprikosen-Zitronen-Creme

*An diesen Nachtisch sollten Sie bereits am Tag zuvor denken, denn die*
*Trockenaprikosen müssen über Nacht eingeweicht werden. Den*
*Joghurt sollten Sie vor der Verarbeitung in einem Haarsieb abtropfen*
*lassen, denn er enthält in der Regel zu viel Flüssigkeit.*

**1** Die Aprikosen in Würfel schneiden, mit kochendem Wasser bedecken und über Nacht einweichen lassen.

**2** Am nächsten Tag die Aprikosen im Einweichwasser 20 Minuten weichkochen. Die übrige Flüssigkeit abgießen. Anschließend die Aprikosen mit dem Stabmixer pürieren und erkalten lassen. Die Schale der Zitrone abreiben.

**3** Das Aprikosenpüree mit dem Joghurt mischen und mit wenig Honig verfeinern. Eiweiße mit 1 Prise Salz zu steifem Schnee schlagen. Die Hälfte des Eischnees kräftig unter die Aprikosenmischung rühren.

**4** Den restlichen Eischnee zusammen mit der abgeriebenen Zitronenschale vorsichtig unter die Aprikosencreme heben. Diese in Gläser oder Schälchen füllen und 30 Minuten im Kühlschrank kaltstellen.

**Südländisch**

**Klassisches Rezept**
**9 g Fett =** 3

**PfundsKur Rezept**
**3 g Fett =** 1

| Vorbereiten: | 50 Min. |
| Kühlen: | 30 Min. |

| | |
|---|---|
| 250 g | getrocknete Aprikosen |
| 250 g | griechischer Joghurt |
| 1 | unbehandelte Zitrone |
| | flüssiger Honig |
| 2 | Eiweiß |
| 1 Prise Salz | |

**Mit Trockenpflaumen läßt sich auf die gleiche Art eine schmackhafte Pflaumencreme herstellen. Statt der Zitronenschale verwende ich dann Zimtpulver.**

**Tip**

**235**

# Panna cotta mit Aprikosensoße

*Das beliebte italienische Dessert ist ganz einfach zuzubereiten, enthält aber leider auch etwas Fett. Durch die Verwendung von Milch kann die Menge an Fettaugen verringert werden, dadurch schmeckt der Nachtisch sogar noch erfrischender und ist bekömmlicher.*

**Klassisch**

| **Klassisches Rezept** 39 g Fett = | 13 |
| **PfundsKur Rezept** 24 g Fett = | 8 |

| **Vorbereiten:** | **20 Min.** |
| **Kühlen:** | **1 Std.** |

*Panna cotta:*

| 0,3 l | Sahne |
| 1/4 l | Milch |
| 1 | Zimtstange |
| abgeriebene Schale von 1/2 Zitrone | |
| 2 EL | Zucker |
| 5 Blatt | Gelatine |

*Soße:*

| 200 g | frische Aprikosen und |
| 2 EL | Zucker oder nur |
| 200 g | Aprikosen aus der Dose |

Pfefferminzeblättchen zum Garnieren

**1** Sahne und Milch mit Zimt, Zitronenschale sowie Zucker aufkochen lassen und 2 Minuten offen weiterköcheln lassen. Inzwischen die Gelatineblätter einzeln in kaltem Wasser einweichen.

**2** Die gewürzte Sahnemilch durch ein Haarsieb geben und die eingeweichten und ausgedrückten Gelatineblätter in der warmen Flüssigkeit auflösen. In Souffléförmchen füllen und im Kühlschrank kalt werden lassen.

**3** Die frischen Aprikosen entsteinen und mit dem Zucker und wenig Wasser langsam aufkochen lassen. Anschließend mit dem Stabmixer pürieren. Aprikosen aus der Dose nur zerkleinern und ohne Zucker, eventuell mit etwas Aprikosensaft pürieren.

**4** Zum Anrichten die Aprikosensoße als Spiegel auf einen Teller geben. Die Förmchen mit der Panna cotta kurz in warmes Wasser halten, die Creme mit einem spitzen Messer vom Rand lösen und auf die Aprikosensoße stürzen. Das Dessert mit Pfefferminzeblättchen garnieren.

**Wenn Sie keine geeigneten Förmchen haben, so verwenden Sie einfach ofenfeste Kaffeetassen. Durch die konische Form der Tassen läßt sich die Creme besonders leicht stürzen.**

tip

# Geeiste Rumcreme

*Ein leckeres Dessert für Liebhaber von erfrischendem Eis.*
*Rum und Rosinen harmonieren prächtig. Sie können diese Creme bereits*
*am Vortag herstellen, müssen sie aber einige Zeit vor dem Servieren*
*aus dem Tiefkühlfach nehmen.*

**1** Rosinen in lauwarmem Wasser einweichen. Die Milch zum Kochen bringen. Das Vanillepuddingpulver mit der Sahne anrühren und unter ständigem Rühren mit dem Schneebesen in die leicht köchelnde Milch einrühren, aufkochen lassen und anschließend zum Abkühlen beiseite stellen. Mit wenig Puderzucker bestreuen, damit sich keine Haut bildet.

**2** Mit dem Handrührgerät den Zucker und die Eier 5 Minuten schaumig rühren. Dann nach und nach den lauwarmen Vanillepudding zugeben. Die Creme in einer Edelstahlschüssel in den Gefrierschrank stellen. Nach 15 Minuten mit dem Schneebesen kräftig umrühren und wieder einfrieren.

**3** Die eingeweichten Rosinen in einem Sieb abtropfen lassen. Nach weiteren 15 Minuten die Rosinen und den Rum zugeben und alles wieder kräftig verrühren. Etwa 10 Minuten vor dem Servieren die geeiste Creme aus dem Gefrierschrank nehmen.

**Läßt sich vorbereiten**

| | |
|---|---|
| **Klassisches Rezept** **21 g Fett =** | 7 |
| **PfundsKur Rezept** **12 g Fett =** | 4 |

| **Vorbereiten:** | **20 Min.** |
|---|---|
| **Kühlen:** | **2 Std.** |

| | |
|---|---|
| *100 g* | *Rosinen* |
| *0,5 l* | *Milch* |
| *1 Pck.* | *Vanillepudding-Pulver* |
| *100 g* | *Sahne* |
| | *Puderzucker* |
| *100 g* | *Zucker* |
| *2* | *Eier* |
| *4 EL* | *Rum* |

**Die Creme wird mit der Eismaschine noch cremiger. Wenn sie häufig Sorbets, übrigens ein idealer PfundsKur-Nachtisch, zubereiten, sollten Sie über diese Investition nachdenken.**

**Tip**

# Birnensorbet

*Sorbets erhalten durch das aufgeschlagene Eiweiß eine besonders lockere Konsistenz. Wenn Sie keine Eismaschine haben, ist es wichtig, daß Sie die Sorbetmasse alle 15 Minuten gut durchrühren, damit sich keine festen Eiskristalle bilden und das Sorbet schön cremig wird.*

**Fruchtig**

**Klassisches Rezept** — **0 g Fett =** 0

**PfundsKur Rezept** — **0 g Fett =** 0

| Vorbereiten: | 40 Min. |
|---|---|
| Kühlen: | 2 Std. |

| | |
|---|---|
| 600 g | Birnen |
| 150 g | Zucker |
| 2 cl | Williamsbirnen-schnaps |
| 1 EL | Zitronensaft |
| 2 | Eiweiß |

1 Die Birnen schälen, das Kerngehäuse entfernen und das Fruchtfleisch in Würfel schneiden. Die Birnenwürfel mit 1/2 l Wasser zum Kochen bringen und zugedeckt in ca. 10 Minuten weich dünsten.

2 Die Birnenwürfel mit einem Sieblöffel aus dem Topf nehmen und in ein hohes Gefäß geben. Dann mit dem Stabmixer zerkleinern. Den Zucker in den Topf geben und den Sud offen auf 1/4 l einkochen lassen. Birnenmus und Sud erkalten lassen

3 Birnenmus und Sud miteinander verrühren und mit Williamsbirnenschnaps und Zitronensaft verfeinern. Die Fruchtmasse in eine Edelstahlschüssel geben und einfrieren. Nach 15 Minuten mit dem Schneebesen kräftig umrühren und wieder einfrieren.

4 Die Eiweiße steif schlagen und nach ca. 45 Minuten, bevor die Masse fest gefroren ist, unterrühren und weiter einfrieren. Das Sorbet ca.10 Minuten vor dem Servieren aus dem Tiefkühlfach nehmen.

**Es gibt verschiedene Möglichkeiten, ein Sorbet zu servieren: Entweder Sie füllen die Masse in Gläser oder Sie formen mit 2 Eßlöffeln schöne Nocken.**

Tip

# Birnensülze

*Ein schöner winterlicher Nachtisch aus Birnen, Johannisbeersaft und Rotwein. Diese Sülze benötigt etwas Zeit, sieht wunderbar aus und schmeckt vorzüglich. Die genaue Garzeit der Birnen hängt von der Sorte ab.*

**1** Die Blattgelatine in einer großen Schüssel einzeln in kaltes Wasser einweichen.

**2** Aus Saft, Wasser, Rotwein, Zitronensaft und den Gewürzen einen Sud zubereiten. Den Zucker zugeben und die Flüssigkeit einmal aufkochen lassen.

**3** Die Birnen schälen, halbieren und das Kerngehäuse entfernen. Die Früchte in den Sud geben und ca. 30 Minuten leicht köcheln lassen. Herausnehmen und abkühlen lassen. Den Sud offen so lange kochen lassen, bis er auf 1/2 l reduziert ist.

**4** Die eingeweichte Gelatine im heißen Sud auflösen und den Sud erkalten lassen. Die abgekühlten Birnen in Fächer oder Würfel schneiden, in Portionsschälchen legen und mit dem durchgesiebten Sud begießen.

**5** Mindestens 2 Stunden im Kühlschrank abkühlen lassen. Die Sahne steif schlagen und die Birnen damit garnieren.

**Leicht und erfrischend**

**Klassisches Rezept**
**12 g Fett =** 4

**PfundsKur Rezept**
**3 g Fett =** 1

| Vorbereiten: | 50 Min. |
| Kühlen: | 2 Std. |

| | |
|---|---|
| 6 Blatt | Gelatine |
| 1/4 l | Johannisbeersaft |
| 1/4 l | Wasser |
| 1/4 l | Rotwein |
| Saft von 1/2 Zitrone | |
| 1 Stück | Zimtstange |
| 2 | Nelken |
| 1 | Vanilleschote |
| 40 g | Zucker |
| 4 | kleine Birnen |
| 50 g | Sahne |

**Wenn Sie die Sülze ohne Gelatine herstellen möchten, lassen Sie Schritt 1 weg. Bei Schritt 4 geben Sie 2 gehäufte EL Agar Agar in den Sud und lassen diesen noch 2 Minuten mitkochen. Alles andere bleibt gleich.**

Tip

# Erdbeertraum

*Wer freut sich nicht auf die Erdbeerzeit. Allerdings sollten Sie ein wenig Geduld haben, bis die ersten wirklich aromatischen Früchte auf den Markt kommen. Am allerbesten sind natürlich die frisch gepflückten Erdbeeren direkt vom Feld.*

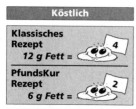

**Köstlich**

| Klassisches Rezept | |
|---|---|
| 12 g Fett = | 4 |

| PfundsKur Rezept | |
|---|---|
| 6 g Fett = | 2 |

| Vorbereiten: | 20 Min. |
|---|---|
| Kühlen: | 2 Std. |

| | |
|---|---|
| ½ Pck. | Vanillepudding-pulver |
| 0,1 l | Milch |
| 100 g | Erdbeerkonfitüre |
| 200 g | Joghurt |
| 400 g | Erdbeeren |
| etwas Zucker nach Bedarf | |
| ½ | Zitrone |
| 2 cl | Grand Marnier (Orangenlikör) |
| 50 g | Sahne |
| | Minzeblätter |

1 Das Vanillepuddingpulver mit der Milch anrühren. Die Erdbeerkonfitüre mit dem Joghurt zum Kochen bringen, mit dem Stabmixer aufschäumen und das angerührte Puddingpulver einrühren. Kurz aufkochen lassen und beiseite stellen.

2 Die Erdbeeren waschen, entkelchen und zerkleinern. Nach Bedarf mit etwas Zucker bestreuen. Die Zitrone auspressen.

3 Die lauwarme Erdbeer-Joghurt-Soße mit einem Schneebesen glatt rühren und mit dem Likör und dem Zitronensaft verfeinern.

4 Zum Schluß die Erdbeeren in Schälchen füllen, die Erdbeer-Joghurt-Soße darüber gießen, und alles 2 Stunden kaltstellen. Die Sahne steif schlagen. Die Minzeblättchen waschen, trockenschütteln und hacken. Die Creme mit geschlagener Sahne und gehackten Minzeblättchen und garnieren.

**Statt der Sahne können Sie aus dem restlichen Puddingpulver 0,4 l Vanillesoße zubereiten. Das spart Fett und schmeckt ebenso.**
**Wenn Sie der Sahne beim Schlagen etwas Puderzucker zugeben, bleibt sie für einige Stunden steif.**

**Tip**

# Obstsuppe mit Früchten

*Dieser Nachtisch schmeckt am besten mit frischen Aprikosen.*
*Wenn keine frischen Früchte zur Verfügung stehen, kann*
*man die Suppe auch mit Früchten aus der Dose zubereiten. Dann*
*sollten Sie allerdings den Zucker weglassen.*

**1** Die Aprikosen waschen, entsteinen und in Würfel schneiden.

**2** Die Aprikosenwürfel mit Zucker und Wasser 1mal aufkochen lassen und mit dem Stabmixer pürieren. Danach durch ein Sieb streichen und mit Zitronensaft und Puderzucker abschmecken. Im Kühlschrank abkühlen lassen.

**3** Die gemischten Früchte waschen und in Scheiben oder Stücke schneiden.

**4** Zum Servieren die Obstsuppe in tiefe Teller verteilen und mit den klein geschnittenen Früchten garnieren.

**Leicht und fruchtig**

| | |
|---|---|
| **Klassisches Rezept** 0 g Fett = | 0 |
| **PfundsKur Rezept** 0 g Fett = | 0 |

| | |
|---|---|
| **Vorbereiten:** | **20 Min.** |
| **Kühlen:** | **30 Min.** |

| | |
|---|---|
| 300 g | reife Aprikosen |
| 3 EL | Zucker |
| 1/4 l | Wasser |
| | Zitronensaft |
| | Puderzucker |
| ca. 500 g frische, gemischte Früchte | |

**Diese Fruchtsuppe können Sie auch aus Birnen oder Rhabarber zubereiten. Die Birnen benötigen weniger, der Rhabarber etwas mehr Zucker. Der Rhabarber muß sehr klein geschnitten werden, damit die Suppe nicht faserig wird.**

Tip

# Apfel-Bananen-Quark

*Quarkspeisen gehören zu den gesündesten und beliebtesten*
*Nachspeisen. Es muß nicht immer eine Mischung aus Sahne und Quark*
*sein, auch trockener Magerquark eignet sich dafür. Er wird cremig und zart,*
*wenn Sie ihn mit dem Stabmixer aufschlagen.*

**Einfach und schnell**

**Klassisches Rezept**
**18 g Fett =** 6

**PfundsKur Rezept**
**6 g Fett =** 2

**Zubereiten:** 10 Min.

| | |
|---|---|
| 250 g | Magerquark |
| 200 g | Joghurt (1,5 % Fett) |
| 20 g | Sahne |
| Saft von 1/2 Zitrone | |
| 1 | weiche Banane |
| 1 Pck. | Vanillezucker |
| 1 | Apfel |
| Zimtzucker und Cornflakes | |

1 Den Magerquark in einer Schüssel zusammen mit dem Joghurt, der Sahne und dem Zitronensaft mit dem Stabmixer 3 Minuten lang schaumig rühren.

2 Die Banane schälen und in Stückchen schneiden und zu der Quarkmasse geben. Die Quarkspeise mit dem Vanillezucker aromatisieren und nochmals mit dem Stabmixer 3 Minuten schaumig rühren.

3 Den Apfel schälen, vom Kerngehäuse befreien, fein würfeln und unter die cremige Quarkspeise heben. Diese in Portionsschälchen füllen und mit Cornflakes und Zimtzucker bestreuen.

**Den Quark können Sie mit beliebigen Früchten zubereiten. Verwenden Sie jedoch immer 1 Banane. Denn bei zu vielen säurehaltigen Früchten ist Nachsüßen notwendig.**

**Wenn Sie im Kühlregal Schichtkäse entdecken, dann verwenden Sie diesen an Stelle von Quark. Schichtkäse ist mager und cremig zugleich.**

Tip

# Quarkschaum mit Erdbeeren (1)

*Ein fruchtig frischer Nachtisch, der seine Konsistenz nicht durch Blattgelatine erhält, sondern durch das pflanzliche Geliermittel Agar Agar. Dieses erhalten Sie in Reformhäusern und Naturkostläden.*

**1** Die Milch zum Kochen bringen. Das Agar Agar einstreuen und 2 Minuten leicht kochen lassen. Zum Abkühlen beiseite stellen. Die Erdbeeren waschen, entkelchen und klein schneiden.

**2** Die Zitronenhälfte abreiben und dann auspressen. Den Quark mit Zitronensaft, abgeriebener Zitronenschale, Puderzucker, Honig und Williams-Christ-Schnaps kräftig verrühren. Die Erdbeerstückchen in Dessertgläser füllen.

**3** Die Sahne steif schlagen und kräftig mit dem Quark verrühren. Das Eiweiß zu steifem Schnee schlagen. Die abgekühlte Milch mit dem Agar Agar unter die Quarkmasse rühren und dann sofort den Eischnee vorsichtig unterheben.

**4** Den Quarkschaum über die Erdbeeren verteilen. Dann 1 Stunde in den Kühlschrank stellen. Mit Mandelblättchen und Minze garnieren.

| Fruchtig | |
|---|---|
| **Klassisches Rezept** 15 g Fett = | 5 |
| **PfundsKur Rezept** 6 g Fett = | 2 |

| **Vorbereiten:** | **20 Min.** |
|---|---|
| **Kühlen:** | **1 Std.** |

| | |
|---|---|
| $^1/_4$ l | Milch |
| 1 geh. EL | Agar Agar |
| 125 g | Erdbeeren |
| $^1/_2$ | unbehandelte Zitrone |
| 125 g | Magerquark |
| 50 g | Puderzucker |
| 1 EL | Honig |
| 2 cl | Williams-Christ-Schnaps |
| 50 g | Sahne |
| 1 | Eiweiß |
| Mandelblättchen und Minze zum Garnieren | |

**Wie in diesem Rezept beschrieben, können Sie Gelatine durch Agar Agar ersetzen. Beachten Sie, daß dieses pflanzliche Geliermittel genügend Flüssigkeit zum Weichkochen benötigt.**

Tip

# Quarkschaum mit Erdbeeren (2)

*Diesen frischen Nachtisch können Sie auch mal ohne Früchte zubereiten.
Wenn Sie den fertigen Quarkschaum in eine
große Schüssel füllen, lassen sich daraus wie bei einer Mousse
mit dem Eßlöffel Nocken abstechen.*

**Fruchtig**

**Klassisches
Rezept
18 g Fett =** 6

**PfundsKur
Rezept
12 g Fett =** 4

| Vorbereiten: | 15 Min. |
| Kühlen: | 1 Std. |

| | |
|---|---|
| 2 Blatt | Gelatine |
| 250 g | Erdbeeren |
| 1/2 | unbehandelte Zitrone |
| 250 g | Magerquark |
| 50 g | Puderzucker |
| 1 EL | Honig |
| 2 cl | Williams-Christ-Schnaps |
| 200 g | Sahne |
| 2 | Eiweiß |
| Mandelblättchen und Minze zum Garnieren | |

1 Die Gelatinebläter in kaltem Wasser einzeln einweichen. Die Erdbeeren waschen, entkelchen und klein schneiden.

2 Die Zitrone abreiben und auspressen. Den Zitronensaft in einem Töpfchen erwärmen. Die eingeweichten und ausgedrückten Gelatineblätter im warmen Zitronensaft auflösen.

3 Den Quark mit abgeriebener Zitronenschale, Puderzucker, Honig und Schnaps kräftig verrühren. Den Zitronensaft mit der aufgelösten Gelatine unterrühren.

4 Die Sahne steif schlagen und kräftig mit dem Quark verrühren. Zum Schluß das Eiweiß zu steifem Schnee schlagen und vorsichtig unter die Quarkmasse heben.

5 Erdbeerstückchen in Dessertgläser füllen und den Quarkschaum darüber geben. Dann 1 Stunde in den Kühlschrank stellen. Mit Mandelblättchen und Minze garnieren.

**Sie können die Früchte natürlich auch
unter den Quark rühren, dann benötigen Sie
jedoch 1 Blatt Gelatine mehr.** Tip

# Sächsische Quarkkäulchen

*Von dem beliebten Nationalgericht aus Sachsen sind*
*zwei verschiedene Zubereitungsarten bekannt.*
*Dieses Rezept wird mit Kartoffeln hergestellt. Dadurch*
*werden die „Käulchen" saftiger.*

**1** Die Kartoffeln in der Schale kochen. Die Rosinen mit kochendem Wasser übergießen und quellen lassen. Die gekochten Kartoffeln noch heiß schälen und sofort mit einer Kartoffelpresse in eine Schüssel drücken.

**2** Quark, Eier, saure Sahne, Zucker und Salz zu den Kartoffeln geben und alles gut vermengen. Nach Bedarf so viel Mehl dazu geben, bis ein nicht zu fester Teig entsteht. Zum Schluß die Rosinen unter den Kartoffelteig mischen und mit bemehlten Händen 2 dicke Rollen daraus formen.

**3** Nach dem Erkalten die Rollen in Scheiben schneiden, in einer beschichteten Pfanne auf beiden Seiten goldgelb anbraten und im 80 Grad heißen Backofen warmstellen.

**4** Die Käulchen mit Zucker bestreuen und mit dem Pflaumenkompott servieren.

| Klassisch | | |
|---|---|---|
| **Klassisches Rezept** 18 g Fett = | | 6 |
| **PfundsKur Rezept** 12 g Fett = | | 4 |

| **Vorbereiten:** | **1 Std.** |
|---|---|
| **Zubereiten:** | **20 Min.** |

| | |
|---|---|
| 200 g | Kartoffeln |
| 50 g | Rosinen |
| 200 g | Magerquark |
| 2 | Eier |
| 100 g | saure Sahne |
| 20 g | Zucker |
| 1 | Prise Salz |
| Mehl zum Bearbeiten | |
| 30 g | Pflanzenfett zum Ausbacken |
| Zucker zum Bestreuen | |
| Pflaumenkompott | |

**Den Teig kann man auch ohne Kartoffeln zubereiten. Dann benötigen Sie etwas mehr Mehl, damit er fest wird. Die Rosinen können Sie nach Belieben auch weglassen.**

# Karamelisierte Apfelpfannkuchen

*Eine wundervolle Apfelspezialität aus dem Schwarzwald.*
*Wichtig ist, daß der Teig mindestens 2 Stunden ruhen kann, bevor Sie die*
*Pfannkuchen ausbacken. Sie benötigen dazu unbedingt*
*eine beschichtete Pfanne.*

**Nachtischtraum**

**Klassisches Rezept**
*30 g Fett =* 10

**PfundsKur Rezept**
*15 g Fett =* 5

**Vorbereiten inkl.**
**Ruhezeit: 2 Std. 20 Min.**
**Zubereiten: 30 Min.**

*Teig:*

| | |
|---|---|
| 2 | Eier |
| 1/8 l | Milch |
| 40 g | Mehl |
| 1 Prise Salz | |
| 2 | Äpfel |
| 40 g | Butter |
| 2–3 EL Zucker | |

*Soße:*

| | |
|---|---|
| 1/2 l | Milch |
| 1 Pck. | Vanillesoßen-pulver |

1 Aus Eiern, Milch, Mehl und Salz einen dünnen Pfannkuchenteig zubereiten. Diesen mindestens 2 Stunden ruhen lassen.

2 Inzwischen aus der Milch und dem Soßenpulver nach Packungsanleitung eine Vanillesoße zubereiten und warmstellen. Den Backofen auf 80 Grad einschalten.

3 Die Äpfel schälen, vom Kerngehäuse befreien, vierteln und in dünne Scheiben schneiden. Eine kleine beschichtete Pfanne erhitzen. 5 g Butter schmelzen lassen und 1/4 der Apfelscheiben darin kurz anbraten. Dann 1/4 des Teiges darüber gießen und den Pfannkuchen goldbraun ausbacken. Beim Wenden des Pfannkuchens weitere 5 g Butter zugeben.

4 Den fertigen Pfannkuchen in der Pfanne auf beiden Seiten mit Zucker bestreuen und so lange weiter backen, bis der Zucker leicht karamelisiert. Im Backofen warmstellen und wie beschrieben 3 weitere Pfannkuchen backen. Mit Vanillesoße servieren.

**Dieser Nachtisch läßt sich auch auf einmal in einer großen Pfanne zubereiten und dann in Viertel schneiden. Dadurch entfällt das Warmhalten. Der säuerliche Apfelgeschmack kann durch die Zugabe von Rosinen und Zimt lieblich abgerundet werden.**

# Kartäuserklöße mit Weinschaumsoße

*Eine schwäbische Spezialität, die vorzugsweise mit Milchbrötchen zubereitet wird. Dieses Rezept ist eine klassische Resteverwertung von alten Brötchen oder Weißbrot. Die Brötchen müssen mindestens 2 Tage, dürfen aber auch 3–5 Tage alt sein.*

**1** Die Milchbrötchen halbieren und die Rinde abreiben. Eiweiß, Milch und Vanillezucker verquirlen. Die abgeriebenen Milchbrötchen darin einweichen.

**2** Aus den eingeweichten Milchbrötchen 8 eiförmige Klößchen formen, diese dabei leicht ausdrücken. In Semmelbröseln wälzen. Im 180 Grad heißen Pflanzenfett in der Friteuse goldgelb ausbacken, herausnehmen und auf Küchenpapier abtropfen lassen. Zucker und Zimt mischen und die Klößchen darin wälzen. Im Backofen bei 80 Grad warmstellen.

**3** Für die Weinschaumsoße Eigelbe und Zucker in einer Metallschüssel verrühren. Nach und nach den Weißwein dazurühren. Die Schüssel in ein heißes Wasserbad stellen und mit dem Schneebesen zu einer schaumigen Creme schlagen. Darauf achten, daß das Wasser nicht zu heiß wird. Die Masse muß gut handwarm werden und ihr Volumen sich mindestes verdoppeln.

**4** Die Weinschaumsoße auf Teller geben und mit den Kartäuserklößchen servieren.

**Wenn Sie keine Friteuse besitzen, nehmen Sie zum Ausbacken einen kleinen, hohen Topf. Das Fett darf nicht zu heiß werden. Verwendetes Fett durch ein Haarsieb gießen, im Kühlschrank aufbewahren und für andere Zwecke verwenden.**

**Raffinierte Resteverwertung**

| | |
|---|---|
| **Klassisches Rezept** | **10** |
| *30 g Fett =* | |
| **PfundsKur Rezept** | **7** |
| *21 g Fett =* | |

| | |
|---|---|
| **Vorbereiten:** | **20 Min.** |
| **Zubereiten:** | **30 Min.** |

### Klößchen:

| | |
|---|---|
| 4 | altbackene Milchbrötchen |
| 4 | Eiweiß |
| 0,4 l | Milch |
| 1 Pck. | Vanillezucker |
| | Semmelbrösel |
| | Pflanzenfett zum Ausbacken |
| 1 TL | Zimt |
| 1 EL | Zucker |

### Weinschaumsoße:

| | |
|---|---|
| 4 | Eigelb |
| 100 g | Zucker |
| $^1/_4$ l | Riesling |

# Rezeptregister nach Sachgruppen

# Rezeptregister von A–Z